"十四五"职业教育国家规划教材

工业和信息化精品系列教材新能源汽车技术

"十三五"江苏省高等学
（编号：2019-

U0688987

新能源汽车
整车控制技术

田晋跃 郭荣 | 主编

NEW
ENERGY AUTOMOBILE

人民邮电出版社
北 京

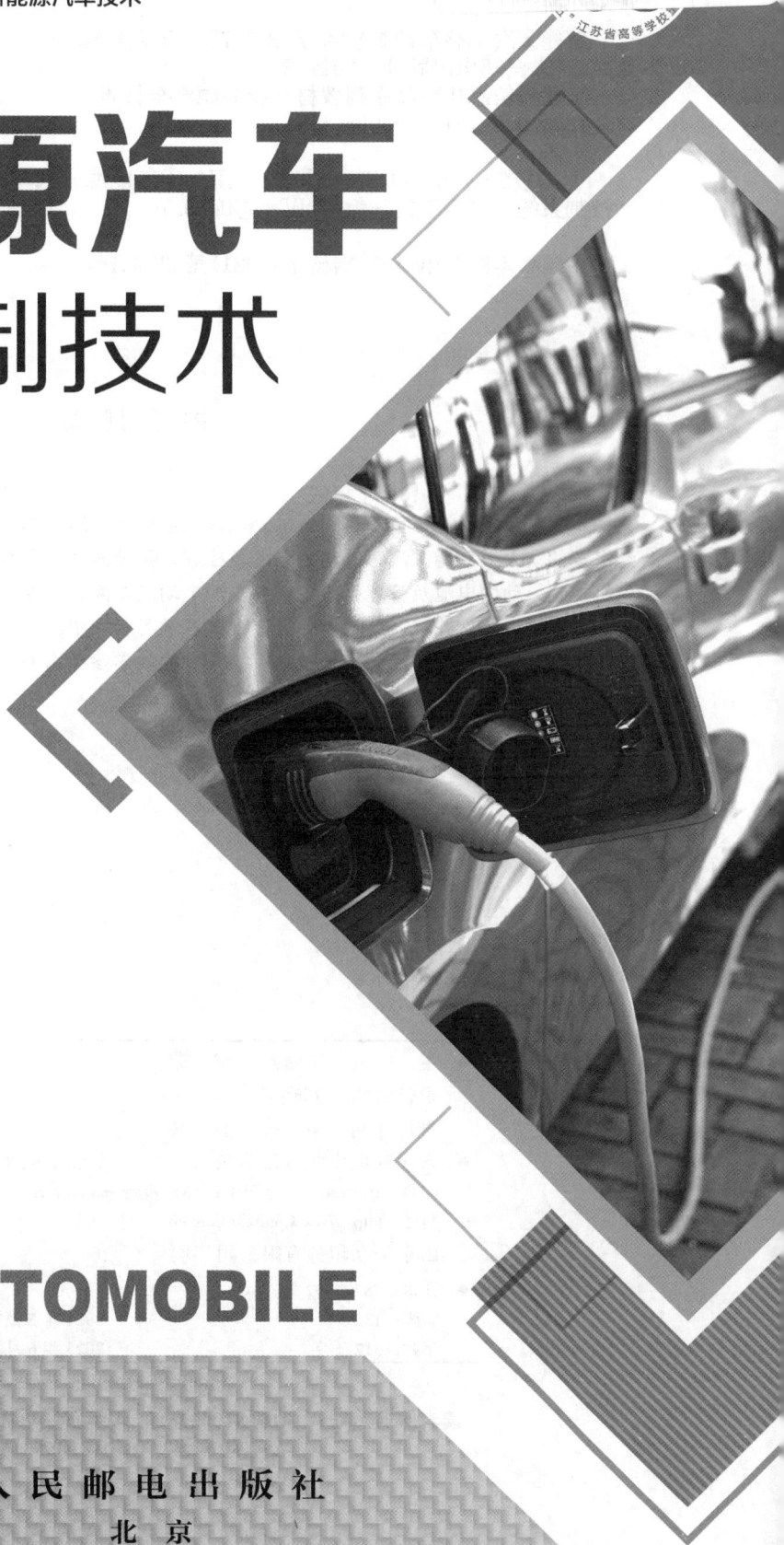

图书在版编目（CIP）数据

新能源汽车整车控制技术 / 田晋跃，郭荣主编. --
北京 ：人民邮电出版社，2021.8
工业和信息化精品系列教材. 新能源汽车技术
ISBN 978-7-115-55995-1

Ⅰ．①新… Ⅱ．①田… ②郭… Ⅲ．①新能源－汽车
－控制系统－高等学校－教材 Ⅳ．①U469.7

中国版本图书馆CIP数据核字(2021)第026761号

内 容 提 要

本书对新能源汽车整车控制技术及工作原理作了详细介绍，主要内容包括新能源汽车概述、新能源汽车的动力、新能源汽车的动力系统及控制、新能源汽车总线通信协议及应用、整车控制器、驱动电机控制、动力电池及管理系统、燃料电池电动汽车简介、新能源汽车的整车容错控制技术。本书内容深入浅出，图文并茂，结合实际，便于读者学习和应用。

本书可作为高校新能源汽车技术及相关专业教学参考用书，也可供科研单位、工厂及有关工程技术人员参考使用。

- ◆ 主　　编　田晋跃　郭　荣
 责任编辑　刘晓东
 责任印制　王　郁　彭志环
- ◆ 人民邮电出版社出版发行　　北京市丰台区成寿寺路 11 号
 邮编　100164　电子邮件　315@ptpress.com.cn
 网址　https://www.ptpress.com.cn
 山东华立印务有限公司印刷
- ◆ 开本：787×1092　1/16
 印张：13.25　　　　　　　　　　2021 年 8 月第 1 版
 字数：317 千字　　　　　　　　2025 年 6 月山东第 11 次印刷

定价：49.80 元

读者服务热线：(010)81055256　印装质量热线：(010)81055316
反盗版热线：(010)81055315

党的二十大报告提出："青年强，则国家强。当代中国青年生逢其时施展才干的舞台无比广阔，实现梦想的前景无比光明"，报告要求高度重视技能人才培养工作，激励更多劳动者特别是青年一代走技能成才、技能报国之路，成为高技能人才。

学习新能源汽车整车控制技术课程的目的是使读者掌握新能源汽车整车控制技术的工作原理、控制元件结构等基本知识，获得新能源汽车整车控制技术和分析新能源汽车整车控制技术的初步能力，为掌握新能源汽车控制方法及从事相关专业技术工作打下坚实的理论基础。

本书作者从实际运用角度出发，加入了工程实例，并结合作者多年来在新能源汽车整车控制技术实践和教学中的经验和体会，帮助读者快速掌握和运用新能源汽车整车控制技术的基本理论和方法。

本课程属于新能源汽车技术专业的核心课程。本课程的教学任务是使读者掌握新能源汽车整车控制技术的基本专业知识，拓宽学生的汽车工程专业知识，激发学生探索新能源汽车技术的兴趣。通过本课程的学习，学生可以了解新能源汽车的技术原理与典型系统结构，重点掌握新能源汽车的 CAN 总线技术及整车控制及管理技术，从而加深对能源汽车控制技术的认识和理解。

本书共 9 章。第 1 章新能源汽车概述，主要介绍新能源和新能汽车，新能源汽车分类，新能源汽车关键技术；第 2 章新能源汽车的动力，主要介绍新能源汽车的动力分类及结构和工作原理等；第 3 章新能源汽车的动力系统及控制，主要介绍新能源汽车驱动系统的种类及控制方法等；第 4 章新能源汽车总线通信协议及应用，主要介绍常见总线通信协议及应用，以及目前汽车 CAN 总线控制的协议及要求；第 5 章整车控制器，介绍控制器的基本工作原理；第 6 章驱动电机控制，主要介绍电机的结构、工作原理及控制方法；第 7 章动力电池及管理系统，主要介绍动力电池系统基本特性及要求；第 8 章燃料电池电动汽车简介，主要介绍燃料电池新能源汽车的结构及工作原理；第 9 章新能源汽车的整车容错控制技术，主要分析新能源汽车的故障分类以及容错控制方法。

本书紧密结合课程教学的基本要求，内容完整系统、重点突出，所用资料力求更新、更准确。在注重介绍新能源汽车整车控制技术知识的同时，强调知识的应用性，具有较强的针对性。

本书由江苏大学田晋跃、同济大学郭荣担任主编。田晋跃编写了第 1 章~第 7 章，并负责全书统稿，郭荣编写了第 8 章和第 9 章。

在本书编写过程中，参考了大量的国内外文献资料，在此，谨向这些文献的作者表示深深的谢意，同时感谢罗石老师和于英老师在编写过程中给予的修改建议和帮助。

限于编者水平，书中难免存在疏漏和不足，敬请广大读者批评指正。

编者

2023 年 5 月

图书介绍

第1章　新能源汽车概述 ⋯⋯⋯⋯⋯⋯⋯⋯⋯⋯⋯⋯⋯⋯⋯⋯⋯⋯⋯⋯⋯⋯⋯⋯ 1

　1.1　新能源和新能源汽车 ⋯⋯⋯⋯⋯⋯⋯⋯⋯⋯⋯⋯⋯⋯⋯⋯⋯⋯⋯⋯⋯ 1

　1.2　新能源汽车分类 ⋯⋯⋯⋯⋯⋯⋯⋯⋯⋯⋯⋯⋯⋯⋯⋯⋯⋯⋯⋯⋯⋯⋯ 4

　1.3　新能源汽车关键技术 ⋯⋯⋯⋯⋯⋯⋯⋯⋯⋯⋯⋯⋯⋯⋯⋯⋯⋯⋯⋯⋯ 6

　练习与实训 ⋯⋯⋯⋯⋯⋯⋯⋯⋯⋯⋯⋯⋯⋯⋯⋯⋯⋯⋯⋯⋯⋯⋯⋯⋯⋯⋯ 8

第2章　新能源汽车的动力 ⋯⋯⋯⋯⋯⋯⋯⋯⋯⋯⋯⋯⋯⋯⋯⋯⋯⋯⋯⋯⋯⋯ 11

　2.1　动力电源 ⋯⋯⋯⋯⋯⋯⋯⋯⋯⋯⋯⋯⋯⋯⋯⋯⋯⋯⋯⋯⋯⋯⋯⋯⋯⋯ 11

　2.2　燃料电池 ⋯⋯⋯⋯⋯⋯⋯⋯⋯⋯⋯⋯⋯⋯⋯⋯⋯⋯⋯⋯⋯⋯⋯⋯⋯⋯ 19

　　2.2.1　燃料电池的主要类型 ⋯⋯⋯⋯⋯⋯⋯⋯⋯⋯⋯⋯⋯⋯⋯⋯⋯⋯ 19

　　2.2.2　常见的几种燃料电池 ⋯⋯⋯⋯⋯⋯⋯⋯⋯⋯⋯⋯⋯⋯⋯⋯⋯⋯ 20

　2.3　混合动力 ⋯⋯⋯⋯⋯⋯⋯⋯⋯⋯⋯⋯⋯⋯⋯⋯⋯⋯⋯⋯⋯⋯⋯⋯⋯⋯ 27

　　2.3.1　串联式混合动力系统 ⋯⋯⋯⋯⋯⋯⋯⋯⋯⋯⋯⋯⋯⋯⋯⋯⋯⋯ 27

　　2.3.2　并联式混合动力系统 ⋯⋯⋯⋯⋯⋯⋯⋯⋯⋯⋯⋯⋯⋯⋯⋯⋯⋯ 28

　　2.3.3　混联式混合动力系统 ⋯⋯⋯⋯⋯⋯⋯⋯⋯⋯⋯⋯⋯⋯⋯⋯⋯⋯ 31

　　2.3.4　插电式混合动力系统 ⋯⋯⋯⋯⋯⋯⋯⋯⋯⋯⋯⋯⋯⋯⋯⋯⋯⋯ 31

　练习与实训 ⋯⋯⋯⋯⋯⋯⋯⋯⋯⋯⋯⋯⋯⋯⋯⋯⋯⋯⋯⋯⋯⋯⋯⋯⋯⋯⋯ 34

第3章　新能源汽车的动力系统及控制 ⋯⋯⋯⋯⋯⋯⋯⋯⋯⋯⋯⋯⋯⋯⋯⋯ 37

　3.1　纯电动汽车动力系统及控制 ⋯⋯⋯⋯⋯⋯⋯⋯⋯⋯⋯⋯⋯⋯⋯⋯⋯ 37

　　3.1.1　纯电动汽车动力系统 ⋯⋯⋯⋯⋯⋯⋯⋯⋯⋯⋯⋯⋯⋯⋯⋯⋯⋯ 37

　　3.1.2　驱动电机系统 ⋯⋯⋯⋯⋯⋯⋯⋯⋯⋯⋯⋯⋯⋯⋯⋯⋯⋯⋯⋯⋯ 39

　　3.1.3　功率变换器 ⋯⋯⋯⋯⋯⋯⋯⋯⋯⋯⋯⋯⋯⋯⋯⋯⋯⋯⋯⋯⋯⋯ 47

　3.2　混合动力汽车动力控制 ⋯⋯⋯⋯⋯⋯⋯⋯⋯⋯⋯⋯⋯⋯⋯⋯⋯⋯⋯ 49

　　3.2.1　混合动力汽车动力结构特性 ⋯⋯⋯⋯⋯⋯⋯⋯⋯⋯⋯⋯⋯⋯⋯ 49

　　3.2.2　混合动力系统的控制方法 ⋯⋯⋯⋯⋯⋯⋯⋯⋯⋯⋯⋯⋯⋯⋯⋯ 53

　练习与实训 ⋯⋯⋯⋯⋯⋯⋯⋯⋯⋯⋯⋯⋯⋯⋯⋯⋯⋯⋯⋯⋯⋯⋯⋯⋯⋯⋯ 59

第 4 章　新能源汽车总线通信协议及应用 ⋯⋯⋯⋯⋯⋯⋯⋯⋯⋯⋯⋯⋯⋯⋯⋯⋯ 61

4.1　CAN 总线概述 ⋯⋯⋯⋯⋯⋯⋯⋯⋯⋯⋯⋯⋯⋯⋯⋯⋯⋯⋯⋯⋯⋯⋯⋯⋯⋯⋯ 61

4.2　CAN 总线技术规范 ⋯⋯⋯⋯⋯⋯⋯⋯⋯⋯⋯⋯⋯⋯⋯⋯⋯⋯⋯⋯⋯⋯⋯⋯⋯ 62

  4.2.1　物理层 ⋯⋯⋯⋯⋯⋯⋯⋯⋯⋯⋯⋯⋯⋯⋯⋯⋯⋯⋯⋯⋯⋯⋯⋯⋯⋯ 62

  4.2.2　数据链路层 ⋯⋯⋯⋯⋯⋯⋯⋯⋯⋯⋯⋯⋯⋯⋯⋯⋯⋯⋯⋯⋯⋯⋯⋯ 63

  4.2.3　网络层 ⋯⋯⋯⋯⋯⋯⋯⋯⋯⋯⋯⋯⋯⋯⋯⋯⋯⋯⋯⋯⋯⋯⋯⋯⋯⋯ 65

  4.2.4　应用层 ⋯⋯⋯⋯⋯⋯⋯⋯⋯⋯⋯⋯⋯⋯⋯⋯⋯⋯⋯⋯⋯⋯⋯⋯⋯⋯ 65

  4.2.5　表示层 ⋯⋯⋯⋯⋯⋯⋯⋯⋯⋯⋯⋯⋯⋯⋯⋯⋯⋯⋯⋯⋯⋯⋯⋯⋯⋯ 66

  4.2.6　会话层 ⋯⋯⋯⋯⋯⋯⋯⋯⋯⋯⋯⋯⋯⋯⋯⋯⋯⋯⋯⋯⋯⋯⋯⋯⋯⋯ 66

  4.2.7　传输层 ⋯⋯⋯⋯⋯⋯⋯⋯⋯⋯⋯⋯⋯⋯⋯⋯⋯⋯⋯⋯⋯⋯⋯⋯⋯⋯ 66

4.3　CAN 总线的基本组成和数据传输原理 ⋯⋯⋯⋯⋯⋯⋯⋯⋯⋯⋯⋯⋯⋯⋯ 66

  4.3.1　基本组成 ⋯⋯⋯⋯⋯⋯⋯⋯⋯⋯⋯⋯⋯⋯⋯⋯⋯⋯⋯⋯⋯⋯⋯⋯⋯ 66

  4.3.2　数据传输原理 ⋯⋯⋯⋯⋯⋯⋯⋯⋯⋯⋯⋯⋯⋯⋯⋯⋯⋯⋯⋯⋯⋯⋯ 68

4.4　汽车 CAN 总线网络架构及其特点 ⋯⋯⋯⋯⋯⋯⋯⋯⋯⋯⋯⋯⋯⋯⋯⋯⋯ 68

  4.4.1　总线架构 ⋯⋯⋯⋯⋯⋯⋯⋯⋯⋯⋯⋯⋯⋯⋯⋯⋯⋯⋯⋯⋯⋯⋯⋯⋯ 69

  4.4.2　汽车 CAN 总线网络的组成 ⋯⋯⋯⋯⋯⋯⋯⋯⋯⋯⋯⋯⋯⋯⋯⋯⋯ 69

  4.4.3　CAN 总线节点规范 ⋯⋯⋯⋯⋯⋯⋯⋯⋯⋯⋯⋯⋯⋯⋯⋯⋯⋯⋯⋯ 70

  4.4.4　几种常见的汽车网络架构 ⋯⋯⋯⋯⋯⋯⋯⋯⋯⋯⋯⋯⋯⋯⋯⋯⋯ 71

  4.4.5　典型汽车的 CAN 总线网络拓扑结构 ⋯⋯⋯⋯⋯⋯⋯⋯⋯⋯⋯ 75

  4.4.6　汽车网络系统的结构特点 ⋯⋯⋯⋯⋯⋯⋯⋯⋯⋯⋯⋯⋯⋯⋯⋯⋯ 76

4.5　CAN 总线控制单元 ⋯⋯⋯⋯⋯⋯⋯⋯⋯⋯⋯⋯⋯⋯⋯⋯⋯⋯⋯⋯⋯⋯⋯⋯ 77

  4.5.1　动力 CAN 总线网络单元 ⋯⋯⋯⋯⋯⋯⋯⋯⋯⋯⋯⋯⋯⋯⋯⋯⋯ 78

  4.5.2　车身 CAN 总线网络节点 ⋯⋯⋯⋯⋯⋯⋯⋯⋯⋯⋯⋯⋯⋯⋯⋯⋯ 81

  4.5.3　全数字仪表 ⋯⋯⋯⋯⋯⋯⋯⋯⋯⋯⋯⋯⋯⋯⋯⋯⋯⋯⋯⋯⋯⋯⋯ 84

练习与实训 ⋯⋯⋯⋯⋯⋯⋯⋯⋯⋯⋯⋯⋯⋯⋯⋯⋯⋯⋯⋯⋯⋯⋯⋯⋯⋯⋯⋯⋯⋯ 87

第 5 章　整车控制器 ⋯⋯⋯⋯⋯⋯⋯⋯⋯⋯⋯⋯⋯⋯⋯⋯⋯⋯⋯⋯⋯⋯⋯⋯⋯⋯ 90

5.1　整车控制器功能定义 ⋯⋯⋯⋯⋯⋯⋯⋯⋯⋯⋯⋯⋯⋯⋯⋯⋯⋯⋯⋯⋯⋯⋯ 90

  5.1.1　整车控制器结构 ⋯⋯⋯⋯⋯⋯⋯⋯⋯⋯⋯⋯⋯⋯⋯⋯⋯⋯⋯⋯⋯ 92

  5.1.2　整车控制器功能说明 ⋯⋯⋯⋯⋯⋯⋯⋯⋯⋯⋯⋯⋯⋯⋯⋯⋯⋯⋯ 93

  5.1.3　整车控制系统网络结构 ⋯⋯⋯⋯⋯⋯⋯⋯⋯⋯⋯⋯⋯⋯⋯⋯⋯⋯ 94

  5.1.4　电机控制器 ⋯⋯⋯⋯⋯⋯⋯⋯⋯⋯⋯⋯⋯⋯⋯⋯⋯⋯⋯⋯⋯⋯⋯ 96

5.2　整车控制策略 ⋯⋯⋯⋯⋯⋯⋯⋯⋯⋯⋯⋯⋯⋯⋯⋯⋯⋯⋯⋯⋯⋯⋯⋯⋯⋯ 96

  5.2.1　控制系统主流程 ⋯⋯⋯⋯⋯⋯⋯⋯⋯⋯⋯⋯⋯⋯⋯⋯⋯⋯⋯⋯⋯ 96

　　　　5.2.2　驱动控制策略 ……………………………………………………… 99
　　　　5.2.3　油门踏板信号处理 ……………………………………………… 99
　　　　5.2.4　工作模式划分 …………………………………………………… 100
　　　　5.2.5　电机过载管理 …………………………………………………… 102
　　　　5.2.6　电池保护 ………………………………………………………… 103
　　5.3　请求电机转矩算法 ……………………………………………………… 104
　　5.4　整车控制器硬件 ………………………………………………………… 106
　　5.5　整车控制器的硬件设计 ………………………………………………… 108
　　　　5.5.1　单片机最小系统设计 …………………………………………… 108
　　　　5.5.2　电气件驱动电路设计 …………………………………………… 111
　　　　5.5.3　数据采集电路设计 ……………………………………………… 111
　　　　5.5.4　通信接口电路设计 ……………………………………………… 112
　　5.6　整车控制仪表显示 ……………………………………………………… 114
　　练习与实训 …………………………………………………………………… 114

第6章　驱动电机控制 ……………………………………………………… 117

　　6.1　驱动电机及其控制总要求 ……………………………………………… 117
　　6.2　直流电机及其驱动控制系统 …………………………………………… 118
　　　　6.2.1　直流电机的工作原理与分类 …………………………………… 118
　　　　6.2.2　直流电机的动态方程与特性分析 ……………………………… 119
　　　　6.2.3　直流电机的调速方法 …………………………………………… 122
　　　　6.2.4　直流电机的脉宽调制控制 ……………………………………… 124
　　　　6.2.5　直流电机的转矩与转速控制 …………………………………… 125
　　　　6.2.6　直流电机的特点 ………………………………………………… 126
　　6.3　交流感应电机及其驱动系统 …………………………………………… 126
　　　　6.3.1　交流感应电机的工作原理 ……………………………………… 127
　　　　6.3.2　交流感应电机的特性分析 ……………………………………… 128
　　　　6.3.3　交流感应电机的矢量控制 ……………………………………… 128
　　　　6.3.4　交流感应电机的特点及应用 …………………………………… 129
　　6.4　永磁同步电机及其驱动系统 …………………………………………… 129
　　　　6.4.1　永磁无刷直流电机及其驱动系统 ……………………………… 130
　　　　6.4.2　正弦波永磁同步电机及其驱动系统 …………………………… 133
　　6.5　开关磁阻电机及其驱动系统 …………………………………………… 136
　　　　6.5.1　开关磁阻电机的结构和工作原理 ……………………………… 136

　　　6.5.2　开关磁阻电机的控制 ………………………………………………… 138

　　　6.5.3　开关磁阻电机的特点及应用 …………………………………………… 138

　　练习与实训 ………………………………………………………………………… 139

第7章　动力电池及管理系统 ……………………………………………………… 142

　7.1　数据采集方法 ………………………………………………………………… 143

　　　7.1.1　单体电压检测方法 ……………………………………………………… 143

　　　7.1.2　电池温度采集方法 ……………………………………………………… 145

　　　7.1.3　电池工作电流采集方法 ………………………………………………… 146

　7.2　电量管理系统 ………………………………………………………………… 147

　7.3　均衡管理系统 ………………………………………………………………… 148

　　　7.3.1　均衡变量的选择 ………………………………………………………… 149

　　　7.3.2　主动均衡方案 …………………………………………………………… 150

　7.4　热管理系统 …………………………………………………………………… 158

　7.5　数据通信系统 ………………………………………………………………… 160

　　　7.5.1　电池管理系统故障分析 ………………………………………………… 162

　　　7.5.2　动力电池故障诊断策略 ………………………………………………… 163

　　练习与实训 ………………………………………………………………………… 164

第8章　燃料电池电动汽车简介 …………………………………………………… 167

　8.1　燃料电池电动汽车的类型及构成 …………………………………………… 167

　　　8.1.1　按有无蓄能装置分类 …………………………………………………… 167

　　　8.1.2　按燃料电池与蓄电池的结构关系分类 ………………………………… 168

　　　8.1.3　按提供的燃料不同分类 ………………………………………………… 169

　　　8.1.4　燃料电池电动汽车的构成 ……………………………………………… 169

　　　8.1.5　燃料电池汽车的效率 …………………………………………………… 172

　　　8.1.6　燃料电池电动汽车的性能与关键技术 ………………………………… 173

　8.2　质子交换膜燃料电池 ………………………………………………………… 175

　　　8.2.1　质子交换膜燃料电池的基本性能 ……………………………………… 175

　　　8.2.2　单体质子交换膜燃料电池 ……………………………………………… 176

　　　8.2.3　燃料电池组（堆） ……………………………………………………… 177

　8.3　燃料电池发电系统与车载氢气安全措施 …………………………………… 177

　　　8.3.1　燃料电池发电系统 ……………………………………………………… 177

　　　8.3.2　燃料电池的电源复合结构 ……………………………………………… 178

8.3.3　FCEV 的多电源电力总成控制策略 ·························· 180

8.3.4　车载氢气系统安全措施 ·································· 180

练习与实训 ·· 182

第 9 章　新能源汽车的整车容错控制技术 ···························· 185

9.1　容错控制的概念 ·· 185

9.2　混合动力汽车控制系统容错故障树 ······························ 186

9.3　控制系统故障的容错方法 ·· 194

9.4　混合动力汽车容错控制 ·· 195

9.5　混合动力汽车安全故障管理系统的结构 ·························· 197

练习与实训 ·· 199

参考文献 ·· 201

第1章
新能源汽车概述

从目前的发展趋势来看，汽车需求量将会不断增加，传统燃油汽车以汽油、柴油为主要能源，对环境影响较大。因此，开发出可以代替石油、能够满足需要的新能源以减少对石油的依赖，增加燃油消耗少的节能汽车的数量，成为各大汽车公司迫在眉睫的任务。

传统汽车的尾气排放问题越来越受到关注，成为急需解决的问题，但目前传统汽车技术还无法改变这一现状。为了摆脱对石油的依赖，减轻大气污染，发展新能源汽车是必经之路。

20世纪80年代以来，基于对能源和环境方面的长远考虑，世界上很多国家越来越重视清洁能源的开发和应用。目前全世界各种清洁能源汽车的保有量已近千万辆，其中电动汽车、混合动力和燃料电池汽车（统称新能源汽车）的研发取得了可喜的进展。在各国政府及社会力量的积极支持下，电池等关键部件、整车技术路线、一体化动力传动、控制技术、设计理论、系统集成、工艺工装、标准法规和示范应用等研究开发逐渐完善，其技术日趋成熟，新能源汽车的产量、保有量和车型覆盖面迅速增长。

在我国新能源汽车发展很快，可以预见，在未来的汽车市场中新能源汽车将占有较大的份额。近年来，新能源汽车年销量已占汽车年总销量的20%。

本章内容及要点

1.1 新能源和新能源汽车

什么是新能源？1980年联合国召开的"联合国新能源和可再生能源会议"对新能源的定义为：以新技术和新材料为基础，使传统的可再生能源得到现代化的开发和利用，使用取之不尽、周而复始的可再生能源。由此可见，这里所定义的新能源是可再生能源，其特点是取之不尽、周而复始，可取代对环境有污染的化石能源，即煤、石油制品（汽油、柴油）等。

对于新能源汽车，我国在《新能源汽车生产企业及产品准入管理规则》中定义：新能源汽车是指采用非常规的车用燃料作为动力来源（或使用常规的车用燃料、采用新型车载动力装置），综合车辆的动力控制和驱动方面的先进技术，形成技术原理先进，具有新技术、新结构的汽车。由此确定了新能源汽车的范围，即新能源汽车包括混合动力汽车（HEV）、纯电动汽车（BEV，包括太阳能汽车）、燃料电池汽车（FCEV）和其他新能源（如超级电容器、飞轮等高效储能器）汽车等。可见，目前的新能源汽车是指除使用汽油、柴油等燃料之外的所有其他清洁能源汽车。新能源汽车主要包括全部或部分采用电储能方式，利用电机驱动或电机辅助驱动的汽车产品，如纯电动汽车、混合动力汽车和燃料电池汽车等。其特征在于能耗低、污染物排放少。

为加快新能源汽车的发展，2009 年 1 月 23 日我国出台了《节能与新能源汽车示范推广财政补助资金管理暂行办法》。在该办法中，财政部、科技部决定，在北京、上海等 13 个城市开展节能与新能源汽车示范推广试点工作，以财政政策鼓励在公交、出租、公务、环卫和邮政等公共服务领域率先推广使用节能与新能源汽车，对推广使用单位购买节能与新能源汽车给予补助。节油率 40% 以上混合动力汽车，每辆车可获 5 万元的财政补贴；燃料电池汽车每辆补贴 25 万元；购车补贴标准最高的是最大电功率比 50% 以上的燃料电池城市公交客车，每辆车可获 60 万元的推广补助。而对车长 10m 以上的混合动力城市公交客车，则分为使用铅酸蓄电池和使用镍氢蓄电池、锂离子蓄电池两类，最高补贴额分别为 8 万元/辆和 42 万元/辆；纯电动汽车补贴标准为 50 万元/辆。

2020 年 12 月，我国发布《关于进一步完善新能源汽车推广应用财政补贴政策的通知》，规定了 2021 年新能源汽车推广补贴方案及产品技术要求。2021 年新能源乘用车补贴方案见表 1-1，2021 年新能源客车补贴方案见表 1-2，2021 年新能源货车补贴方案见表 1-3。

表 1-1　2021 新能源乘用车补贴方案

车辆类型	纯电动续驶里程 R（工况法）		
纯电动乘用车	$300km \leq R < 400km$	$R \geq 400km$	$R \geq 50km$（NEDC 工况） $R \geq 43km$（WLTC 工况）
	1.3 万元	1.8 万元	/
插电式混合动力乘用车（含增程式）	/		0.68 万元

1. 纯电动乘用车单车补贴金额 = Min{里程补贴标准，车辆带电量 × 400 元} × 电池系统能量密度调整系数 × 车辆能耗调整系数。

2. 对于非私人购买或用于营运的新能源乘用车，按照相应补贴金额的 0.7 倍给予补贴。

3. 补贴前售价应在 30 万元以下（以机动车销售统一发票、企业官方指导价等为参考依据，"换电模式"除外）。

表 1-2　2021 新能源客车补贴方案

车辆类型	中央财政补贴标准/元·kW^{-1}·h^{-1}	中央财政补贴调整系数			中央财政单车补贴上限/万元		
					$6 < L \leq 8m$	$8 < L \leq 10m$	$L > 10m$
非快充类纯电动客车	400	单位载质量能量消耗量/Wh·km^{-1}·kg^{-1}			2	4.4	7.2
		0.17（含）—0.18	0.15（含）—0.17	0.15 及以下			
		0.8	0.9	1			
快充类纯电动客车	720	快充倍率			1.6	3.2	5.2
		3C—5C（含）	5C—15C（含）	15C 以上			
		0.8	0.9	1			
插电式混合动力（含增程式）客车	480	节油率水平			0.8	1.6	3.04
		60%—65%（含）	65%—70%（含）	70% 以上			
		0.8	0.9	1			

单车补贴金额 = Min{车辆带电量 × 单位电量补贴标准；单车补贴上限} × 调整系数（包括：单位载质量能量消耗量系数、快充倍率系数、节油率系数）

表 1-3　2021 新能源货车补贴方案

车辆类型	中央财政补贴标准 /元·kW⁻¹·h⁻¹	中央财政单车补贴上限/万元		
		N1 类	N2 类	N3 类
纯电动货车	252	1.44	2.8	4
插电式混合动力（含增程式）货车	360	—	1.6	2.52

2019 年国家提出的新能源汽车的政策方向和技术标准如下。

1. 新能源乘用车的技术要求

（1）纯电动乘用车 30min 最高车速不低于 100km/h。

（2）纯电动乘用车工况法续驶里程不低于 250km。插电式混合动力乘用车（含增程式）工况法续驶里程不低于 50km。

（3）纯电动乘用车动力电池系统的质量能量密度不低于 125Wh/kg，125（含）～140Wh/kg 的车型按 0.8 倍补贴，140（含）～160Wh/kg 的车型按 0.9 倍补贴，160Wh/kg 及以上的车型按 1 倍补贴。

（4）根据纯电动乘用车能耗水平设置调整系数。纯电动乘用车整车能耗比《关于调整完善新能源汽车推广应用财政补贴政策的通知》（财建〔2018〕18 号）规定门槛提高 10%（含）～20%的车型按 0.8 倍补贴，提高 20%（含）～35%的车型按 1 倍补贴，提高 35%（含）以上的车型按 1.1 倍补贴。

（5）工况法纯电续驶里程低于 80km 的插电式混合动力乘用车 B 状态燃料消耗量（不含电能转化的燃料消耗量）与现行的常规燃料消耗量国家标准中对应限值相比小于 60%，比值介于 55%（含）～60%之间的车型按 0.5 倍补贴，比值小于 55%的车型按 1 倍补贴。工况法纯电续驶里程大于等于 80km 的插电式混合动力乘用车，其 A 状态百千米耗电量应满足纯电动乘用车 2019 年门槛要求。

2. 新能源客车的技术要求

（1）非快充类纯电动客车单位载质量能量消耗量不高于 0.19Wh/（km·kg），电池系统能量密度不低于 135Wh/kg，续驶里程不低于 200km（等速法）。计算 Ekg 值所需的附加质量按照《关于 2016—2020 年新能源汽车推广应用财政支持政策的通知》（财建〔2015〕134 号）执行，能量消耗率按《电动汽车 能量消耗率和续驶里程 试验方法》（GB/T 18386—2017）测试（新能源货车也按此计算）。

（2）快充类纯电动客车快充倍率要高于 3C。

（3）插电式混合动力客车（含增程式）节油率水平要高于 60%。对于气体燃料的插电式混合动力客车，以油电混合动力客车为基准按照一定比例进行折算。插电式混合动力客车（含增程式）纯电续驶里程不低于 50km（等速法）。

（4）取消新能源客车电池系统总质量占整车整备质量比例不高于 20%的门槛要求。

3. 新能源货车的技术要求

（1）纯电动货车装载动力电池系统能量密度不低于 125Wh/kg。

（2）纯电动货车单位载质量能量消耗量（Ekg）不高于 0.30Wh/（km·kg）。作业类纯电动专用车吨百千米电耗（按试验质量）不超过 8kW·h。

（3）插电式混合动力货车（含增程式）燃料消耗量（不含电能转化的燃料消耗量）与现行的常规燃料消耗量国家标准中对应限值相比小于 60%。

（4）纯电动货车续驶里程不低于 80km。插电式混合动力货车（含增程式）纯电续驶里程不低于 50km。

1.2 新能源汽车分类

新能源汽车包括纯电动汽车、混合动力电动汽车和燃料电池电动汽车三种类型。配置大容量电能储存装置，行驶的里程中全部或部分由电机驱动完成的汽车统称为新能源汽车。而清洁能源汽车除包括新能源汽车外，也包括压缩天然气（CNG）、液化石油气（LPG）和液化天然气（LNG）为燃料的汽车。

与传统汽车相比，清洁能源汽车是采用非常规的车用燃料作为动力来源（或使用常规的车用燃料，但采用新型车载动力装置），综合车辆的动力控制和驱动等方面的先进技术，形成的技术原理先进，具有新技术、新结构的汽车。

1. 纯电动汽车

纯电动汽车（Battery Electric Vehicle，BEV）是完全由可充电电池（如铅酸蓄电池、镍镉蓄电池、镍氢蓄电池或锂离子蓄电池）提供动力源的汽车。铅酸蓄电池能量密度低且污染严重，使用铅酸蓄电池的低速电动汽车是不列入新能源汽车行列的，这主要是因为其不能满足高速电动汽车（以后称电动汽车）的性能指标，但使用铅酸蓄电池做混合动力汽车的电源是可以的。

图 1-1 所示为纯电动汽车底盘外形图。虽然纯电动汽车已有 130 多年的历史，但一直仅限于在某些特定范围内应用，市场较小。主要原因是各种类别的蓄电池普遍存在价格高、寿命短、外形尺寸和质量大、充电时间长等严重缺点。

图 1-1　纯电动汽车底盘外形图

2. 混合动力电动汽车

混合动力电动汽车是指使用电机和传统内燃机联合驱动的汽车，按动力耦合方式的不同可以分为串联式（底盘外形图如图 1-2 所示）、并联式（底盘外形图如图 1-3 所示）和混联式（底盘外形图如图 1-4 所示）。混联式按驱动方式又分为混合动力汽车（HEV）和插电式混合动力汽车（PHEV）。

图1-2 串联式混合动力电动汽车底盘外形图

图1-3 并联式混合动力电动汽车底盘外形图

图1-4 混联式混合动力电动汽车底盘外形图

混合动力电动汽车的主要特点有：采用小排量的发动机降低了燃油消耗；将制动和下坡时的能量回收到蓄电池中再次利用，降低了燃油消耗；在繁华市区，可关停内燃机，由电机单独驱动，实现"零排放"。

3. 燃料电池电动汽车

燃料电池电动汽车（FCEV）是利用氢气和空气中的氧气在催化剂的作用下，在燃料电池中经电化学反应产生的电能驱动的汽车。其特点主要表现在：燃料电池的能量转换效率可高达 60%～80%，为内燃机的 2～3 倍；燃料电池零排放，不会污染环境；氢燃料来源不依赖石油燃料，其底盘外形图如图 1-5 所示。

图 1-5　燃料电池电动汽车底盘外形图

1.3　新能源汽车关键技术

1. 电机技术

目前，新能源汽车行业为了满足混合动力大规模产业化的需求，正在开发混合动力发动机/电机总成（发动机+ISG/BSG）和机电耦合传动总成（电机+变速器），使之形成系列化产品和市场竞争力，为混合动力电动汽车大规模产业化提供技术支持；为了满足纯电驱动大规模商业化需求，正在开发纯电动汽车驱动电机及其传动系统系列，同步开发配套的发动机发电机组（APU）系列，为实现纯电动汽车大规模商业化提供技术支持；为了满足下一代纯电驱动系统，从新材料/新结构/自传感电机、IGBT 芯片封装和驱动系统混合集成、新型传动结构等方面着手，正在开发高效率、高材料利用率、高密度和适应极限环境条件的电力电子、电机与传动技术，同时探索下一代车用电机驱动及其传动系统解决方案，满足电动汽车可持续发展需求。

2. 电池技术

新能源汽车行业以动力电池模块为核心，寻求以能量型锂离子蓄电池为重点的车用动力电池大规模产业化突破。新能源汽车行业以车用能量型动力电池为主要发展方向，兼顾功率型动力电池和超级电容器的发展，全面提高动力电池输入输出特性、安全性、一致性、耐久性和性价比等综合性能；强化动力电池系统集成与热－电综合管理技术，促进动力电池模块化技术发展；实现车用动力电池模块标准化、系列化、通用化，为支撑纯电动汽车的商业化运营模式提供保障；瞄准国际前沿技术，深入开展下一代新型车用动力电池自主创新研发，为电动汽车产业中长期发展进行技术储备；重点研究新型锂离子蓄电池，研究新型锂离子蓄电池设计、性能预测、安全评价及安全性新技术。在新体系动力电池方面，重点研究金属空气电池、多电子反应电池和自由基聚合物电池等，并通过实验技术验证，建立动力电池创新发展技术研发体系。

3. 电控技术

新能源汽车行业重点开发混合动力专用发动机先进控制算法（满足国 VI 以上排放法规）、混合动力系统先进实时控制网络协议、多部件间的转矩耦合和动态协调控制算法，研制高性能的混合动力系统（整车）控制器，满足混合动力电动汽车大规模产业化技术需求。新能源汽车行业重点开发先进的纯电驱动汽车分布式、高容错和强实时控制系统，高效、智能和低噪声的电动化总成控制系统（电动空调、电动转向、制动能量回馈控制系统），电动汽车的车载信息、智能充电及其远程监控技术，满足纯电动汽车大规模生产需要。

新能源汽车行业重点开发基于新型电机集成驱动的一体化底盘动力学控制系统、高性能的下一代整车控制器及其专用芯片、电动汽车智能交通系统（ITS）与车网融合技术（V2X 包括 V2G 汽车到电网的链接；V2H 汽车到家庭的链接；V2V 汽车到汽车的链接等网络通信技术），为下一代纯电驱动汽车开发提供技术支撑。

4. 纯电动汽车整车技术

新能源汽车行业以小型纯电动汽车关键技术研发作为纯电动汽车产业化突破口，开发纯电动小型轿车系列产品，并实现大规模商业化；开发公共服务领域纯电动商用车并大规模商业化推广；加强插电式混合动力电动汽车研发力度，开发系列化插电式混合动力轿车和商用车系列产品。

小型纯电动汽车方面，针对大规模商业化需求，开发系列化特色纯电驱动车型及其能源供给系统，并探索新型商业化模式。实现小型纯电动汽车关键技术突破，重点掌握电气系统集成、动力系统匹配和整车热—电综合管理等技术。开发出舒适、安全、性价比高的小型纯电动轿车系列产品。

纯电动商用车方面，重点研究整车 NVH、轻量化、热管理、故障诊断、容错控制与电磁兼容及电安全技术。

插电式混合动力电动汽车方面，掌握插电式混合动力构型及专用发动机系统研发技术；突破高效机电耦合技术、轻量化、热管理、故障诊断、容错控制与电磁兼容技术、电安全技术；开发出高性价比、可满足大规模商业化需求的插电式混合动力轿车和商用车系列产品。

5. 混合动力电动汽车整车技术

新能源汽车行业针对常规混合动力电动汽车大规模产业化需求，开展系列化混合动力系统总成开发，协调控制、能量管理等关键技术攻关和整车产品的产业化技术研发，将节能环保发动机开发与电动化技术有机结合，重点突破产品性价比，形成市场竞争优势；突破混合动力电动汽车产业化关键技术，构建混合动力电动汽车零部件配套保障体系，开展批量化生产装备与工艺、质量管理体系及配套的维修检测设备开发，建成混合动力电动汽车专用的装配、检测、检验生产线。

中度混合动力方面，突破混合动力电动汽车关键技术，深化发动机控制技术研究，解决动力源工作状态切换和动态协调控制，以及能源优化管理，掌握整车故障诊断技术，进一步提高整车的可靠性、耐久性、性价比，开发出高性价比、具有市场竞争力、可大规模产业化的混合动力电动汽车系列产品。

深度混合动力方面，突破混合动力系统构型技术、能量管理协调控制技术，开发深度混合动力新构型；开发出高性价比、可大规模批量生产的深度混合动力轿车和商用车产品。

6. 燃料电池电动汽车整车技术

新能源汽车行业面向高端前沿技术突破需求，基于高功率密度、长寿命、高可靠性的燃料电池发动机技术，突破新型氢—电结构耦合安全性等关键技术，攻克适应氢能源供给的新型全电气化底盘驱动系统平台技术，研制出达到国际先进水平的燃料电池电动轿车和汽车，并进行工业考核；掌握车载供氢系统技术，实现关键部件的自主开发，掌握下一代燃料电池电动汽车动力系统平台技术，研制下一代燃料电池电动轿车和汽车产品，并进行运行考核。

为了加速推进新能源汽车产业市场化进程，电动汽车科技规划将紧跟电动汽车产业和新能源新材料等新型经济发展，把握关键重点，在下一代电机电控系统、新能源汽车的智能化技术和安全等重点领域开展技术攻关。

在动力电池方面，要加强新材料的研究与应用，如开展高电压材料，硅碳负极板等多元新材料的研究和电极、电解质的研究来提高电池性能；研发高功率极片、芯结构的电池组，尽早实现专利布局；在正、负极，锂离子生产方面对提高质量、降低成本进行基础关键技术的研发。

在电机方面，聚焦驱动电机，研发高性能电力电池装置，开发出高效质轻的电池系统，提升电机系统的核心竞争力。在整车控制和信息系统上面，要适应电动汽车与信息化技术相互融合的新趋势，鼓励企业将互联网技术与新能源汽车技术结合，将智能电网、移动互联、物联网、大数据等信息技术深深地融入新能源汽车技术创新和推广应用上，大力开展智能化电动汽车、充电设施的研发。

练习与实训

一、名词解释

1. 新能源

2. 新能源汽车

3. HEV

4. BEV

5. FCEV

二、填空题

1．新能源汽车包括_____、_____、_____等三种类型。

2．电动汽车的所谓"三电"为_____、_____、_____。

3．纯电动乘用车 30min 最高车速不低于_____。

4．纯电动货车续驶里程不低于_____km。

5．非快充类纯电动客车单位载质量能量消耗量（Ekg）不高于_____Wh/（km·kg），电池系统能量密度不低于_____Wh/kg，续驶里程不低于_____km（等速法）。

三、选择题

1．不属于新能源汽车的是（　　　）。

    A．纯电动汽车　　　B．插电式汽车　　　C．燃气式汽车　　　D．氢燃料汽车

2．不属于混合能源动力系统的是（　　　）。

    A．氢燃料动力系统　　　　　　　B．插电式混合动力系统

    C．混联式混合动力　　　　　　　D．并联式混合动力

3．不属于有关新能源汽车英文缩写的是（　　　）。

    A．HEV　　　　　　B．BEV　　　　　　C．EV　　　　　　D．ESP

4．属于新能源汽车主要性能参数的是（　　　）。

    A．接近角　　　　B．电机驱动功率　　　C．离去角　　　　D．纵向通过角

5．不属于新能源汽车关键技术的是（　　　）。

    A．高性能电力电池装置　　　　　　B．使用传统自动变速器

    C．智能化技术　　　　　　　　　　D．安全技术

四、问答题

1．新能源汽车与内燃汽车是什么关系？

2．新能源汽车的主要性能参数有哪些？

3．氢燃料汽车的工作原理是什么？

4．新能源汽车关键技术是什么？

5．插电式混合动力串联式系统基本组成有哪些？

五、实训题

针对一辆具体新能源汽车，完成以下工作。

1．测量该车的尺寸参数。

2．画出仪表盘 5 个图标，并说明含义。

3．找出 5 个英文缩写，并说明含义。

4．写出该车的驱动电机参数。

5．写出该车的轮胎规格标志，并说明含义。

实训报告

实训题目	汽车基本参数测量与常见标识识别						
学生姓名		班级			学号		
实训地点		学时			日期		
实训结果							
尺寸参数	车长/m	车宽/m	车高/m	轴距/m	轮距/m	前悬/m	后悬/m
	图标 1	图标 2	图标 3	图标 4		图标 5	
仪表盘图标及含义							
英文缩写词							
驱动电机参数							
轮胎规格含义							
实训心得							
指导教师			成绩				

第 2 章
新能源汽车的动力

从全球新能源汽车的发展来看，新能源汽车的动力源主要有动力电源、燃料电池与混合动力等。动力电源主要包括锂离子蓄电池、镍氢蓄电池、燃料蓄电池、铅酸蓄电池、超级电容器等，其中超级电容器大多以辅助动力源的形式出现。这些电池技术还不完全成熟或缺点明显，与传统汽车相比不管是从成本上、动力上还是续航里程上都有不小的差距，这也是制约新能源汽车发展的重要原因。燃料电池具有能量转化效率高、安装地点灵活、负荷响应快、运行质量高等特点，是比较有前景的汽车动力，混合动力在汽车上也具有较好的应用前景。

本章内容及要点

2.1 动力电源

动力电源主要是根据电源的储能方式进行分类的，目前动力电源的储能技术主要有化学储能、物理储能和电磁储能三大类。

化学储能通过提升化学材料的应用范围，提高能量密度，实现其产业化应用，而各类电化学储能电池在生产和研究中具有不同的技术路线和应用方向。当前，主要的电化学储能电池有铅酸蓄电池、镍基蓄电池、锂离子蓄电池、钠硫蓄电池、锌空蓄电池和超级电容器等。

物理储能主要是指抽水蓄能、压缩空气储能和飞轮储能等，具有环保、绿色的特点。其利用天然资源来实现，有规模大、循环寿命长和运行费用低等优点，但需要特殊的地理条件和场地，建设局限性较大，且一次性投资费用较高，故不适合较小功率的离网发电系统。典型的物理储能动力电源有飞轮电池等。

电磁储能包括超导线圈和超级电容器等。其中，超导储能（Superconducting Magnetic Energy Storage，SMES）采用超导体材料制成线圈，利用电流流过线圈产生的电磁场来储存电能。由于超导线圈的电阻为零，故电能储存在线圈中几乎无损耗，储能效率高达95%。超导储能装置结构简单；没有旋转机械部件和密封问题，因此设备寿命较长；储能密度高，可做成较大功率的系统；响应速度快（1～100 ms），调节电压和频率快速且容易。

1. 铅酸蓄电池

铅酸蓄电池又称为铅酸水电池，其电极由铅和铅的氧化物构成，电解液为硫酸的水溶液，一个单格铅酸蓄电池的标称电压为2.0V，能放电到1.5V、充电到2.4V。在应用中，经常用6个单格铅酸蓄电池串联起来组成标称为12V的铅酸蓄电池。此外，还有24V、36V和48V等规格。

铅酸蓄电池的主要优点是电压稳定、价格便宜；缺点是比能量（即每千克蓄电池存储的电能）低、使用寿命短和日常维护频繁。

12V 铅酸蓄电池最明显的特征是顶部有 6 个可拧开的塑料密封盖，上面有通气孔，如图 2-1 所示。这些密封盖用于加注、检查电解液和排放气体。理论上，铅酸蓄电池需要在每次保养时检查电解液的高度。但随着蓄电池制造技术的进步，铅酸蓄电池已发展为铅酸免维护蓄电池，即在使用中无须添加电解液或蒸馏水，利用充电和放电达到水分解循环。目前，普通铅酸蓄电池大多应用在三轮车上，而免维护电池应用范围则更广，包括不间断电源和普通燃油（气）客车及新能源（电动）客车上的照明和低压控制电源。由于其与锂离子蓄电池相比，能量密度较低，因此尚无法在新能源（电动）汽车上作为动力电源使用。

图 2-1　铅酸蓄电池外形结构

2. 镍基蓄电池

镍基蓄电池主要包括镍镉蓄电池、镍锌蓄电池和镍氢蓄电池三种。

镍镉蓄电池的比能量可达 55Wh/kg，比功率超过 190W/kg，可快速充电，循环使用寿命长（＞2 000 次），自放电率低（＜0.5%/d），但成本高（约为铅酸蓄电池的 2～4 倍），且镉为剧毒物，会污染环境。镍镉蓄电池放电时若不予以完全放电，而是以特定的放电深度来重复充、放电的话，那么在反复充、放电几次之后，会因为每次放电电池都有残余容量，使得电池有记忆现象而将此放电终止电压的值记住。当电池不再只以此放电深度来放电，电压逐渐下降至超过被记住的电压值时，电池电压会突然间崩溃性地急速下降，然后才又继续慢慢地下降，这种现象称为记忆效应。记忆效应在周围温度高时比较明显，使用较低充电电流时也会有记忆效应。记忆效应形成之后，若要消除其所造成的影响，必须对电池做一两次完全充放电。

镍锌蓄电池的比能量高（可达 65Wh/kg），比功率高（300W/kg），成本低（低于镍镉蓄电池），但循环寿命偏短（大约为 300 次）。

镍氢蓄电池和镍镉蓄电池一样，同属于碱性蓄电池，其特性和镍镉蓄电池相似，但镍氢蓄电池不含镉、铜，不存在重金属污染问题。随着镍氢蓄电池技术的发展，其比能量已超过 80kWh/kg，循环使用寿命有可能超过 500 次。镍氢蓄电池正极的活性物质为 NiOOH（放电时）和 Ni(OH)$_2$（充电时），负极板的活性物质为 H$_2$（放电时）和 H$_2$O（充电时），电解液采用 30% 的氢氧化钾溶液。充电时，负极析出氢气，储存在容器中，正极由氢氧化亚镍变成氢氧化镍（NiOOH）和水（H$_2$O）；放电时氢气在负极上被消耗掉，正极由氢氧化镍变成氢氧化亚镍。图 2-2 所示为一款镍氢蓄电池的结构。

我国有世界上连续化带状泡沫镍的最大生产基地，有一大批从事新能源客车镍氢蓄电池的研究开发单位，其中有色金属研究院等单位的镍氢蓄电池样品基本指标已接近国际先进水平，基本达到车用要求。但由于工艺问题，目前电池的均匀一致性较差，故在车用电池领域已绝大部分被锂离子蓄电池所取代。

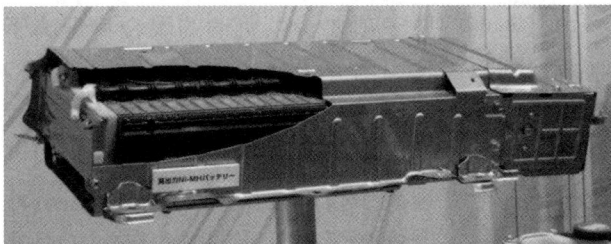

图 2-2 镍氢蓄电池结构

3. 锂离子蓄电池

根据锂离子蓄电池所用电解质材料不同，将其分为液态锂离子蓄电池和聚合物锂离子蓄电池两大类，如图 2-3 所示。其中，液态锂离子蓄电池是指 Li^+ 嵌入化合物为正、负极的二次电池。正极采用锂化合物 $LiCoO_2$、$LiNiO_2$ 或 $LiMn_2O_4$，负极采用锂—碳层间化合物 Li_xC_6。

图 2-3 锂离子蓄电池

典型的电池体系为：$(-)$ C | $LiPF_6$—EC+DEC | $LiCoO_2$ $(+)$，其工作原理如图 2-4 所示。

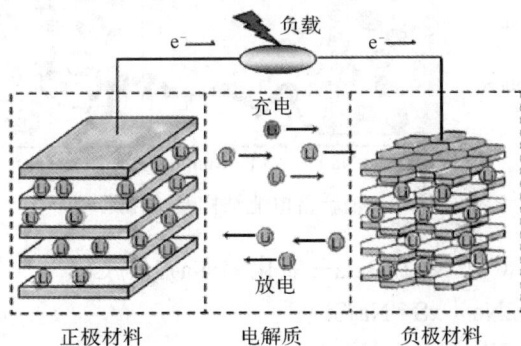

图 2-4 锂离子蓄电池工作原理

正极反应：$LiCoO_2 = Li_{1-x}CoO_2 + xLi^+ + xe^-$

负极反应：$6C + xLi^+ + xe^- = Li_xC_6$

电池总反应：$LiCoO_2 + 6C = Li_{1-x}CoO_2 + Li_xC_6$

聚合物锂离子蓄电池的原理与液态锂离子蓄电池相同，主要区别是电解液不同。电池主要的构造包括正极、负极与电解质三项要素。所谓的聚合物锂离子蓄电池是指在这三种主要构造中至少有一项或一项以上使用高分子材料作为主要的电池构件。而在目前所开发的聚合物锂离子蓄电池系统中，高分子材料主要应用于正极及电解质。正极材料包括导电高分子聚合物或一般锂离子蓄电池所采用的无机化合物，电解质则可以使用固态或胶态高分子电解质，或有机电解液。一般锂离子技术使用液体或胶体电解液，因此需要坚固的二次包装来容纳可燃的活性成分，这既增加了质量，同时也限制了尺寸的灵活性。而聚合物锂离子工艺中没有多余的电解液，因此更稳定，也不易因电池的过量充电、碰撞或其他损害以及过量使用而造成危险。

锂离子蓄电池的能量密度已达到铅酸蓄电池的3～4倍，镍氢蓄电池的2倍，且循环寿命也较长，性能价格比明显优于镍氢蓄电池，被认为是最有希望的新能源客车用蓄电池。目前，市场上推出的混合动力汽车、插电式混合动力汽车以及纯新能源（电动）汽车基本上都采用了锂离子蓄电池。

4. 钠硫蓄电池

钠硫蓄电池由美国福特（Ford）公司首先发明公布，其比能量高，可大电流、高功率放电。随后，日本东京电力公司（TEPCO）和 NGK 公司合作开发钠硫蓄电池作为储能电池，其应用目标瞄准电站负荷调平、UPS 应急电源及瞬间补偿电源等，并于 2002 年开始进入商品化实施阶段。

钠硫蓄电池以钠和硫分别用作阳极和阴极，Beta—氧化铝陶瓷同时起隔膜和电解质的双重作用。其结构和工作原理如图 2-5 所示。

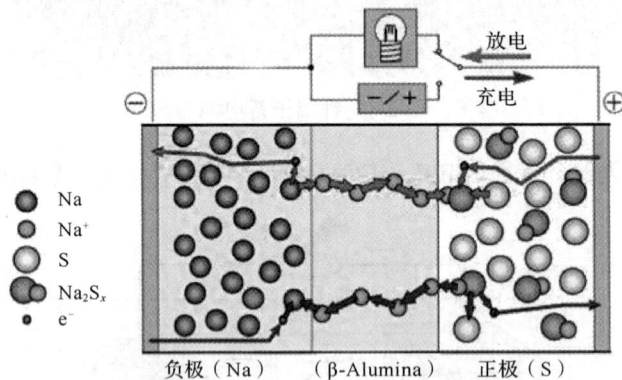

图 2-5　钠硫蓄电池结构及工作原理

（-）Na(l)/Beta—氧化铝/Na$_2$S$_x$(l)/C（+）

基本的电池反应为：$2Na + xS= Na_2S_x$

钠硫蓄电池的特性如下。

（1）理论比能量高。钠硫蓄电池的理论比能量高达 760 Wh/kg，且没有自放电现象，放电效率几乎可达 100%。

（2）单体电池储能量大。钠硫蓄电池的基本单元为单体电池，用于储能的单体电池最大容量达到 650 Ah，功率在 120 W 以上。将多个单体电池组合后形成模块，模块的功率通常为数十千瓦，可直接用于储能。

（3）技术成熟。钠硫蓄电池在国外已是发展相对成熟的储能电池，其使用寿命可达 10～15 年。

钠硫蓄电池已被美国福特汽车公司的新能源客车 Mnivan 使用，并被美国先进电池联合体（USABC）列为中期发展的新能源客车蓄电池。德国 ABB 公司生产的 B240K 型钠硫蓄电池，其质量为 17.5 kg，蓄电量为 19.2 kW·h，比能量达 109 Wh/kg，循环使用寿命 1 200 次。由于目前该电池工作温度高，使用寿命尚达不到要求，且其安全性还有待评估。

5. 锌空蓄电池

锌空蓄电池靠金属锌和空气在特种电解质作用下发生化学反应来获得电能，其实物如图 2-6 所示。锌空蓄电池的容量比其他电池高 3～10 倍，具有工作电压平稳、杂音小等优点。但从严格意义上来讲，它并不是蓄电池，而是利用锌和空气直接发电。在电池用完后，只需要更换封装好的锌粉（在几分钟内完成）即可。

图 2-6　锌空蓄电池实物

锌空蓄电池由阳极、阴极、电解液、隔离层、绝缘和密封衬垫及外壳等组成，其结构示意图如图 2-7 所示。成糊状的锌粉在阴极，起催化作用的碳在阳极，电池壳体上的孔可让空气中的氧进入腔体附着在阳极的碳上，同时阴极的锌被氧化，这一化学反应与小型银-氧或汞-氧电池的化学反应类似。

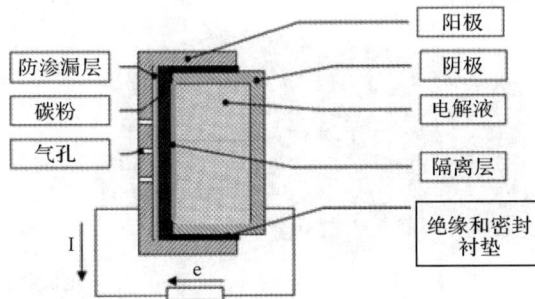

图 2-7　锌空蓄电池的结构示意图

锌空蓄电池的工作原理如下。

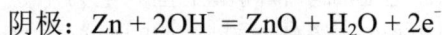

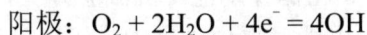

阴极：$Zn + 2OH^- = ZnO + H_2O + 2e^-$

阳极：$O_2 + 2H_2O + 4e^- = 4OH$

综合：$2Zn + O_2 = 2ZnO$

通常这种反应产生的电压为 1.4 V，但放电电流和放电深度可能引起电压变化，空气必须能不间断地进入到阳极。在正极壳体上开有小孔，以便氧气源源不断地进入才能使电池产生化学反应。

锌空蓄电池的特性如下。

（1）比能量高。比能量约275Wh/kg，为锌锰蓄电池的4～5倍。

（2）体积小，质量轻（空气电极的活性物质不在电池内部），容量大。

（3）内阻小。由于内阻小，故其大电流放电和脉冲放电性相当好。

（4）储存寿命长。

（5）使用温度范围广。最佳工作温度0～50℃，能在-40～60℃下工作。

（6）工作电压平稳。

（7）使用安全，对生态环境污染小。

锌空蓄电池可以作为充电电池运用于电动车行业，如电动自行车、电动助动车和摩托车，电动出租车以及电动城市公交客车等。其原因是锌空气燃料电池解决了现有电池在电动车辆应用方面所存在的主要问题：比能量达到200Wh/kg，约为现有市场上铅酸蓄电池比能量的6倍，使电动车续航里程可达200km以上；单位成本可与铅酸蓄电池相比，具有很好的市场性价比；在能源再生体系中可保证对环境无污染。

但是，锌空蓄电池内部含有高浓度的电解质（氢氧化钾，具有强碱性和强腐蚀性），一旦发生渗漏，将腐蚀电池附近部件，且这种腐蚀可能是不可修复和致命的。此外，电池上有孔，电池在激活使用后存放时间又很短，所以锌空蓄电池较易发生电池漏液。因其比功率小、不能输出大电流，所以在新能源客车实际运用中常与其他蓄电池共同使用。由于不是充电，而是添加燃料"锌"，所以废液处理成本是制约其发展的瓶颈。近年来，锌空蓄电池的发展引人注目，其主要优势是废液处理方法简单，成本低。

6. 飞轮蓄电池

飞轮蓄电池是20世纪90年代才提出的新概念，其突破了化学电池的局限，飞轮旋转采用物理方法实现储能。其结构和工作原理示意图如图2-8所示。

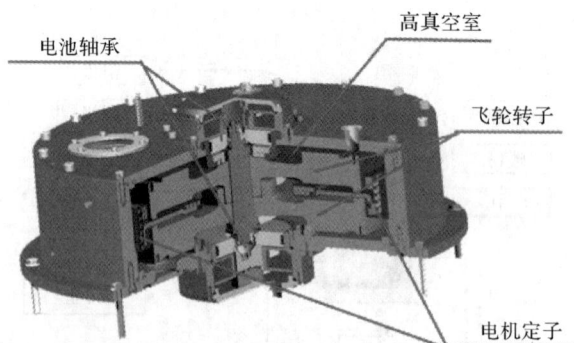

图2-8　飞轮蓄电池结构原理图

飞轮蓄电池结构主要包括飞轮转子、电机定子、电池轴承和高真空室。电力电子变换装置从外部输入电能驱动电机旋转，电机带动飞轮旋转，飞轮储存动能（机械能），当外部负载需要能量时，用飞轮带动发电机旋转，将动能转化为电能，再通过电力电子变换装置变成负载所需要的各种频率、电压等级的电能，以满足不同的需求。由于输入、输出是彼此独立的，故在设计时常将电机和发电机用一台电机来实现，输入输出变换器也合并成一个，这样就可以大大减少系统的大小和质量；同时，由于在实际工作中，飞轮的转速可达40 000～50 000r/min，一般金属制成的飞轮无法承受这样高的转速，所以飞轮一般都采用碳纤维制成，既轻又强，进一步减轻了整个系统的质量；为了减少充、放电过程中的能量损耗（主要是摩擦力损耗），电机和飞轮都使用磁轴承，使其悬浮，以减少机械摩擦；将飞轮和电机放置在真空容器中，以减少空气摩擦。这样，飞轮蓄电池的净效率（输入/输出）可达 95%左右。

实际使用的飞轮装置中主要包括飞轮、轴、轴承、电机、真空容器和电力电子变换器等部件。其中，飞轮是整个电池装置的核心部件，它直接决定了整个装置的储能多少（储存的能量由公式 $E=j\omega^2$ 决定，式中 j 为飞轮的转动惯量，与飞轮的形状和质量有关；ω 为飞轮的旋转角速度）。

电力电子变换器通常是由金属—氧化物半导体场效应晶体管（MOSFET）和绝缘栅双极型晶体管（IGBT）组成的双向逆变器，它们决定了飞轮装置能量输入、输出的大小。

飞轮蓄电池体积小、质量轻、充电快、寿命长，其使用寿命达 25 年，理论上可供新能源客车行驶总里程达 5×10^6km。但将其用作新能源汽车的能量源仍面临两大问题，即当车辆转弯或产生颠簸偏离直线行驶时，飞轮将产生陀螺力矩，从而严重影响车辆的操纵稳定性；若飞轮出现故障，以机械能形式存储在飞轮中的能量就会在短时间内释放出来，大功率输出将导致车辆损坏。因此，超高速飞轮在电动汽车上使用将面临结构可靠性、充电、自放电、噪声以及振动等方面的问题，需要进一步改进和完善。

7. 超级电容器

超级电容器，又名电化学电容器、双电层电容器、黄金电容和法拉电容等，如图 2-9 和图 2-10 所示。超级电容器不同于传统的化学电源，是一种介于传统电容器与电池之间、具有特殊性能的电源，主要依靠双电层和氧化还原假电容电荷储存电能。其在储能的过程中并不发生化学反应，且这种储能过程是可逆的，也正因为如此，超级电容器可以反复充放电数十万次。其基本原理和其他种类的双电层电容器一样，都是利用活性炭多孔电极和电解质组成的双电层结构获得超大容量。

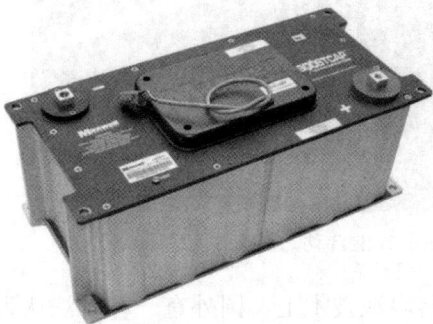

图 2-9　超级电容器　　　　　图 2-10　一种车用超级电容器模块

超级电容器的突出优点是功率密度高，充、放电时间短，循环寿命长和工作温度范围广，是目前世界上已投入量产的双电层电容器中容量最大的一种。

　　超级电容的电流是在电极/电解液界面通过电子或离子的定向排列造成电荷的对峙而产生的，如图 2-11 所示。对一个电极/溶液体系，会在电子导电的电极和离子导电的电解液界面上形成双电层。当在两个电极上施加电场后，溶液中的阴、阳离子分别向正、负电极迁移，在电极表面形成双电层；撤销电场后，电极上的正负电荷与溶液中的相反电荷离子相互吸引而使双电层稳定，在正负极间产生相对稳定的电位差。这时对某一电极而言，会在一定距离内（分散层）产生与电极上的电荷等量的异性离子电荷，使其保持电中性；当将两极与外电路连通时，电极上的电荷迁移而在外电路中产生电流，溶液中的离子迁移到溶液中呈电中性，这便是双电层电容的充放电原理。

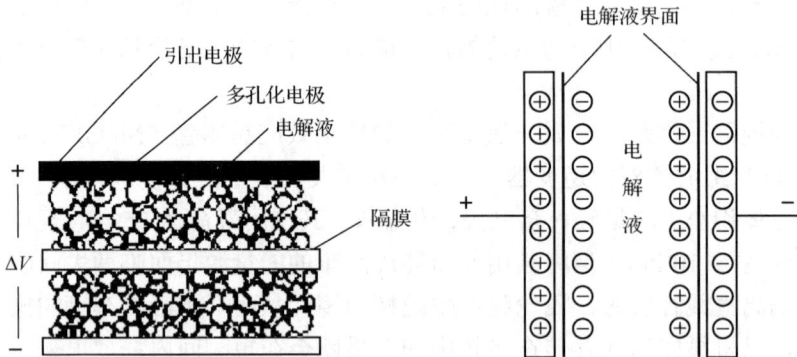

图 2-11　超级电容结构

　　超级电容器电池作为一种新型储能装置，具有充电时间短、使用寿命长、温度特性好、节约能源和绿色环保等特点。超级电容器用途广泛，可用作起重装置的电力平衡电源，提供超大电流的电力；用作车辆启动电源，启动效率和可靠性都比传统蓄电池高，可以全部或部分替代传统蓄电池；用作车辆的牵引能源可以生产电动汽车、替代传统的内燃机、改造现有的无轨电车，如图 2-12 所示。

图 2-12　采用超级电容的插电式混合动力客车

　　纵观新能源客车动力源的选择，在传统充电蓄电池技术上，国外有一种看法认为改进型铅酸蓄电池（主要指双极性、亚双极性水平电池）和聚合物锂离子蓄电池是发展方向。由于改进型铅酸蓄电池成本低、运行可靠，因此是目前使用较多的启动电池。而聚合物锂离子蓄电池的性能价格有望达到市场化的指标，是未来可以实现且市场能够接受的电池。镍氢蓄电池技术日趋成熟，在锂类电池技术成熟以前，有一定的市场前景。对钠硫蓄电池、钠氯化镍蓄电池以及锌空蓄电池等新型电池的发展，业界寄予厚望，但目前钠硫蓄电池、钠氯化镍蓄电池的技术还不够成熟，安全性也有待评估。特别是近年来，在燃料电池技术发展的影响下，这些新型电池的发展已显得不那么备受瞩目了。

2.2　燃料电池

燃料电池（Fuel Cell）是一种将存在于燃料与氧化剂中的化学能直接转化为电能的发电装置。其特殊之处在于将燃料和空气分别送进燃料电池，电就被奇妙地生产出来。从外表上看，燃料电池有正、负极和电解质等，像一个蓄电池，但实质上它不能"储电"而是一个"发电厂"。

燃料电池本质上是一种电化学装置，组成与一般电池相同。其单体电池是由正负两个电极（负极即燃料电极，正极即氧化剂电极）以及电解质组成的。不同的是一般电池的活性物质储存在电池内部，因此限制了电池容量，而燃料电池的正、负极本身不包含活性物质，只是个催化转换元件。因此燃料电池是名副其实的把化学能转化为电能的能量转换机器。电池工作时，燃料和氧化剂由外部供给，进行反应。原则上只要反应物不断输入，反应产物不断排出，燃料电池就能连续地发电。

燃料电池涉及化学热力学、电化学、电催化、材料科学、电力系统及自动控制等学科的有关理论，具有发电效率高、环境污染少等优点。

燃料电池具有能量转化效率高（直接将燃料的化学能转化为电能，中间不经过燃烧过程，因而不受卡诺循环的限制；一般燃料电池的燃料—电能转换效率在 45%～60%，而火力发电和核电的效率大约在 30%～40%）、安装地点灵活（功率可根据需要由电池堆组装，十分方便；燃料电池电站占地面积小，建设周期短，无论作为集中电站还是分布式电站，或是作为小区、工厂、大型建筑的独立电站都非常合适）、负荷响应快、运行质量高（在数秒钟内就可以从最低功率变换到额定功率）等特点。

2.2.1　燃料电池的主要类型

按工作温度不同，燃料电池可分为低温燃料电池和高温燃料电池（也称为面向高质量排气而进行联合开发的燃料电池）两大类。其中，前者有碱性燃料电池（AFC，工作温度为 100℃）、固体高分子型质子膜燃料电池（PEMFC，也称质子膜燃料电池，工作温度为 100℃以下）和磷酸型燃料电池（PAFC，工作温度为 200℃）三种；后者有熔融碳酸盐型燃料电池（MCFC，工作温度为 650℃）和固体氧化型燃料电池（SOFC，工作温度为 1 000℃）两种。也可按其开发顺序，将 PAFC 称为第一代燃料电池、MCFC 称为第二代燃料电池，SOFC 称为第三代燃料电池。

按燃料的处理方式的不同，可分为直接式、间接式和再生式燃料电池。直接式燃料电池按温度的不同又可分为低温、中温和高温三种类型，间接式燃料电池包括重整式燃料电池和生物燃料电池。再生式燃料电池中有光、电、热、放射化学燃料电池等。按照电解质类型的不同，可分为碱型、磷酸型、聚合物型、熔融碳酸盐型、固体电解质型燃料电池等。

2.2.2 常见的几种燃料电池

由于研究和开发的角度不同，燃料电池种类繁多，但目前应用较多的主要有 4 种。

1. 质子交换膜燃料电池

质子交换膜燃料电池（Proton Exchange Membrane Fuel Cell，PEMFC）在原理上相当于水电解的"逆"装置。其使用一种特定的燃料，通过一种质子交换膜（Proton Exchange Membrane，PEM）和催化层（Catalyst Layer，CL）而产生电流的一种装置，这种电池只要外界源源不断地供应燃料（例如氢气或甲醇），就可以提供持续电能。

质子交换膜燃料电池的单电池由阳极、阴极和质子交换膜组成，阳极为氢燃料发生氧化的场所，阴极为氧化剂还原的场所，两极都含有加速电极电化学反应的催化剂，电解质为质子交换膜。

质子交换膜燃料电池的工作原理是利用一种称为质子交换膜的技术，使氢气在覆盖有催化剂的质子交换膜作用下，在阳极将氢气催化分解成为质子，这些质子通过质子交换膜到达阴极，在氢气的分解过程中释放电子，电子通过负载被引出到阴极，这样就产生了电能。其工作时相当于直流电源，阳极即电源负极，阴极即电源正极。其两电极的反应分别如下。

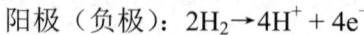

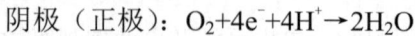

阳极（负极）：$2H_2 \rightarrow 4H^+ + 4e^-$

阴极（正极）：$O_2 + 4e^- + 4H^+ \rightarrow 2H_2O$

氢气在阳极经过质子交换膜和催化剂的作用，在阴极质子与氧和电子相结合产生水。即燃料电池内部的氢与空气中的氧进行化学反应，生成水的过程同时产生了电流（也可以理解为是电解水的逆反应）。

燃料电池在阳极除供应氢气外，同时还收集氢质子（H^+），释放电子；在阴极通过负载捕获电子产生电能。质子交换膜的功能只是允许质子 H^+ 通过，并与阴极中的氧结合产生水。这种水在反应过程中的温度作用下，以水蒸气的形式散发在空气中。对汽车用的大功率燃料电池需要设置水的回收装置。一般来说，用氢作燃料电池所生成的是纯净水，可以饮用；而用甲醇作燃料生成的水溶液中可能产生甲醛之类有毒物质，不能饮用。图 2-13 所示为质子交换膜燃料电池结构和工作原理示意图。

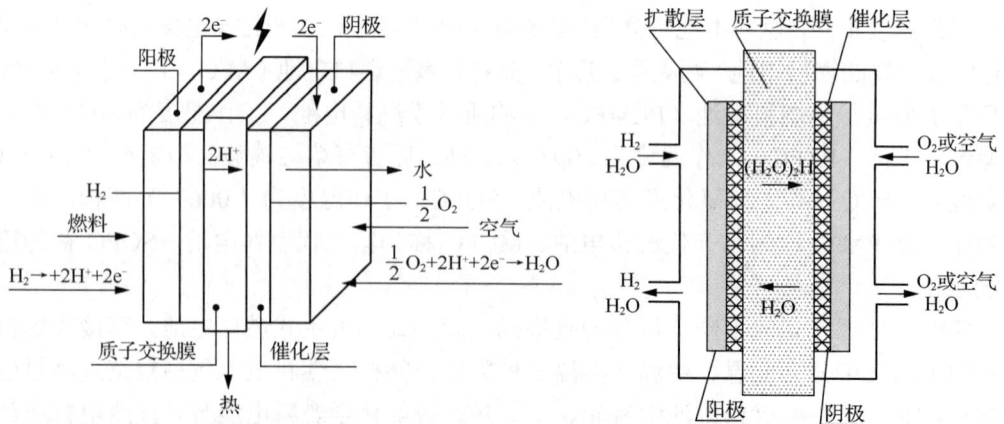

图 2-13 质子交换膜燃料电池结构和工作原理示意图

由于质子交换膜只能传导质子，因此氢质子可直接穿过质子交换膜到达阴极，而电子只能通过外电路才能到达阴极。当电子通过外电路流向阴极时就产生了直流电。以阳极为参考时，阴极电位为 1.23 V。亦即每一单电池的发电电压理论上限为 1.23 V，接有负载时输出电压取决于输出电流密度，通常在 0.5～1 V 之间。将多个单电池以串联方式层叠组合，就能构成输出电压满足实际负载需要的燃料电池堆（简称电堆）。而将双极板与膜电极三合一组件交替叠合，各单体之间嵌入密封件，经前、后端板压紧后用螺杆紧固拴牢，即构成质子交换膜燃料电池电堆。叠合压紧时应确保气体主通道对正以便氢气和氧气能顺利通达每一单电池。电堆工作时，氢气和氧气分别由进口引入，经电堆气体主通道分配至各单电池的双极板，经双极板导流均匀分配至电极，通过电极支撑体与催化剂接触进行电化学反应。

电堆的核心是双极板与膜电极组件。双极板与膜电极组件是将两张喷涂有 Nafion 溶液及 Pt 催化剂的碳纤维纸电极分别置于经预处理的质子交换膜两侧，使催化剂靠近质子交换膜，在一定温度和压力下模压制成的。双极板常用石墨板材料制作，具有高密度、高强度，无穿孔性漏气，在高压强下无变形，导电、导热性能优良，与电极相容性好等特点。常用石墨双极板厚度约 2～3.7 mm，经铣床加工成具有一定形状的导流流体槽及流体通道，其流体通道设计和加工工艺与电池性能密切相关。

质子交换膜燃料电池具有：发电过程不涉及氢氧燃烧，因而不受卡诺循环的限制，能量转换率高；发电时不产生污染，发电单元模块化，可靠性高，组装和维修方便，工作时也没有噪声等特点。所以，质子交换膜燃料电池电源是一种清洁、高效的绿色环保电源。

通常，质子交换膜燃料电池的运行需要一系列辅助设备与之共同构成发电系统。该发电系统由电堆、氢氧供应系统、水热管理系统、电能变换系统和控制系统等构成。电堆是发电系统的核心。发电系统运行时，反应气体氢气和氧气分别通过调压阀、加湿器（加湿、升温）后进入电堆，发生反应产生直流电，经稳压、变换后供给负载。电堆工作时，氢气和氧气反应产生的水由阴极过量的氧气（空气）流带出；未反应的（过量的）氢气和氧气流出电堆后，经汽水分离器除水，可经过循环泵重新进入电堆循环使用，在开放空间也可以直接排放到空气中。图 2-14 所示为本田汽车上采用的质子交换膜燃料电池。

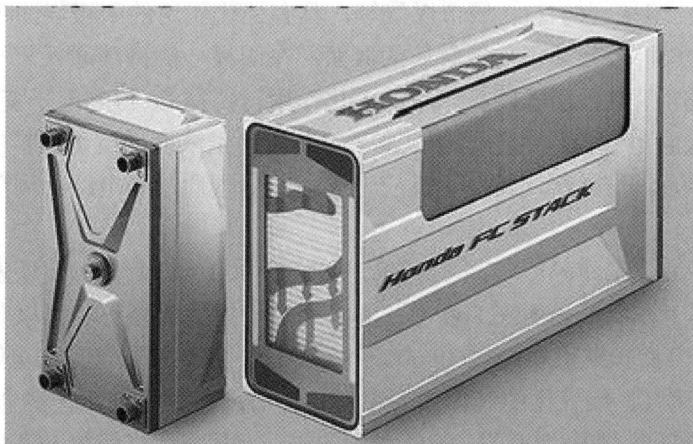

图 2-14　本田汽车上采用的质子交换膜燃料电池

2. 固体氧化物燃料电池

固体氧化物燃料电池（Solid Oxide Fuel Cell，SOFC）属于第三代燃料电池，某单体电池由阳极（燃料极）、阴极（空气级）和固体氧化物电解质组成的。空气中的氧在空气极电解质界面被还原形成氧离子，在空气与燃料之间的氧的分差作用下，在电解质中向燃料极侧移动，在燃料极电解质界面与燃料中的氢或一氧化碳的中间氧化产物反应，生成水蒸气或二氧化碳，放出电子。电子通过外部回路，再次返回空气极，此时产生电能。由于电池本体的构成材料全部是固体，故其可以不必像其他燃料电池那样制成平面形状，而常常制成圆筒型。

SOFC 是一种在中高温下直接将储存在燃料和氧化剂中的化学能高效、环境友好地转化成电能的全固态新型化学发电装置。由于其高效率、无污染、全固态结构和对多种燃料气体的广泛适应性等特点，被普遍认为是在未来会与质子交换膜燃料电池（PEMFC）一样得到普及应用的一种燃料电池。

SOFC 的研究开发始于 20 世纪 40 年代，但在 20 世纪 80 年代以后才得到蓬勃发展。与第一代燃料电池（磷酸型燃料电池，简称 PAFC）、第二代燃料电池（熔融碳酸盐燃料电池，简称 MCFC）相比，具有较高的电流密度和功率密度；阳、阴极极化可忽略，损失集中在电解质内阻降；可直接使用氢气、烃类（甲烷）、甲醇等作燃料，而不必使用贵金属作催化剂；避免了中、低温燃料电池的酸碱电解质或熔盐电解质的腐蚀及封接问题；能提供高质余热，实现热电联产，燃料利用率高，能量利用率高达 80%，是一种清洁高效的能源系统；广泛采用陶瓷材料作电解质、阴极和阳极，具有全固态结构；陶瓷电解质要求中、高温运行（600～1 000℃），加快了电池反应，可以实现多种碳氢燃料气体的内部还原，简化了设备等优点。

SOFC 电池单体主要组成部分由固体氧化物电解质（electrolyte）、阳极或燃料极（anode，fuel electrode）、阴极或空气极（cathode，air electrode）和连接体（interconnect）或双极板（bipolar separator）组成。

SOFC 的工作原理与其他燃料电池相同，相当于水电解的"逆"装置。阳极为燃料发生氧化的场所，阴极为氧化剂还原的场所，两极都含有加速电极电化学反应的催化剂。工作时相当于直流电源，其阳极即电源负极，阴极为电源正极。在 SOFC 的阳极一侧持续通入燃料气，如氢气（H_2）、甲烷（CH_4）、城市煤气等，具有催化作用的阳极表面吸附燃料气体，并通过阳极的多孔结构扩散到阳极与电解质的界面；在阴极一侧持续通入氧气或空气，具有多孔结构的阴极表面吸附氧，由于阴极本身的催化作用，使得 O_2 得到电子变为 O^{2-}，在化学势的作用下，O^{2-} 进入起电解质作用的固体氧离子导体，由于浓度梯度引起扩散，最终到达固体电解质与阳极的界面，与燃料气体发生反应，失去的电子通过外电路回到阴极。其工作原理如图 2-15 所示。

早期开发的 SOFC 工作温度较高，一般在 800～1 000 ℃。目前，已研发成功中温固体氧化物燃料电池，其工作温度一般在 800 ℃左右。通过设置底面循环，可以获得效率超过 60% 的高效发电，使用寿命预期可以超过 40 000～80 000 h。由于氧离子是在电解质中移动，所以也可以用 CO、天然气、煤气化的气体作为燃料。目前，科学家们正在努力开发低温 SOFC，其工作温度可以降低至 650～700 ℃。工作温度的进一步降低，将使得 SOFC 的广泛应用成为可能。

SOFC 的单体电池只能产生 1 V 左右的电压，功率有限，为了能实际应用，需要大大提高 SOFC 的功率。为此，可以将若干个单电池以各种方式（串联、并联、混联）组装成电池组。目前，SOFC 组的结构主要有：管状（tubular）、平板型（planar）和整体型（unique）三种，其中平板型因功率密度高和制作成本低而成为发展趋势。

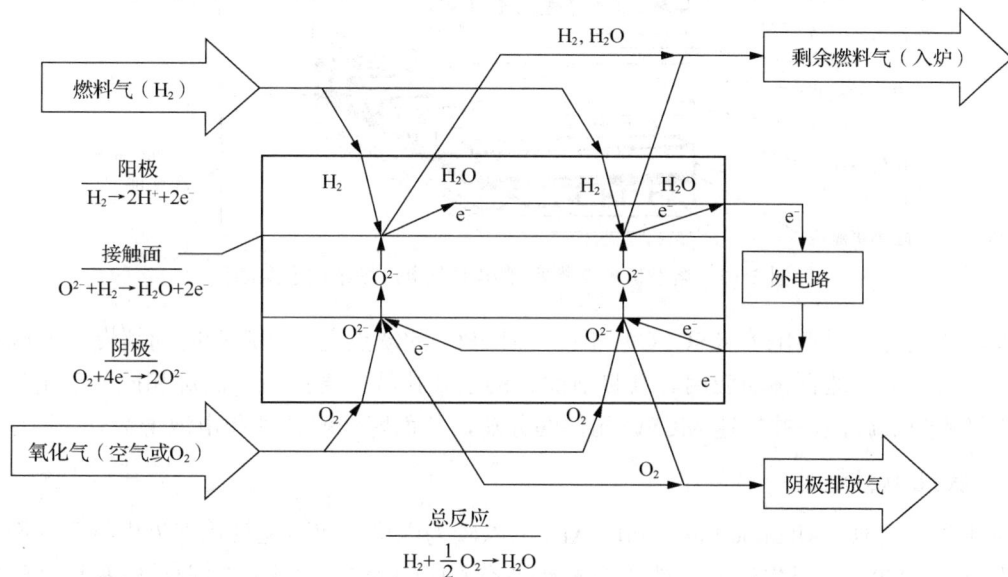

图 2-15　固体氧化物燃料电池的工作原理

SOFC 系统的化学反应可表示如下。

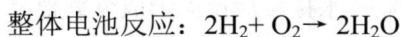

阳极反应：$2H_2 + 2O^{2-} \rightarrow 2H_2O + 4e^-$

阴极反应：$O_2 + 4e^- \rightarrow 2O^{2-}$

整体电池反应：$2H_2 + O_2 \rightarrow 2H_2O$

3. 熔融碳酸盐燃料电池

熔融碳酸盐燃料电池（Molten Carbonate Fuel Cell，MCFC）是由多孔陶瓷阴极、多孔陶瓷电解质隔膜、多孔金属阳极和金属极板构成的燃料电池。其电解质采用碱金属的熔融态碳酸盐（如 Li、Na、K），工作温度 600～700 ℃。高温下这种盐变为熔化态允许电荷（负碳酸根离子）在电池中移动。MCFC 也可使用氧化镍（NiO）作为多孔阴极，但由于 NiO 溶于熔融的碳酸盐后会被 H_2、CO 还原为 Ni，故容易造成短路。MCFC 电池系统中的化学反应可表示如下。

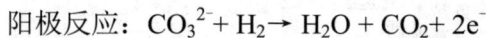

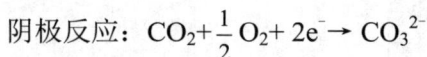

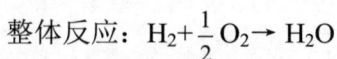

阳极反应：$CO_3^{2-} + H_2 \rightarrow H_2O + CO_2 + 2e^-$

阴极反应：$CO_2 + \frac{1}{2}O_2 + 2e^- \rightarrow CO_3^{2-}$

整体反应：$H_2 + \frac{1}{2}O_2 \rightarrow H_2O$

MCFC 具有效率高（高于40%）、噪声低、无污染、燃料多样化（氢气、煤气、天然气和生物燃料等）、余热利用价值高和电池构造材料价廉等优点。

熔融碳酸盐燃料电池主要是由阳极、阴极、电解质基底和集流板或双极板等构成的，

图 2-16 所示为其单电池及电池堆结构示意图。

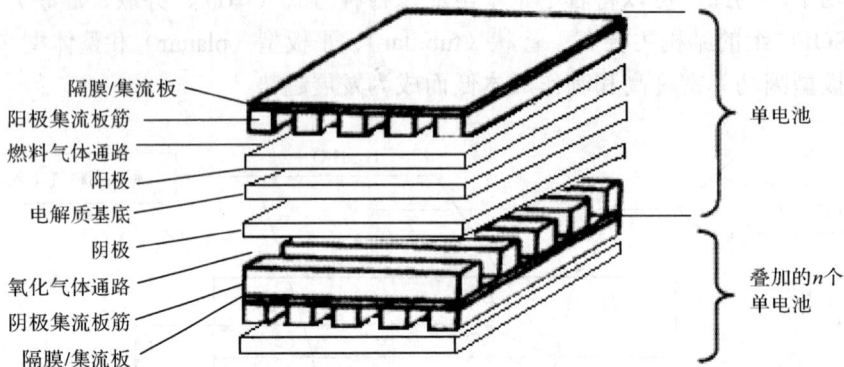

图 2-16　熔融碳酸盐燃料单电池及电池堆结构示意图

同固体氧化物燃料电池（SOFC）相似，MCFC 的缺点之一是启动时间缓慢，原因在于运行温度高，故不适合移动应用。其目前面临的主要挑战是寿命短、高温和碳酸盐电解质易导致阳极和阴极腐蚀，并加速 MCFC 元件的分解，从而降低耐久性和电池寿命。

4. 碱性燃料电池

碱性燃料电池（Alkaline Fuel Cell，AFC）以碳为电极，使用氢氧化钾为电解质，操作温度约为 100～250 ℃（最先进的碱性燃料电池操作温度约为 23～70 ℃），通过氢和氧之间的氧化还原反应生产电力。AFC 有两个燃料入口，氢及氧各由一个入口进入电池，中间则有一组多孔性石墨电极，电解质位于碳阴极及碳阳极中央，氢气经由多孔性碳阳极进入电极中央的氢氧化钾电解质，接触后发生氧化，产生水及电子。

$$H_2 + 2OH^- \rightarrow 2H_2O + 2e^-$$

电子经由外电路提供电力并流回阴极，并在阴极与氧及水接触后反应形成氢氧根离子。

$$O_2 + 2H_2O + 4e^- \rightarrow 4OH^-$$

最后水蒸气及热能由出口离开，氢氧根离子经由氢氧化钾电解质流回阳极，完成整个电路。其工作原理如图 2-17 所示。

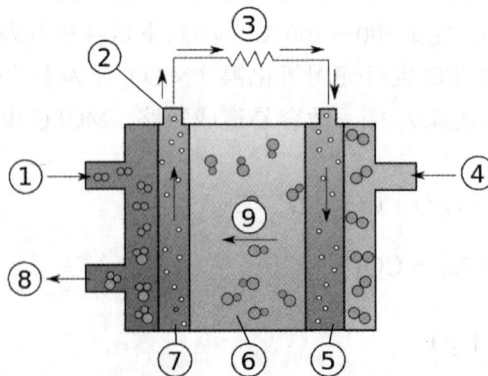

1—氢气流入；2—产生电子及水；3—电子经由外电路流回阴极；4—氧气流入与水及电子反应形成氢氧根离子；
5—阴极；6—电解质；7—阳极；8—水蒸气由出口排出；9—氢氧根离子流回阳极

图 2-17　碱性燃料电池工作原理

碱性燃料电池通常以氢氧化钾或氢氧化钠为电解质，导电离子为 OH^-，燃料为氢。化学反应式如下。

阳极反应：$H_2+2OH^- \rightarrow 2H_2O+2e^-$ 标准电极电位为-0.828 V

阴极反应：$1/2O_2+H_2O+2e^- \rightarrow 2OH^-$ 标准电极电位为 0.401 V

总反应：$O_2+2H_2 \rightarrow H_2O$ 理论电动势为 $0.401-(-0.828)=1.229$ V

AFC 的催化剂主要使用贵金属铂、钯、金、银和过渡金属镍、钴、锰等。

按照电解质是否固定、循环使用和混合了其他燃料，AFC 可分为循环式电解质碱性燃料电池（电解液被泵入燃料电池的碱腔，并在碱腔中循环使用）、固定式电解质碱性燃料电池（电池堆的每一个电池都有一个属于自己的独立的电解质，被放在两个电解质间的隔膜材料里）和可溶解燃料碱性燃料电池（电解质中混合了肼或氨类燃料）三类。其中，循环式电解质碱性燃料电池的优点是可以随时更换电解质；固定式电解质碱性燃料电池结构简单，已被广泛应用于航天飞行器中；而可溶解燃料碱性燃料电池成本低，结构紧密，制作简单且易于补充燃料。图 2-18 为日本东芝公司生产的一款碱性燃料电池。

图 2-18　日本东芝公司生产的一款碱性燃料电池

AFC 的优点是：效率高（氧在碱性介质中的还原反应比其他酸性介质高）；可以使用非铂催化剂。

AFC 的缺点是：由于电解质为碱性，易与 CO_2 生成 K_2CO_3、Na_2CO_3 沉淀，严重影响电池性能，故必须除去 CO_2，这为其在常规环境中应用带来很大的困难。

四种燃料电池的综合比较见表 2-1。由于燃料电池系统价格昂贵，因此其在我国目前大多处于样机研制和小批量应用阶段。

表 2-1　四种燃料电池的比较

		PEMFC	AFC	MCFC	SOFC
电解质	电解质材料	交换膜	磷酸盐	碳酸锂、碳酸钠、碳酸	稳定氧化锆
	移动离子	H^+	OH^+	CO_3^{2-}	O^{2-}
	使用模式	膜	在基质中浸渍	在基质中浸渍或粘贴	薄膜、薄板
反应	催化剂	铂	铂	无	无
	阳极	$H_2 \rightarrow 2H^++2e^-$	$H_2+2OH^- \rightarrow 2H_2O+2e^-$	$H_2+CO_3^{2-} \rightarrow H_2O+CO_2+2e^-$	$H_2+O^{2-} \rightarrow H_2O+2e^-$

		PEMFC	AFC	MCFC	SOFC
反应	阴极	$\frac{1}{2}O_2+2H^++2e^-\rightarrow H_2O$	$\frac{1}{2}O_2+H_2O+2e^-\rightarrow 2OH^-$	$\frac{1}{2}O_2+CO_2+2e^-\rightarrow CO_3^{2-}$	$\frac{1}{2}O_2+2e^-\rightarrow O^{2-}$
运行温度/℃		80～100	150～200	600～700	700～1 000
燃料		氢	氢	氢、一氧化碳	氢、一氧化碳
发电效率（%）		30～40	40～45	50～65	50～70

　　作为一种清洁高效而且性能稳定的电源技术，燃料电池已经在航空航天领域及军事领域成功应用。现在世界各国正在加速其在民用领域的商业开发。与现有技术相比，燃料电池在电源、电力驱动、发电等领域都有明显的优点，具有广泛的应用前景。目前，其已大量应用于便携式电源、燃料电池电动汽车、燃料电池电站和燃料电池舰艇与飞机等领域。

　　从国际上燃料电池汽车的发展、推广应用情况看，燃料电池城市客车发展情况较好。以梅赛德斯-奔驰、丰田和 MAN 等公司为代表，所开发的燃料电池城市客车车型已在整车技术集成上取得了长足进步，并在多个城市的多条公交线路上试运行。其特点是：混合动力方案是主流，即采用燃料电池系统与动力电池混合驱动的方式，以提高燃料电池寿命，减少整车氢耗，降低车辆成本；分布式控制技术得到广泛应用，整车的能量管理策略逐步优化；整车的可靠性、寿命和环境适应性日趋完善；整车安全性得到社会广泛认可，相关的规范与法规日益完善；制动能量回馈技术已趋成熟，较大幅度地提高了整车燃料经济性；燃料电池系统废热利用技术的应用，减少了冬天供暖系统的氢耗。图 2-19 所示为北京街头运行的国产燃料电池城市客车。

图 2-19　国产燃料电池城市客车

　　在国内，清华大学"十五"期间成功研制了五辆燃料电池客车，并在开发平台建设与共性关键技术研究方面，完成了氢燃料电池动力系统、控制与通信系统和电动化底盘系统三大研发平台建设和共性关键技术研究，进行了总里程 6 万 km 和单车 3.5 万 km 的运行试验。图 2-20 所示为清华大学研发的燃料电池轻型客车。

图 2-20　燃料电池轻型客车

2.3　混合动力

　　为解决现阶段纯电动汽车受动力电池技术在能量密度、容积密度、寿命以及基础设施投入等方面的制约，出现了一种适应当前实际使用需要的新的混合动力车型。这种车型将燃油发动机、电机和一定容量的储能器件（主要是高性能电池或超级电容器）与先进控制系统组合，用电机补充提供车辆起步、加速所需转矩，将车辆制动能量回收并返回储能器件存储，以此大幅度降低油耗和减少污染物排放。对于混合动力新能源汽车，其电机的使用特点要求动力源能够提供和吸收较大的瞬时功率，即承受较大的充电或放电电流。

　　混合动力系统有四种基本类型，即串联式、并联式、混联式和插电式混合动力。

2.3.1　串联式混合动力系统

　　串联式混合动力系统包括发动机、发电机和电机三部分动力总成，它们之间以串联的方式组成动力单元系统，工作时由发动机驱动发电机发电，电能通过控制器输送到电池或电机，由电机通过变速机构驱动汽车行驶。小负荷时由电池先驱动电机再驱动车轮，大负荷时由发动机带动发电机发电驱动电机。当车辆处启动、加速、爬坡工况时，发动机、发电机和电池共同向电机提供电能；当车辆处于低速、滑行、怠速工况时，则由电池驱动电机；当电池亏电时，则由发动机、发电机向电池充电。串联式混合动力系统结构如图 2-21 所示。

　　混合动力系统结构较为简单。此外，由于发动机仅为发电机提供发电动力，所以无论车辆行驶工况如何，发动机一直都以恒定工况在经济区域运行，从而降低了油耗。这一特性使得串联式混合动力系统车型在频繁起步和低速行驶工况的市区尤为经济。但在长距离高速运行时，由于串联式混合动力系统需要不断地通过发动机的动力产生电能，从而多了一次能量转换过程，故机械效率较低；而在高速运行中，电机对电能的消耗也较快，此时的串联式混合动力系统便不如传统的内燃机汽车省油。因此，串联式混合动力系统适用于市区内频繁起步和低速行驶工况，可以将发动机设置在最佳工况点附近稳定运转，通过调整电池和电机的输出来达到调整车速的目的，使发动机避免出现怠速和低速运转的工况，从而提高发动机的效率，减少废气排放。其缺点是能量几经转换，机械效率较低。

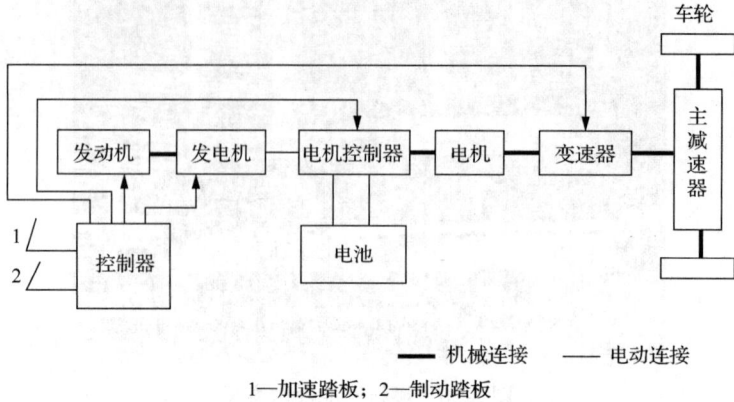

机械连接 —— 电动连接

1—加速踏板；2—制动踏板

图 2-21　串联式混合动力系统结构

目前，市场上使用较为广泛的串联式混合动力系统有西门子等公司推出的双电机串联式混合动力系统，该系统采用永磁同步电机作为发电机，与发动机集成组成辅助发电单元（Auxiliary Power Unit，APU），采用两个永磁同步电机作为驱动电机，并经过减速机进行减速增扭。此外，国内的南车时代在早期也推出了类似的产品。

2.3.2　并联式混合动力系统

并联式混合动力系统根据结构和电机布置形式的不同，分为双轴并联式混合动力系统和单轴并联式混合动力系统两种。其动力合成装置采用行星轮系，也有省略了动力合成装置，将发动机和电机直接耦合的新结构。

1. 双轴并联式混合动力系统

双轴并联式混合动力系统，根据动力合成装置在变速器的前与后，可分为前置式（动力合成装置在变速器前）双轴并联式混合动力系统和后置式（动力合成装置在变速器后）双轴并联式混合动力系统，如图 2-22 和图 2-23 所示。

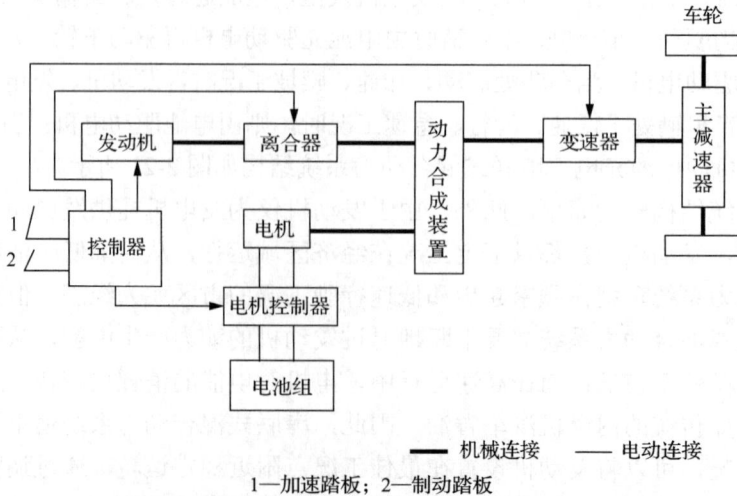

机械连接 —— 电动连接

1—加速踏板；2—制动踏板

图 2-22　前置式双轴并联式混合动力系统结构示意图

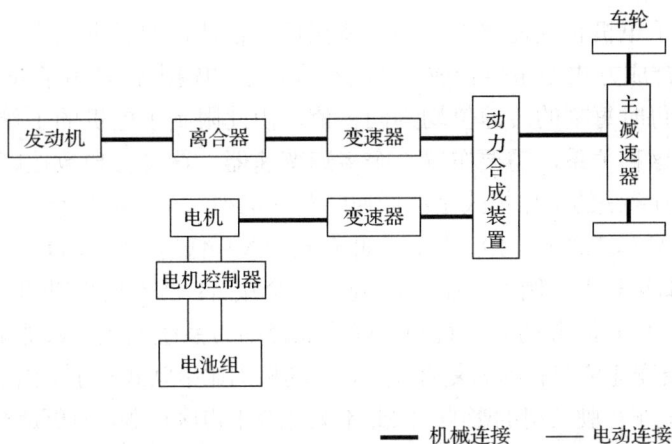

机械连接 —— 电动连接
图 2-23 后置式双轴并联式混合动力系统结构示意图

采用双轴并联式混合动力系统的客车，发动机和电机可以分别独立地向汽车驱动轮提供动力，即发动机和电机通常通过不同的离合器来驱动车轮。由于并联式混合动力系统没有串联式混合动力传动系统中的专用发电机，因此更像传统的汽车动力传动系统。其显著优点如下。

（1）由于发动机的机械能可直接输出到汽车驱动桥，中间没有能量转换，因此并联式混合动力系统与串联式混合动力系统相比，系统效率较高，燃油消耗也较少。

（2）电机同时可兼发电机使用，并联式混合动力系统仅有发动机和电机两个动力总成，整车质量和成本大大减小。

缺点有以下两个方面。

（1）由于发动机与驱动轮间有直接的机械连接，运行实时工况受汽车行驶工况的影响，因此对整车排放工作的优化并联式混合动力系统不如串联式混合动力系统的好。

（2）要维持发动机在最佳工作区工作，需要复杂的控制系统。

2．单轴并联式混合动力系统

单轴并联式混合动力系统是指发动机和电机同轴连接和布置的结构，根据电机在变速器的前与后，可分为前置式（电机在变速器前）单轴并联式混合动力系统和后置式（电机在变速器后）单轴并联式混合动力系统，分别如图 2-24 和图 2-25 所示。

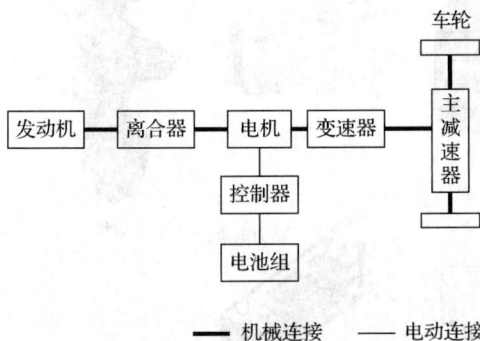

机械连接 —— 电动连接

图 2-24 前置式单轴并联式混合动力系统结构简图　　图 2-25 后置式单轴并联式混合动力系统结构简图

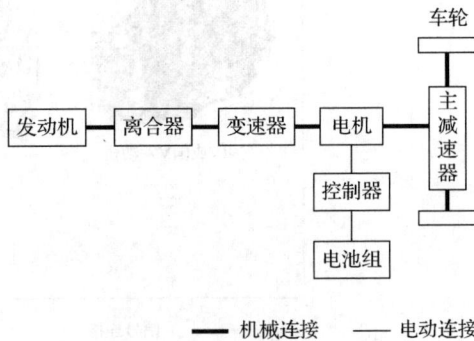

除具有与前述双轴并联式混合动力系统相同的优缺点外，单轴并联式混合动力系统的另

外一个特点是有利于电机和变速器结构的一体化模块设计，便于批量生产中的模块化供货和整车装配。但因其合成方式为扭矩合成（发动机和电机的输出轴采用了同一根传动轴），导致发动机和电机两者每时每刻的转速值均为同一值，由此限制了电机的工作区域，造成两者特性不匹配。为改善这种关系，需要布置一个多速变速器，这又会导致控制系统较为复杂。

并联式混合动力系统的工作模式是：低速时和纯电动汽车一样只有电机接合（即电驱动模式），发动机仅在较高车速时才开始工作，因此有利于改善低速 HC、CO 排放和燃油经济性；在再生制动或者高负荷运行下（例如急加速），电机又会接合；停车时发动机关闭，由电池提供其他设备所需功率。并联式混合动力系统与串联式混合动力系统相比，其能量的利用率和燃油经济性相对较高；需要变速装置和动力复合装置，传动机构比串联式复杂。由于并联式混合动力系统的发动机工况受汽车行驶工况的影响，因此不太适合于市区行驶，而更适合在城市间公路和高速公路上稳定行驶。

目前，国际上的主流产品为伊顿公司推出的并联式混合动力系统。国内市场采用并联式混合动力系统的客车企业主要有中通客车和北汽福田等，图 2-26 和图 2-27 分别为中通客车和北汽福田客车所采用的混合动力系统总成。

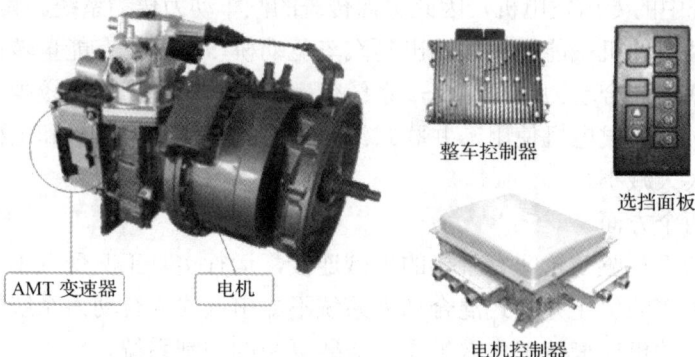

图 2-26　中通客车采用的混合动力系统总成

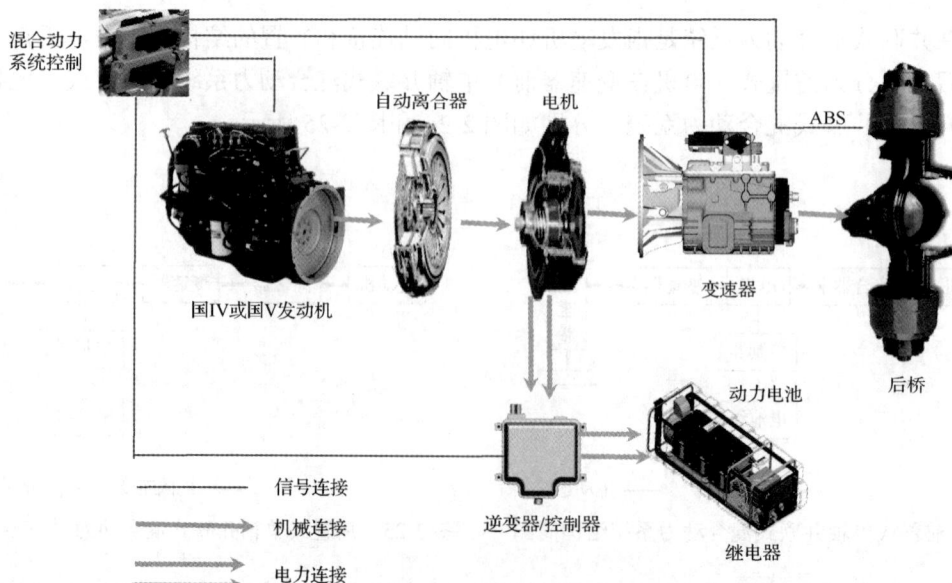

图 2-27　北汽福田客车采用的混合动力系统总成

2.3.3　混联式混合动力系统

混联式混合动力系统是串联式与并联式的综合，结构如图 2-28 所示。其以发动机与电机机械能叠加的方式驱动汽车行驶，但驱动电机的发电机串联于发动机与电机之间。混联式混合动力系统一般以行星齿轮作为动力复合装置的基本构架，发动机发出的功率一部分通过机械传动输送给驱动桥，另一部分则驱动发电机发电；发电机发出的电能输送给电机或电池，电机产生的驱动力矩通过动力复合装置传送给驱动桥。目前，在国内客车市场上万丰卡达克新动力有限公司采用我国汽车技术研究中心研制的该类系统。

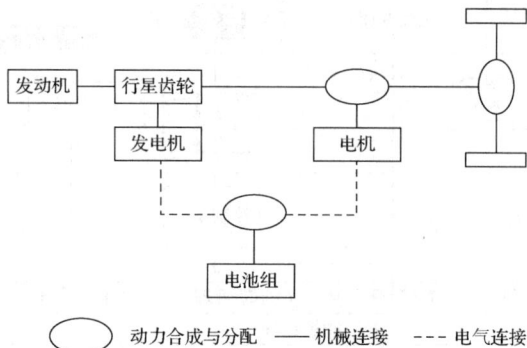

图 2-28　混联式混合动力系统结构示意图

2.3.4　插电式混合动力系统

插电式混合动力串联式系统由发动机、发电机和电机三部分动力总成组成，它们之间用串联的方式构成 SHEV 的动力单元系统，发动机驱动发电机发电，电能通过控制器输送到电池或电机，由电机通过变速机构驱动汽车行驶。小负荷时由电池驱动电机再驱动车轮，大负荷时由发动机带动发电机发电驱动电机；当车辆处于启动、加速、爬坡工况时，发动机、发电机和电池共同向电机提供电能；当电动汽车处于低速、滑行、怠速的工况时，则由电池驱动电机，当电池缺电时则由发动机、发电机组向电池充电，其结构如图 2-29 所示。

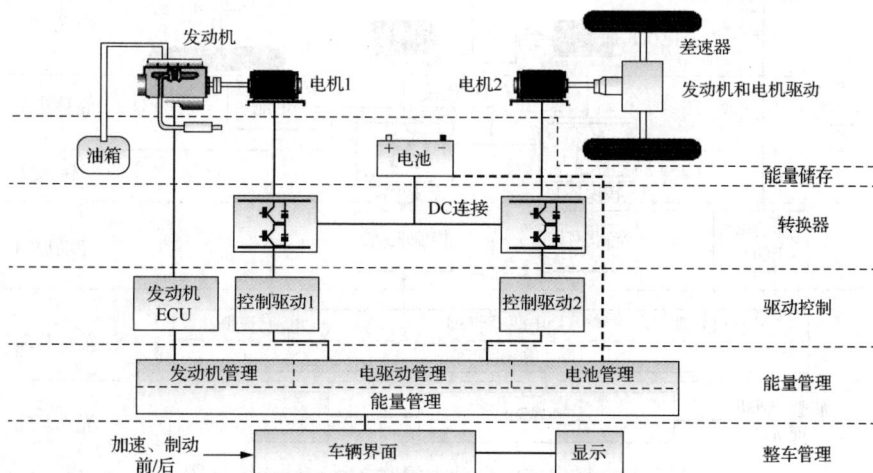

图 2-29　插电式混合动力串联式系统结构示意图

插电式混合动力并联式系统的发动机和电机共同驱动汽车,发动机与电机分属两套系统,可以分别独立地向汽车传动系统提供扭矩,在不同的路面上既可以共同驱动又可以单独驱动。当汽车加速爬坡时,电机和发动机能够同时向传动机构提供动力,一旦汽车车速达到巡航速度,则汽车将仅依靠发动机维持该速度。电机既可以作电机又可以作发电机使用。其结构如图 2-30 所示。

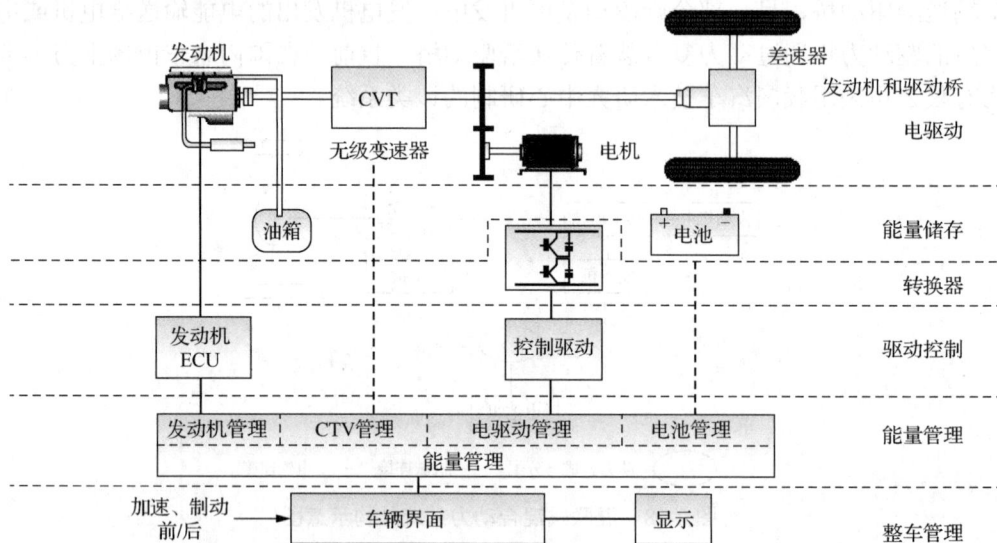

图 2-30　插电式混合动力并联式系统结构示意图

插电式混合动力混联式系统包含了串联式和并联式的特点。动力系统包括发动机、发电机和电机,根据助力装置不同,它又分为发动机为主和电机为主两种。以发动机为主的形式中,发动机为主动力源,电机为辅助动力源;以电机为主的形式中,发动机为辅助动力源,电机为主动力源。其结构如图 2-31 所示。

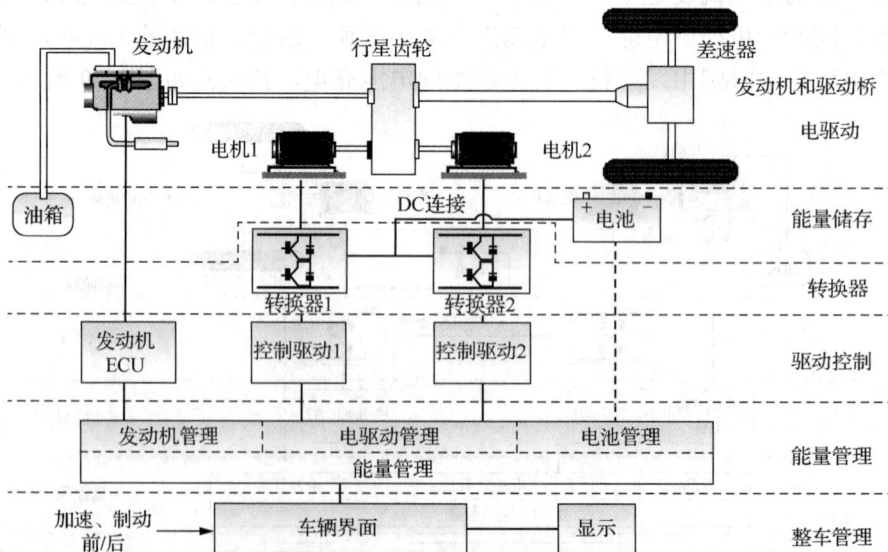

图 2-31　插电式混合动力混联式系统结构示意图

插电式混合动力混联式系统若按拓扑分类，可分为切换式系统和分路式系统。典型的切换式系统如图 2-32 所示。

图 2-32 切换式系统

分路式系统的典型代表是丰田 Prius 分路式混合动力系统结构，如图 2-33 所示，图 2-33（a）为传动示意图，图 2-33（b）为实物图。欧洲华沙工业大学提出的分路式混合动力系统结构，如图 2-34 所示。

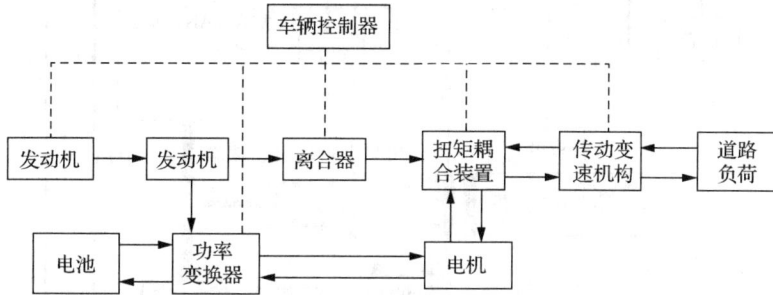

（a）传动示意图

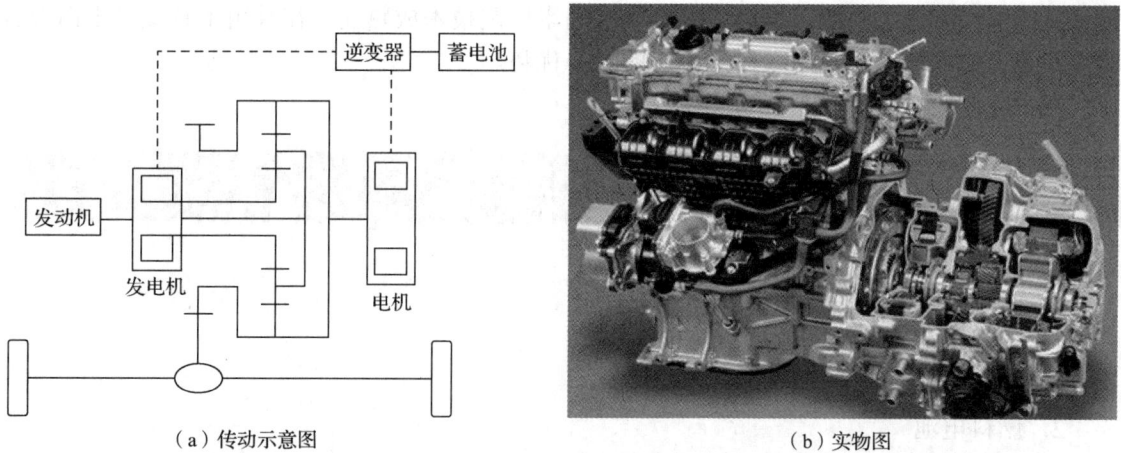

（b）实物图

图 2-33 丰田 Prius 分路式混合动力系统结构

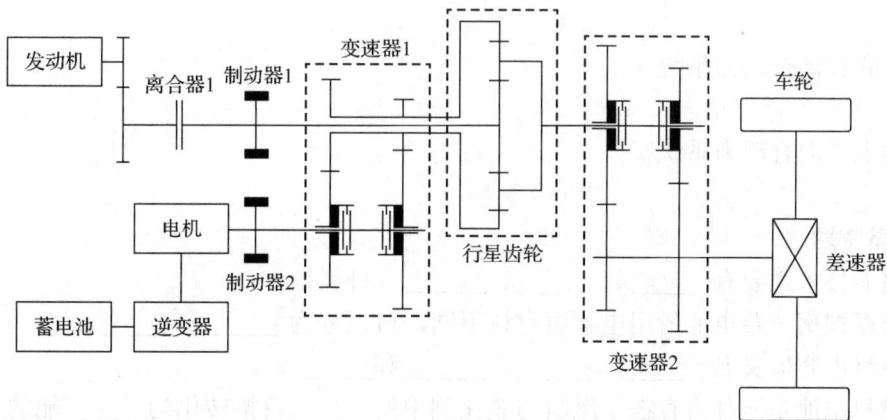

图 2-34 欧洲华沙工业大学分路式混合动力系统结构

图 2-35 所示为插电式同轴并联系统结构示意图。

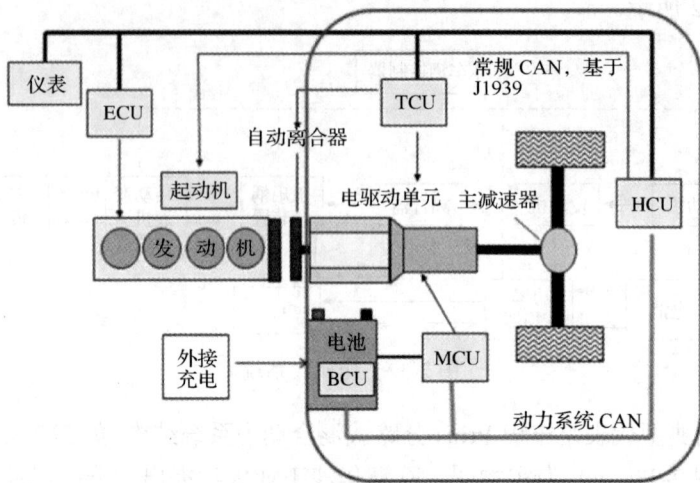

图 2-35　插电式同轴并联系统结构示意图

目前，综合考虑电池、电机效率、成本因素以及技术成熟度，在乘用车领域以丰田混合动力系统为代表的产品已经取得了绝对的竞争优势。

练习与实训

一、名词解释

1. 动力电源

2. 燃料电池

3. 串联式混合动力系统

4. 并联式混合动力系统

5. 插电式混合动力系统

二、填空题

1. 储能技术主要有_____、_____、_____三种类型。

2. 根据锂离子蓄电池所用电解质材料不同，可以分为_____、_____。

3. 超级电容器又名_____、_____、_____和_____。

4. 燃料电池是一种将存在于燃料与氧化剂中的_____直接转化为_____能的发电装置。

5. 按工作温度不同，燃料电池可分为_____和_____。

三、选择题

1. 属于插电式混合动力单元的是（　　　）。

　　A．传动轴　　　　　B．发动机　　　　　C．变速器　　　　D．轮胎

2. 不属于氢燃料电池的是（　　　）。

　　A．氢燃料动力　　　B．蓄电池　　　　　C．电解液　　　　D．燃料电极

3. 不属于燃料电池电解质的是（　　　）。

　　A．硫酸　　　　　　B．磷酸液　　　　　C．熔融碳酸盐液　D．固体电解质

4. 属于燃料电池的是（　　　）。

　　A．AFC　　　　　　B．SMES　　　　　　C．LIB　　　　　　D．LIP

5. 不属于串联式混合动力单元元件的是（　　　）。

　　A．发动机　　　　　B．自动变速器　　　C．发电机　　　　D．电机

四、问答题

1. 目前主要使用的燃料电池的种类有哪些？

2. 制约纯电动汽车电池技术的主要问题有哪些？

3. 列举一氢燃料电池的例子，试说明其工作原理。

4. 请说明串联式混合动力系统的结构。

5. 请说明插电式混合动力并联式系统的基本组成。

五、实训题

针对一辆车里的锂离子蓄电池，完成以下工作。

1. 测量锂离子蓄电池尺寸及质量。

2. 写出该电池的参数。

3. 计算电池的电能，并说明含义。

实训报告

实训题目	锂离子蓄电池基本参数测量				
学生姓名		班级		学号	
实训地点		学时		日期	
实训结果					
尺寸参数	长/m	宽/m	高/m	质量/kg	
电池参数					
计算电池的电能					

说明其含义			
实训心得			
指导教师		成绩	

第 3 章
新能源汽车的动力系统及控制

新能源汽车整车动力系统的结构决定了整车控制系统电结构，整车控制主要由整车控制系统、电机控制系统和管理监控系统等组成。新能源汽车控制器（VCU）是整车控制系统的核心部件。可通过分析整车动力系统的结构得出控制器的需求功能，再根据这些需求功能设计和研究整车控制策略及其控制器，保障汽车的安全性与可靠性，保证控制器间的正常通信。

电动汽车的电机控制器（MCU）与驱动电机紧密结合在一起，整车控制器通过总线发送控制指令与转矩请求，电机控制器根据这些信号协助整车控制器完成预充，高压上电。通过控制驱动电机，实现汽车行驶、能量回收、倒车和上坡。MCU 监控自身故障的同时，还配合 VCU 对全车故障进行安全处理，保证汽车的安全性。

本章内容及要点

3.1　纯电动汽车动力系统及控制

3.1.1　纯电动汽车动力系统

纯电动汽车动力系统主要有单电机直驱动力系统、单电机+AMT 动力系统，双电机耦合动力系统以及轮毂电机动力系统。

1. 单电机直驱动力系统

单电机直驱动力系统驱动形式的特点是无离合器、变速器。其电机可采用大功率高转矩低速永磁同步电机或交流异步电机。单电机直驱动力系统如图 3-1 所示。

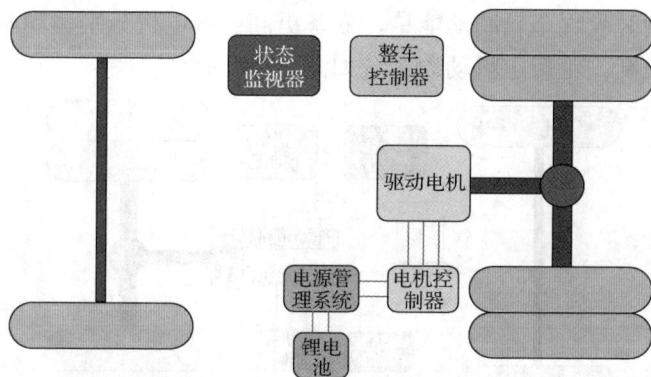

图 3-1　单电机直驱动力系统

2. 单电机+AMT 动力系统

单电机+AMT 动力系统驱动形式的特点是无离合器，采用三挡机械自动变速器电驱动系统，电机为大功率中速永磁同步电机。单电机+AMT 动力系统如图 3-2 所示。

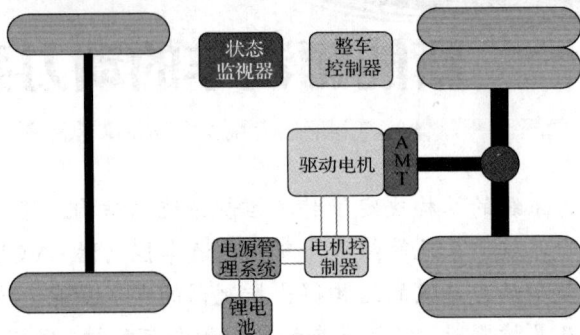

图 3-2　单电机+AMT 动力系统

3. 双电机耦合动力系统

双电机耦合动力系统驱动形式的特点是体积小、质量轻、便于底盘布置、有效利用空间和低地板结构；噪声小、双电机驱动运转平滑；双电机协调工作，单电机失效仍能运行。双电机耦合动力系统如图 3-3 所示。

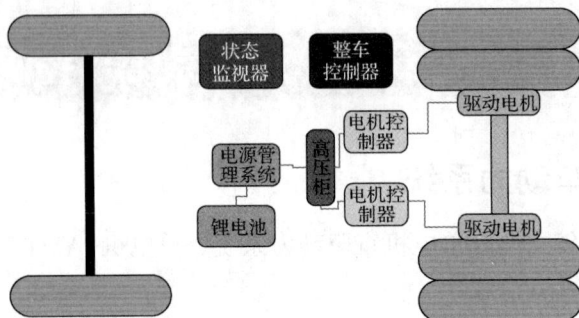

图 3-3　双电机耦合动力系统

4. 轮毂电机动力系统

轮毂电机动力系统驱动形式的特点是无主减速器和差速器，利于低地板汽车布置；电机直接驱动车轮，制动时吸收车轮制动能量，效率更高；双电机分别驱动两个后轮，可实现精确差速控制和转向控制。轮毂电机动力系统如图 3-4 所示。

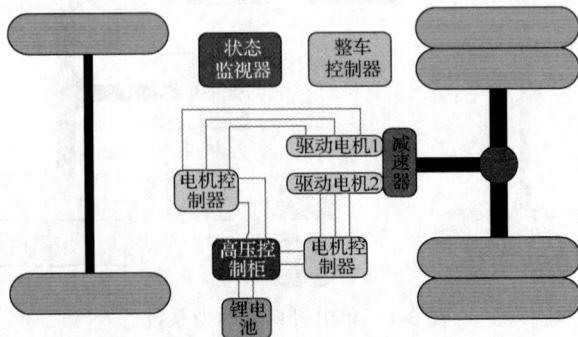

图 3-4　轮毂电机动力系统

3.1.2　驱动电机系统

驱动电机系统是新能源汽车的三大核心部件（电机、电池和电控）之一，是行驶中的主要执行机构，在纯电动汽车和燃料电池汽车上，它是唯一的驱动部件；在混合动力汽车上，它是实现各种工作模式的关键。其驱动特性决定了汽车行驶的主要性能指标，不仅直接影响动力性、经济性和行驶稳定性，而且关系到整车排放。因此，配置合适的驱动电机是提高新能源汽车性价比的重要因素。

1．对驱动电机系统的要求

新能源汽车的驱动电机与一般工业用的电机不同，应具有调速范围广、启动转矩大、后备功率高和效率高的特性，此外还要求可靠性高、耐高温及耐潮、结构简单、成本低、维护简单、适合大规模生产等。因此，研发和完善能同时满足车辆行驶过程中的各项性能要求，并具有坚固耐用、造价低、效能高等特点的电机驱动方式就显得极为重要。

驱动电机系统工况复杂，需随时面对车辆启动、加速、制动、停车、上坡、下坡、转弯和变道等随机工况，而在混合动力汽车中，又存在多种工作模式如电机启动发动机、电机驱动、电机发电、电机制动能量回馈等，且电机具体工作于何种模式也是随机的，因此要求电机应具有如下特点。

（1）转矩、功率密度大

新能源汽车的动力系统紧凑，留给驱动电机系统的空间非常狭小，故在要求减小电机体积的同时还要求其必须具有足够的转矩和功率；此外，要求实现全转速运行范围内的效率最优化，以提高车辆的续驶里程。

（2）工作速域宽

一般在电机输出到轮毂的半轴之间设有主减速齿轮和差速齿轮，要满足车辆各种行驶工况的要求，驱动电机的理想机械特性是：基速以下输出大转矩，以适应启动、加速、负荷爬坡、频繁启停等复杂工况的要求；基速以上为恒功率运行，以适应最高车速和超车等要求。

（3）系统效率高

由于新能源汽车的供电电源能量有限，尤其是在当前受动力电池成本和整车布置限制的条件下，提高驱动电机系统效率就成为提高车辆续驶里程和经济性的重要手段。

（4）系统适应环境能力强

驱动电机系统通常布置在发动机舱内和车架上，工作环境较为恶劣。要求电机及其驱动器防水、防尘、防振，具有很强的适应环境能力，而且结构坚固、体积小、质量轻，具有良好的环境适应性和高可靠性。

（5）电磁兼容性好

驱动电机系统在汽车上是较大的干扰源，因此在电机及其驱动器设计及整车布置上要充分考虑电磁兼容和屏蔽，尽量避免和减小驱动电机系统对其他电器的影响。此外，还要避免和减少其他干扰源对驱动电机系统的影响。

（6）性价比高

驱动电机系统作为整车的主要总成之一，应在保证性能的前提下，价格适中。

2. 驱动电机系统组成

新能源汽车的驱动系统一般包括驱动电机系统及机械传动机构两大部分，其中驱动电机系统主要由电机、功率转换器、控制器、各种检测传感器以及电源等部分构成。对于电机，一般要求具有电动、发电两项功能，按类型常用的有直流、交流、永磁无刷或开关磁阻等几种机型；功率转换器按所配电机类型的不同，有 DC/DC 功率变换器和 DC/AC 功率变换器等形式，其作用是按驱动电机的电流要求，将蓄电池的直流电转换为相应电压等级的直流、交流或脉冲电源。

电机是应用电磁感应原理运行的旋转电磁机械，主要用于实现电能向机械能的转换。运行时从电系统吸收电功率，向机械系统输出机械功率。

3. 电机本体结构

以三相异步电机为例，三相异步电机本体结构如图 3-5 所示，主要由前、后端盖，定子部分（定子铁芯和定子绕组），转子部分（转子铁芯和转子绕组），机座，风扇和风罩等组成。

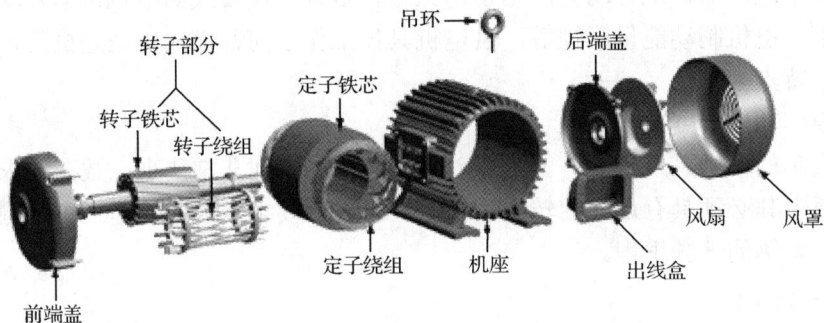

图 3-5　三相异步电机本体结构

（1）定子部分

① 定子铁芯：由导磁性能很好的硅钢片叠成，即导磁部分。

② 定子绕组：放在定子铁芯内圆槽内，为导电部分，其机座固定定子铁芯及端盖，具有较强的机械强度和刚度。

（2）转子部分

① 转子铁芯：由硅钢片叠成，也是磁路的一部分。

② 转子绕组：对于鼠笼式转子，转子铁芯的每个槽内插入一根裸导条，形成一个多相对称短路绕组；对于绕线式转子，转子绕组为三相对称绕组，嵌放在转子铁芯槽内。

此外，异步电机的气隙是均匀的，大小为机械条件所能允许达到的最小值。

4. 电机类型

电动汽车的时速快慢和启动速度取决于驱动电机功率和性能，续驶里程的长短取决于车载动力电池容量的大小，而对各种系统的选用则取决于制造商对整车档次的定位、用途以及市场界定和市场细分。电机的分类如图 3-6 所示。

电机

电磁型电机　　　非电磁型电机

直流电机　交直流两用电机　交流电机　步进电机　超声波电机　压电执行器　磁致伸缩执行器　静电执行器

电磁铁型直流电机　永磁直流电机　交流整流式电机　感应电机　同步电机　可变磁阻型　永磁型　混合型

带电刷直流电机　无刷直流电机　三相感应电机　两项感应电机　单项感应电机　绕组磁场型电机　永磁磁铁型电机　磁阻电机　磁带电机

鼠笼式　绕组式

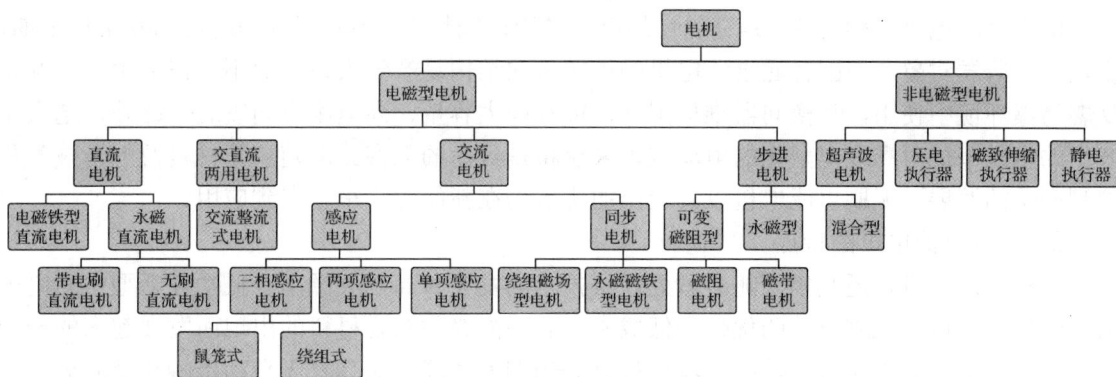

图 3-6　电机分类示意图

（1）直流电机及其控制系统

① 结构及工作原理

直流电机的基本结构如图 3-7 所示，一般由定子、转子、换向器和电刷等组成。定子上有磁极，转子有绕组，通电后，转子上也形成磁场（磁极），定子和转子的磁极之间有一个夹角，在定转子磁场（N 极和 S 极之间）的相互吸引下，使电机旋转。改变电刷的位置，就可以改变定转子磁极夹角（假设以定子的磁极为夹角起始边，转子的磁极为另一边，由转子的磁极指向定子的磁极的方向就是电机的旋转方向）的方向，从而改变电机的旋转方向。

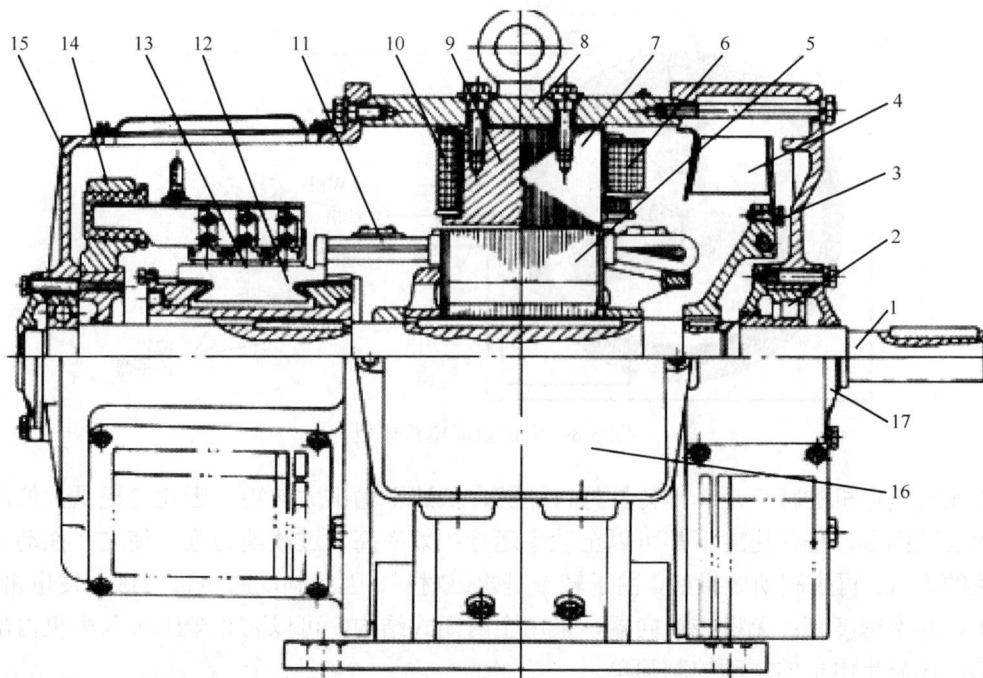

1—轴；2—轴承；3—后端盖；4—风扇；5—电枢铁芯（转子）；6—主极绕组；7—主极铁芯（定子）；8—机座；
9—换向极铁芯；10—换向极绕组；11—电枢绕组；12—换向器；13—电刷；14—刷架；
15—前端盖；16—出线盒；17—轴承盖

图 3-7　直流电机结构

由于直流电机结构简单，具有优良的电磁转矩控制特性，因此直到20世纪80年代中期，仍是主要研发对象。但因普通直流电机的机械换向结构易产生火花，故不宜在多尘、潮湿和易燃易爆环境中使用，且换向器维护困难，很难向大容量、高速度方向发展。此外，电火花产生的电磁干扰对高度电子化的电动汽车来说将是致命的危害。但随着新材料及电子技术和控制理论的发展，无刷直流电机以其突出的优点仍在新能源汽车上得到应用。

② 无刷直流电机的特点

无刷直流电机是近几年来随着微处理器技术的发展和高开关频率、低功耗新型电力电子器件的应用，以及控制方法的优化和低成本、高磁能级的永磁材料的出现而发展起来的一种新型直流电机。其既保持了传统直流电机良好的调速性能，又具有无滑动接触和换向火花、可靠性高、使用寿命长及噪声低等优点。

按照供电方式的不同，无刷直流电机可分为两类，即方波无刷直流电机，其反电势波形和供电电流波形都是矩形波，又称为矩形波永磁同步电机；正弦波无刷直流电机，其反电势波形和供电电流波形均为正弦波。无刷直流电机的诞生，克服了有刷直流电机的先天性缺陷，以电子换向器取代了机械换向器，所以既具有直流电机良好的调速性能等特点，又具有交流电机结构简单、无换向火花、运行可靠和易于维护等优点。

图3-8所示为一种小功率三相、星形连接、单副磁对极的无刷直流电机模型，其定子在内，转子在外；也有定子在外，转子在内的结构，即定子是线圈绕组组成的机座，而转子用永磁材料制造。

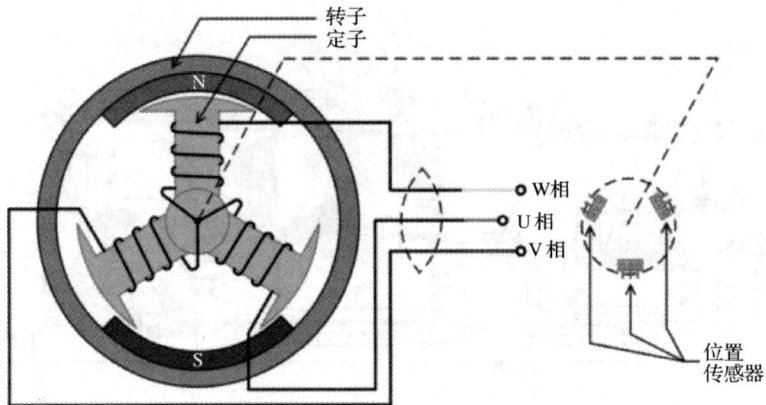

图3-8 无刷直流电机模型

无刷直流电机的特点是：外特性好，能够在低速下输出大转矩，因此可提供大的启动转矩；速度范围宽，任何速度下都可以全功率运行；效率高、过载能力强，使之在拖动系统中有出色的表现；再生制动效果好，由于转子是永磁材料，因此制动时电机可进入发电机状态；体积小，功率密度高；无机械换向器，采用全封闭式结构，可以防止尘土进入电机内部，可靠性高；比异步电机的驱动控制简单。

③ 直流电机的控制

直流电机控制系统主要由斩波器和中央控制器构成，根据输出转矩的需要，通过斩波器来控制电机的输入电压、电流，以此控制和驱动直流电机运行。

无刷直流电机由同步电机和驱动器组成，同步电机的定子绕组多做成三相对称星形接法，与三相异步电机十分相似。转子上嵌有永磁体，为了检测电机转子的极性，在电机内装有位置传感器。驱动器由功率电子器件和集成电路等构成，其功能是接受电机的启动、停止、制动信号，以控制电机的启动、停止和制动；接受位置传感器信号和正反转信号，用来控制逆变桥各功率管的通断，产生连续转矩；接受速度指令和速度反馈信号，用来控制和调整转速；提供保护和显示等。

（2）交流三相感应电机及其控制系统

① 交流三相感应电机结构及工作原理

感应电机又称"异步电机"，其工作原理是将转子置于旋转磁场中，使其在旋转磁场的作用下，获得一个转动力矩，从而产生转动。转子是可转动的导体，通常多呈鼠笼状；定子是电机中不转动的部分，主要任务是产生旋转磁场。旋转磁场通常不用机械方法来实现，而是以交流电通过数对电磁铁，使其磁极性质循环改变，形成一个旋转磁场，感应电机设有电刷或集电环。依据所用交流电的种类，感应电机分为单相电机和三相电机两种，后者多用于电动汽车和动力设备。

交流三相感应电机如图 3-9 所示，主要由转子和定子构成，在转子与定子之前没有相互接触的滑环、换向器等部件。运行时，定子通过交流电而产生旋转磁场，旋转磁场切割转子中的导体，在转子导体中产生感应电流，转子的感应电流产生一个新的磁场，两个磁场相互作用则使转子转动。

图 3-9　交流三相感应电机

② 交流三相感应电机的特点

交流三相感应电机结构简单，可靠性好，使用寿命长，功率范围宽，转速可达 12 000～15 000 r/min。其可采用空冷或水冷的方式，对环境适应性好，并能够实现再生反馈制动。与同样功率的直流电机相比，其效率较高、质量轻、价格便宜、修护方便。不足之处在于耗电量较大，转子容易发热，功率因数较低，调速性能相对较差。

③ 交流三相感应电机的控制

由于交流三相感应电机不能直接使用直流电，因此需要逆变装置进行转换控制。应用于交流三相感应电机的控制技术主要有三种：V/F 控制（即压频控制，通过电源电压和额定频率的比率控制，维持电机恒定磁通，使电机保持较高效率）、转差频率控制和矢量控制。20世纪 90 年代以前主要使用前两种控制方式，但是因其转速控制范围小，转矩特性不理想，故对于需频繁启动、加减速的电动汽车并不适合。近年来，几乎所有的交流感应电机都采用了矢量控制技术。

（3）永磁同步电机及其控制系统

在电机内建立进行机电能量转换所必需的气隙磁场有两种方法。一种是在电机绕组内通电流产生磁场，这种方法既需要有专门的绕组和相应的装置，又需要不断供给能量以维持电流流动，如普通的直流电机和同步电机。另一种是由永磁体来产生磁场，这种方法既可简化电机结构，又可节约能量。对于转子直流励磁的同步电机，若采用永磁体取代其转子直流绕组，则相应的同步电机就成为永磁同步电机。

① 永磁同步电机结构及工作原理

永磁同步电机主要由转子、定子、位置传感器、电子换向开关及端盖等部件组成，其内部结构如图 3-10 所示，如图 3-11 所示为其实物。一般来说，永磁同步电机的最大的特点是转子的独特结构及其在转子上放置的高质量永磁体磁极。由于在转子上安放永磁体的位置有很多选择，因此永磁同步电机通常被分为面贴式、插入式及内嵌式三大类，如图 3-12所示。

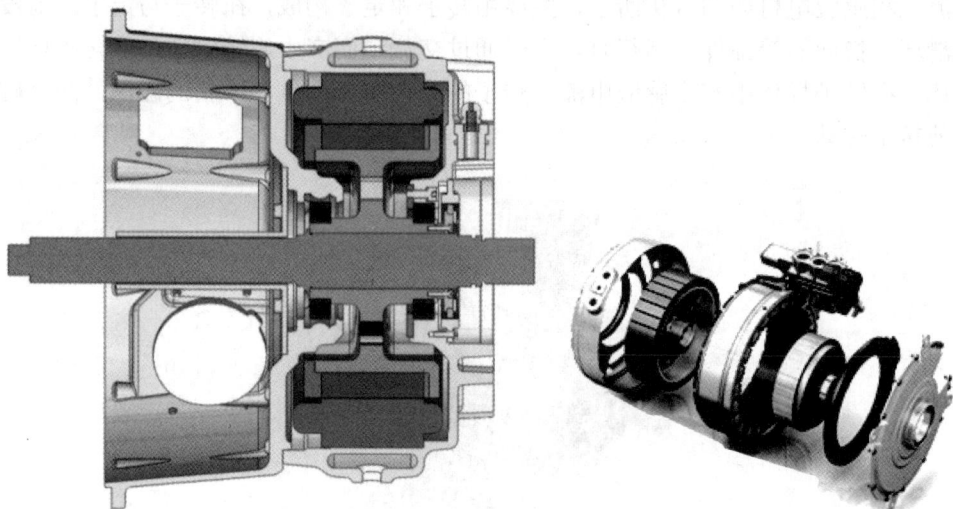

图 3-10　永磁同步电机内部结构

图 3-11　永磁同步电机实物

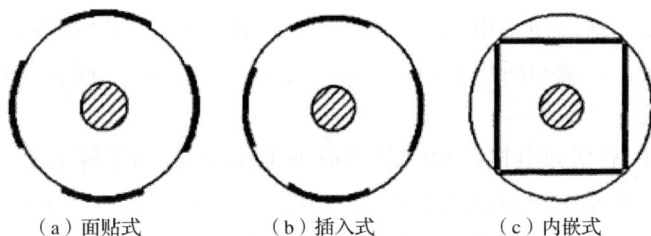

（a）面贴式　　　　（b）插入式　　　　（c）内嵌式

图 3-12　永磁同步电机结构类型

通常所说的永磁同步电机是正弦波永磁同步电机。同一般同步电机一样，正弦波永磁同步电机的定子绕组通常采用三相对称的正弦分布绕组，或转子采用特殊形状的永磁体以确保气隙磁密沿空间呈正弦分布。当电机恒速运行时，定子三相绕组所感应的电势为正弦波，正弦波永磁同步电机由此而得名。

正弦波永磁同步电机是一种典型的机电一体化电机。它不仅包括电机本身，而且还涉及位置传感器、电力电子变流器以及驱动电路等。

永磁同步电机具有结构简单、体积小、质量轻、损耗小、效率高、功率因数高等优点，主要用于要求响应快速、调速范围宽、定位准确的高性能伺服传动系统，是直流电机的更新替代电机。

永磁同步电机最受关注的是其运行性能，而影响运行性能的因素很多，其中最主要的是电机结构。就面贴式、插入式和嵌入式而言，各种结构各有优点。

工作时，在电机的定子绕组中通入三相电流，随即定子绕组中形成旋转磁场，由于转子上安装了永磁体，而永磁体的磁极是固定的，故根据磁极同性相斥异性相吸原理，在定子中产生的旋转磁场会带动转子进行旋转，最终使转子的转速与定子中产生的旋转磁极的转速相等。因此，可以把永磁同步电机的启动过程看成是由异步启动阶段和牵入同步阶段组成的。在异步启动阶段，电机的转速从零开始逐渐增大，这在异步转矩、永磁发电制动转矩、由转子磁路不对称引起的磁阻转矩和单轴转矩等一系列因素共同作用下而引起的，所以在这个过程中转速呈振荡上升。在启动过程中，异步转矩是驱动性质的转矩，电机是以该转矩加速的，而其他转矩以制动性质为主。在电机速度由零增加到接近定子的磁场旋转转速时，在永磁体脉振转矩的影响下，永磁同步电机的转速有可能会超过同步转速而出现转速的超调现象。

② 永磁同步电机的控制

目前，永磁同步电机的控制技术已从最初的基于稳态模型的标量控制发展到矢量控制、直接转矩控制、非线性控制、自适应控制、滑模变结构控制和智能控制，其中智能控制包括专家系统智能控制、模糊逻辑智能控制和神经网络智能控制等。

内嵌式永磁同步电机的无位置传感器矢量控制系统将滑模观测器和高频电压信号注入法相结合，可在无位置传感器的内嵌式永磁同步电机闭环矢量控制方式下平稳启动运行，并能在低速和高速运行场合获得较准确的转子位置观察信息。这种控制方法最本质的特征，是通过坐标变换将交流电机内部复杂耦合的非线性变量变换为相对坐标系为静止的直流变量（如电流，磁链，电压等），从中找到约束条件，获得某一目标的最佳控制策略。

③ 永磁电机作为驱动电机的优势

一是转矩大、功率密度大、启动力矩大。由于永磁电机的气隙磁密度可大大提高，因此电机可实现最佳设计，从而使得电机体积缩小、启动转矩大、质量减轻。以同容量的稀土永磁电机为例，其体积、质量和所用材料可以减少 30% 左右，在车辆启动时能提供有效的启动转矩，满足驶行需求。

二是力能指标好。Y 系列电机在 60% 的负荷下工作时，效率下降 15%，功率因数下降 30%，力能指标下降 40%。而永磁电机的效率和功率因数则下降甚微，当电机只有 20% 的负荷时，其力能指标仍为满负荷的 80% 以上。同时，永磁无刷同步电机的恒转矩区较长，一直延伸到电机最高转速的 50% 左右，这对提高汽车的低速动力性能有很大帮助。

三是高效节能。在转子上嵌入稀土永磁材料后，正常工作时转子与定子磁场同步运行，转子绕组无感应电流，不存在转子电阻和磁滞损耗，提高了电机效率。永磁电机不但可减小电阻损耗，还能有效提高功率因数。如在 25%～120% 额定负载范围内，永磁同步电机均可保持较高的效率和功率因素。

四是结构简单、可靠性高。用永磁材料励磁，可将原励磁电机中的励磁线圈由一块或多块永磁体替代，从而使零部件大量减少，结构大大简化，不仅改善了电机的工艺性，而且电机运行的机械可靠性也大为增强，寿命增长。同时，转子绕组中不存在电阻损耗，定子绕组中也几乎不存在无功电流，电机温升低，这样可以使整车冷却系统的负荷降低，进一步提高运行效率。

（4）开关磁阻电机及其控制系统

① 开关磁阻电机结构及工作原理

开关磁阻电机驱动系统是高性能机电一体化系统，主要由开关磁阻电机、功率变换器、传感器和控制器四部分组成。开关磁阻电机为开关磁阻电机驱动系统主要组成部分，功能是实现电能向机械能的转化；功率变换器是连接电源和电机的开关器件，用以提供开关磁阻电机所需电能，结构形式一般与供电压、电机相数以及主开关器件种类有关；传感器用来反馈位置及电流信号，并传送给控制器；控制器是系统的中枢，起决策和指挥作用，主要是针对传感器提供的转子位置、速度和电流反馈信息以及外部输入的指令，实时加以分析处理，进而采取相应的控制决策，控制功率变换器中主开关器件的工作状态，实现对开关磁阻电机运行状态的控制。

虽然开关磁阻电机有多种不同的结构形式，且每种结构各有不同的性能特点，但其定子和转子铁芯均由硅钢片叠压而成，如图 3-13 所示。转子冲片均有一齿槽，构成双凸极结构，依定子和转子片上齿槽的多少，形成不同的极数。其工作时遵循"磁阻最小原理"，即磁通总是沿磁阻最小的路径闭合，因此磁场扭曲而产生磁阻性质的电磁转矩。

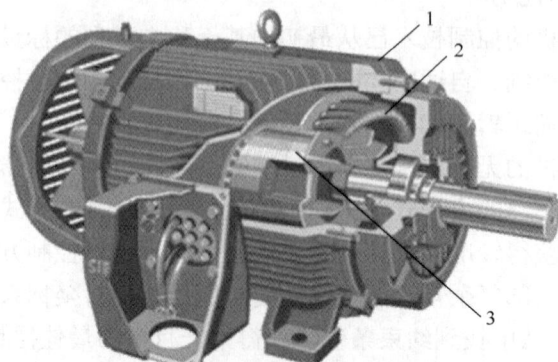

1—外壳；2—定子；3—转子

图 3-13　开关磁阻电机结构

② 开关磁阻电机驱动系统特点

开关磁阻电机驱动系统具有结构简单可靠、紧凑牢固，适于在较宽转速和转矩范围内及高温环境下高速运行；功率变换器结构简单，容错性能强；可控参数多，调速性能好；启动转矩大，调速范围广；效率高、功耗小、响应速度快和成本较低等优点。但也存在转矩波动大、噪声大、需要位置检测器和系统非线性特性等缺点。

以上特点使开关磁阻电机驱动系统适用于电动汽车在各种工况下运行，而现有的不足将在科技进步中逐步得到解决，因此其在电动汽车领域具有一定的应用前景。

③ 开关磁阻电机的控制

由于开关磁阻电机具有明显的非线性特性，系统难于建模，故一般的线性控制方式不适于采用开关磁阻电机的驱动系统。目前，主要控制方式有模糊逻辑控制和神经网络控制等。

以混合动力汽车的电机为例，驱动电机以交流异步电机和永磁同步电机使用最多。但由于交流异步电机技术成熟、价格低廉和可靠性、稳定性好，也被不少企业的混合动力汽车选择为驱动电机。永磁同步电机效率高、功率因数高、转矩惯量比大，也得到许多企业的青睐。开关磁阻电机是一种新型电机，其所具有的特殊优点成为交流电机调速系统、直流电机调速系统和无刷直流电机调速系统的强有力竞争者，东风汽车（与北京中纺锐力合作）一直在进行这种电机在混合动力汽车上的应用试验。

从目前情况看，不同类型电动汽车偏好使用不同类型的电机驱动系统。随着电动汽车量产规模的扩大，以及电机驱动系统的技术发展，各种电机在各类性能指标上的孰优孰劣将难以一概而论。

3.1.3　功率变换器

新能源汽车的电子设备是极为复杂的电子系统，该系统不仅包含许多作用不同的功能模块，而且每个功能模块对电源的要求以及所需的功率等级、电压高低、电流大小、安全可靠性和电磁兼容性等指标也不尽相同。为了满足不同模块的不同要求，新能源汽车常使用AC/DC（或 AC—DC）、DC/DC（或 DC—DC）和 DC/AC（或 DC—AC）三种类型的功率变换器，以适用于各种不同的需求，其中使用最多的是前两种。

图 3-14 所示为新能源汽车（包括混合动力汽车和燃料电池汽车）上使用的各种电能变换器的示例（示例中驱动电机假设为交流电机）。

1. DC/DC 功率变换器

（1）DC/DC 功率变换器的功用

在新能源汽车的电子系统和电子设备中，系统的直流母线不可能满足性能各异、种类繁多的元器件（包括集成组件）对直流电源的电压等级和稳定性等要求，因而必须采用各种DC/DC 功率变换器来满足电子系统对直流电源的各种需求。其中，DC/DC 功率变换器的直流输入电源可来自系统中的电池，也可来自直流总线，这些电源通常有 48 V、24 V、5 V 或者其他数值。由于电压的稳定性能差，且会有较高的噪声分量，因此要使电子设备正常工作，必须使用一个 DC/DC 功率变换器，将宽范围变化的直流电压变换成一种稳定性能良好的直流电压。

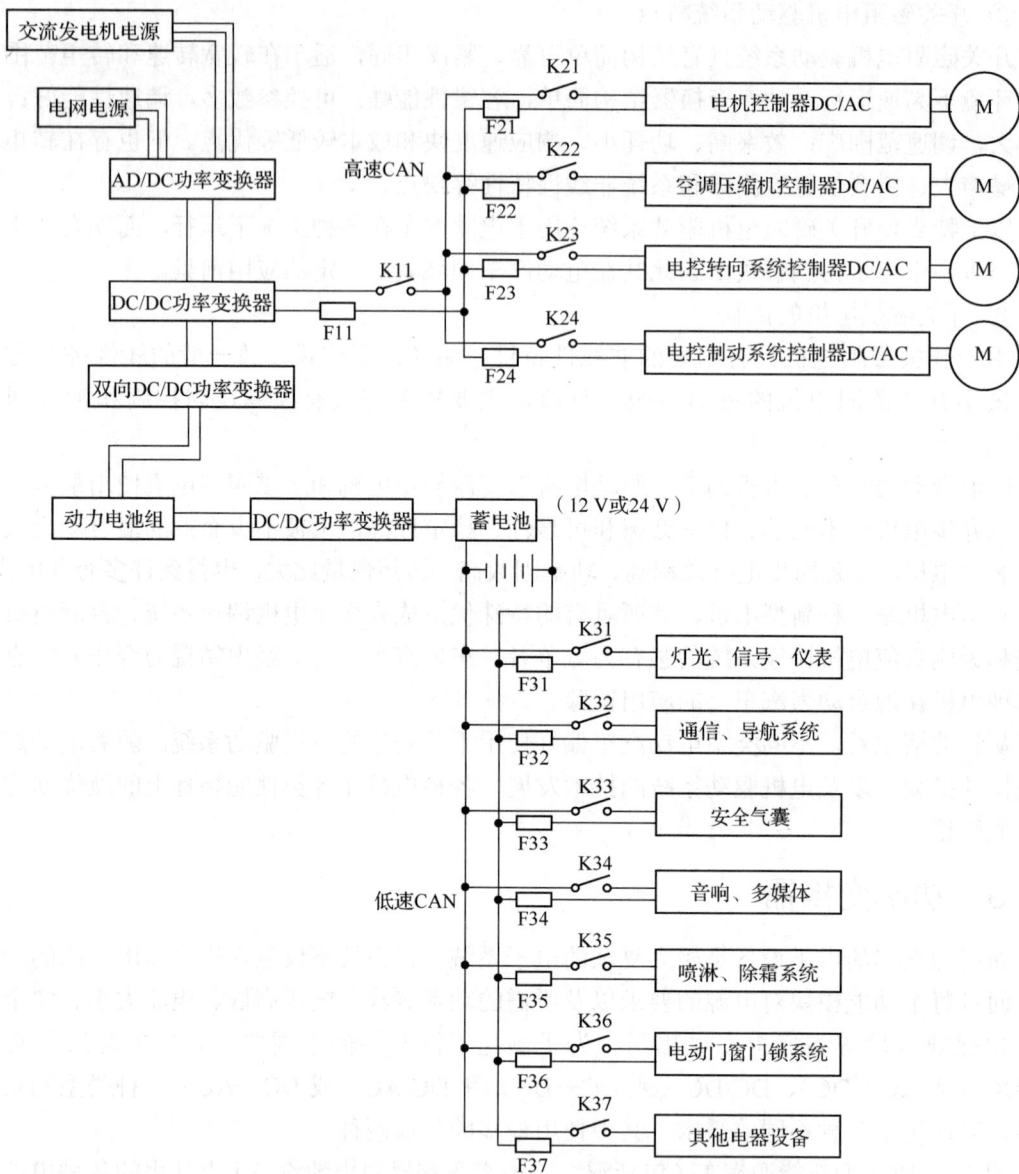

F11、K11—电源总熔断器和总开关；F21~F24—各个动力电源熔断器；
K21~K24—各个动力电源开关；F31~F37—各个行车电源熔断器；
K31~K37—各个行车管理电源开关

图 3-14　新能源汽车电—电（电力）混合供电系统以及各种电能变换器应用示意图

　　新能源汽车的 DC/DC 功率变换器的主要功能是给车灯、电器控制设备、小型电器等车辆附属设备供给电力和向附属设备电源充电，其作用与传统内燃机汽车的交流发电机相似。传统汽车依靠发动机带动交流发电机发电供给附属电器设备和其他设备的电源，由于纯电动汽车和燃料电池电动汽车无发动机，而混合动力汽车的发动机也是不间断地工作，且多带有"自动停止怠速"设备，致使这类汽车无法使用交流发电机提供电源，必须靠主电池向附属用电设备及电源供电，因此 DC/DC 功率变换器就成为必备设备。

（2）双向 DC/DC 功率变换器在电动汽车上的应用

目前，大多数 DC/DC 功率变换器只是单向工作，即通过 DC/DC 功率变换器的能量流动方向只能是单向的。然而，对于需要能量双向流动的采用超级电容的新能源汽车，如果仍然使用单向 DC/DC 功率变换器，则需要将两个单向 DC/DC 功率变换器反方向并联使用，这样虽然可以达到能量双向流动的目的，但总体电路会变得非常复杂，而采用双向 DC/DC 功率变换器就可以直接完成这种能量的变换。

所谓双向 DC/DC 功率变换器，是指在保持变换器两端直流电压极性不变的情况下，能根据实际需要完成能量双向传输的直流变换器。这种变换器不仅可以非常方便地实现能量的双向传输，而且使用的电力电子器件数目少，具有效率高、体积小和成本低等优势。

2．DC/AC 功率变换器

DC/AC 功率变换器（直流—交流变换器）亦称 DC/AC 功率逆变器，是一种应用功率半导体器件将直流电能转换成恒压恒频交流电能的静止装置，主要供交流负荷用电或交流电网并网发电。其一般可分为有源逆变与无源逆变两种，其中有源逆变是指把直流逆变与交流电源同频率的交流电馈送到电网中区的功率逆变器；在逆变状态下，变换电路的交流电如果不与交流电网连接而直接与负荷连接，将直流电逆变成某一频率或可调频率的交流电直接供给负荷，则称之为无源逆变。

电动汽车中使用的 DC/AC 功率变换器多为无源逆变器，其功用主要是将蓄电池或燃料电池输出的直流电变换为交流电提供给交流驱动电机等使用。

3．AC/DC 功率变换器

电动汽车中 AC/DC 功率变换器（交流—直流变换器）的功能主要是将交流发电机发出的交流电转换成直流电提供给用电器或储能设备储存。其功率流向可以是双向的，由电源流向负载的称为"整流"，由负载返回电源流的称为"有源逆变"。

3.2　混合动力汽车动力控制

3.2.1　混合动力汽车动力结构特性

国外混合动力汽车的开发起步较早，其中最具代表性的有日野公司 HIMR 系统，BAE 公司串联、混联系统，美国通用公司混联系统，伊顿公司并联系统，采埃孚公司单模混合动力系统，福伊特公司混合动力系统和艾里逊公司双模式混合动力系统等。

1．日野公司 HIMR 系统

日野公司的 HIMR 系统如图 3-15 所示，电机动力与发动机动力通过齿轮减速机构实现在变速器—轴的耦合。目前，装配该系统的混合动力汽车已在日本大量运行。

2．BAE 公司串联、混联系统

BAE 公司的串联系统如图 3-16 所示，发动机发出的能量通过发电机和电机传到驱动桥，

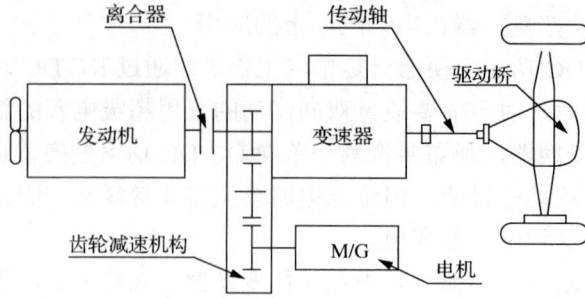

图 3-15　日野公司的 HIMR 系统示意图

发动机和驱动桥之间没有直接的机械连接。该方案的优点是控制较简单，适用于车速波动比较剧烈、平均车速比较低的场合；缺点是对其他场合的适应性较差，且电池的工作负担较重，对电池寿命要求较高。

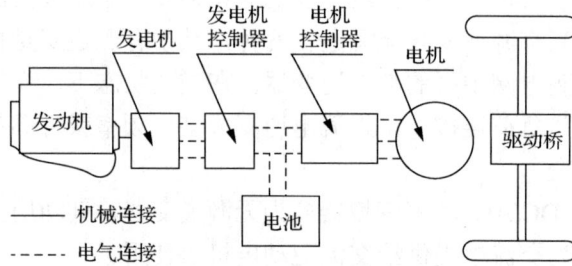

图 3-16　BAE 公司的串联系统示意图

图 3-17 所示为 BAE 公司的混联系统，采用行星齿轮耦合器，发动机动力通过离合器与行星机构的行星架连接，两个电机与中心齿轮连接，环形齿轮作为耦合器的动力输出机构与驱动桥连接。通过控制离合器、两个电机及与行星架相连的制动器工作状态，可以实现多种工作模式。

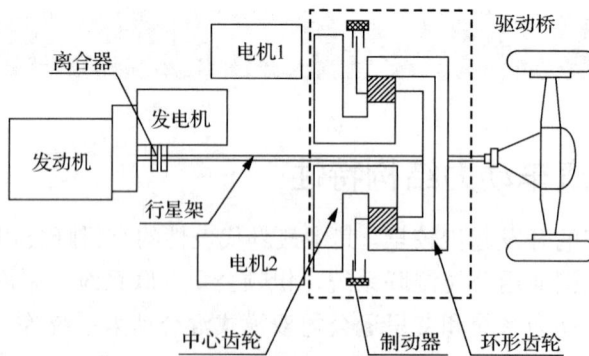

图 3-17　BAE 公司的混联系统示意图

3. 通用公司混联系统

通用汽车公司（GM）的混联系统如图 3-18 所示，采用两个行星齿轮和两个电机，发动机动力通过左边的行星齿轮实现输入分流，通过右边的行星齿轮实现发动机与电机动力的输出耦合；通过湿式离合器和电机控制实现混合动力的多种工作状态和状态切换及换挡。该方案实现了电机与行星齿轮变速器的集成设计，去掉了原有的变矩器。其优点是系统结构紧凑、布置方便，对路况的适应性强；缺点是结构复杂，成本较高。

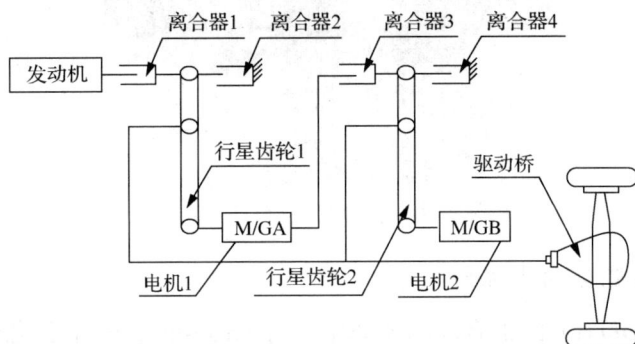

图 3-18　GM 公司的混联系统示意图

4. 伊顿公司并联系统

伊顿（EATON）公司并联系统如图 3-19 所示。该方案在自动离合器的输出与机械自动变速器的输入之间增加了一个同轴的电机，通过对电机工作状态的控制实现各种混合动力工况。该方案所需电池少，质量轻，目前已在国内大批量试运行。

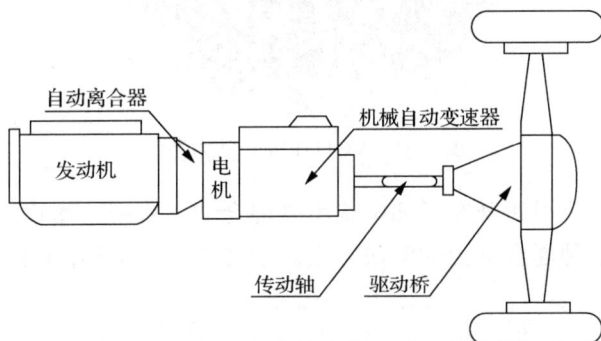

图 3-19　EATON 公司的并联系统示意图

5. 采埃孚公司单模混合动力系统

采埃孚公司（ZF）在 2013 年上海国际车展上推出的集成式混合动力解决方案中，有带启动—停止功能的微混合动力和强单模混合动力变速器。ZF 单模混合动力系统如图 3-20 所示。同时，其与德国大陆汽车系统联合，推出了并联式单模混合动力系统。在联合开发该系统中，大陆汽车系统负责与发动机匹配、软件集成、动力蓄电池能量管理、工业电子、电控单元和制动能量回收等，其中锂离子蓄电池由大陆公司与英耐时公司合作的企业提供。在该系统中配有启动—停止装置和制动能量回收装置。而采埃孚则负责开发带电机的自动变速器，该自动变速器可将电机、离合器、扭转减振器、双质量飞轮和液压机构等部件集成在变速器中，满足了这些集成部件高效和紧凑安装的需求。采埃孚公司单模自动变速器配备了启动—停止装置，可节省油耗 5%；在微混系统中配备曲轴启动发电机电子驱动装置，可节省油耗15%；而在强混系统中，自动变速器内电机峰值功率更高（电功率比大于 30%），可节省油耗30%。

图 3-20　ZF 单模混合动力系统

6. 福伊特公司混合动力系统

福伊特公司（VOITH）的混合动力系统中具有 Drop-in 启—停系统和集成化电机，其混合动力控制器可同步控制发动机与电机。VOITH 混合动力系统如图 3-21 所示。

图 3-21　VOITH 混合动力系统

除此之外，福伊特公司还开发了插电式串联混合动力系统、增程式电动汽车及中度、重度混合动力系统作为多种混合动力的解决方案。VOITH 插电式串联混合动力系统如图 3-22 所示。

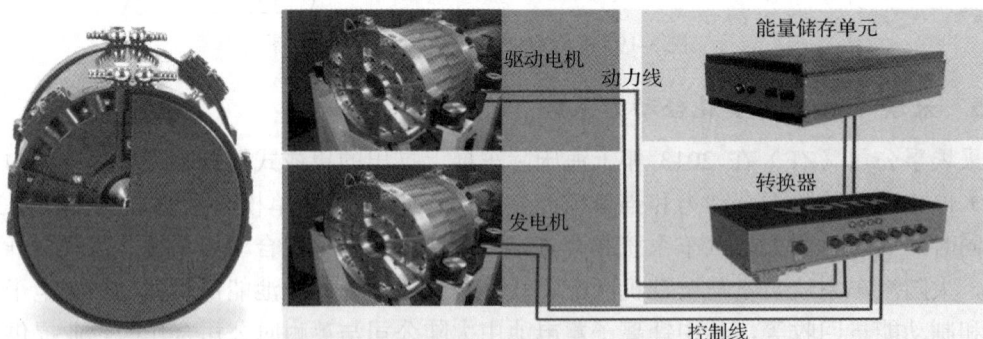

图 3-22　VOITH 插电式串联混合动力系统示意图

7. 艾里逊公司双模式混合动力系统

艾里逊公司（Allison）原为通用汽车公司动力分部，后来脱离通用汽车公司成为独立公司。其研发的 EP40/50 双模式混合动力系统应用在以柴油机为动力的城市公交汽车上，如图 3-23 所示。EP40 双模式混合动力系统适用于城市公交汽车，EP50 双模式混合动力系统适用于车长 15m 市郊公交车和铰接式城市公交车。

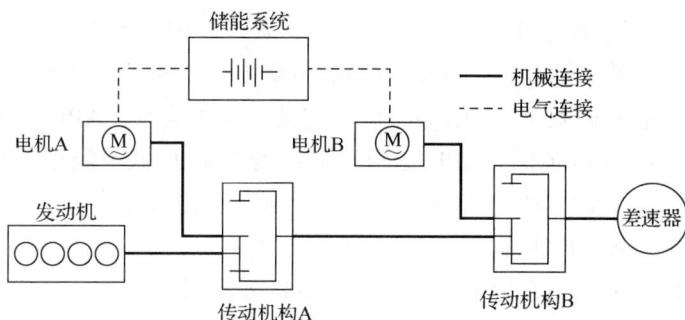

图 3-23　EP40/50 双模式混合动力系统示意图

3.2.2　混合动力系统的控制方法

混合动力汽车与传统车辆相比的最大不同就是增加了动力源，从而使混合动力汽车中出现了能量流动方向的多样性。为此，混合动力汽车的控制策略就是解决汽车行驶时所需要的能量和功率何时和如何由车上各种不同的动力总成来提供的能量管理问题，也就是如何根据使用要求有效地利用不同类型的动力源，以达到节能环保的目的。由于能量管理直接影响着能量在车辆内部的流动，继而影响整车的动力性、经济性以及排放指标，因此对于不同的混合动力结构，其控制策略也有较大区别。

混合动力汽车的整车控制系统即动力总成控制器，是整个车辆的核心控制部件，它采集加速踏板信号、制动踏板信号及其他部件信号并作出相应判断后，控制下层各部件控制器的动作，驱动整车控制器采集驾驶信号和车辆状态，通过 CAN 总线对网络信息进行管理、调度、分析和运算，针对车型的不同配置，进行相应的能量管理，实现整车驱动控制、能量优化控制、制动回馈控制和网络管理等功能，这就是混合动力系统的控制策略。

1. 串联混合动力系统控制策略

由于串联式混合动力汽车的发动机与行驶工况没有直接联系，因此控制策略的主要目标是使发动机在最佳效率区和排放区工作。此外，为了优化控制策略，还必须考虑合并在一起的蓄电池、电传动系统、发动机和发电机的总体效率。

（1）"恒温器"式控制策略

"恒温器"式控制策略较为简单，即主要针对纯电动汽车辆续驶里程短的特点，在普通电动汽车上增加一个辅助动力单元（Auxiliary Power Unit，APU），由其为蓄电池及时补充电能或承担车辆的部分行驶功率，从而减少蓄电池能量消耗，延长整车行驶里程。与没有 APU 的情况相比，电池放电速度减慢。但是，APU 的功率不足以维持蓄电池的荷电状态值（State of Charge，SOC），因此这种类型也称"电量耗尽混合型"，即电池在循环工况结束时的 SOC 值低于开始时的 SOC 值，蓄电池必须有外接电源为其充电。

具体来说，当蓄电池 SOC 降到设定的低门限值时，发动机工作时，在最低油耗（或排放）点按恒功率输出，一部分功率用于满足车轮驱动功率要求，另一部分功率向蓄电池充电；当蓄电池的 SOC 上升到所设定的高门限值时，发动机关闭，由电机驱动车轮。在这种模式中，蓄电池要满足所有瞬时功率的要求，而蓄电池的过度充放电所引起的损失可能会减少发动机优化所带来的好处。因此，这种控制模式对发动机比较有利而对蓄电池不利。

蓄电池的 SOC 值是控制发动机的一个重要的参数，不同工况直接控制 SOC 值。为了满足汽车加速时具有足够的电池功率，SOC 值不能下降太低；为了尽可能地吸收再生制动的能量，蓄电池的电量不能充得太足；当 SOC 值达到某一最大值时，APU 应被关闭或在怠速状态。当 SOC 值低于某一下限值时，APU 应该开启；当 SOC 值低于最小值时，APU 应该以其最大功率工作，尽快地给蓄电池充电。图 3-24 所示为串联式混合动力系统发动机的开启和关闭状态，它与蓄电池 SOC 值、所需发动机功率和发动机前一工作状态等参数有关，一般根据从功率总线向发电机发出的功率请求计算出所需要的发动机功率，从而满足车辆驱动和附属设备的需求。

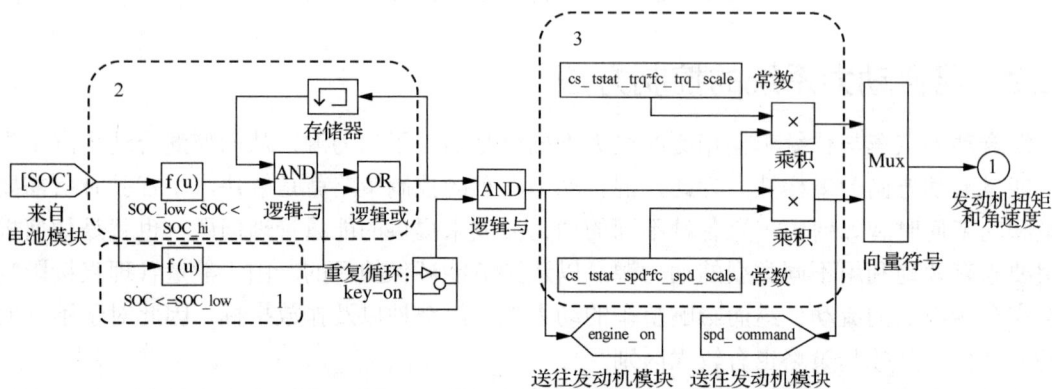

图 3-24 串联式混合动力系统发动机的开启和关闭状态图

发动机功率的需求常常根据 SOC 的偏差数来选择。如图 3-25 所示，该控制策略有最大和最小容许两个偏差数可以选择。最小容许偏差数说明可以容许 SOC 下降的速度，这个数值与混合动力电动汽车的行驶里程紧密相关，如果该数值选择为零，则行驶里程完全由燃油箱的容量来决定，否则 SOC 一直下降直到电池电量为零。如果电池的 SOC 偏差大于最大偏差数，则 APU 应尽可能地开启到最大的功率。如果电池的 SOC 介于最小容许偏差与最大偏差之间，则发动机可以选择在其最小燃油消耗点工作；如果电池的 SOC 偏差比最小容许偏差还要低，则发动机可以关闭或者设在怠速状态。

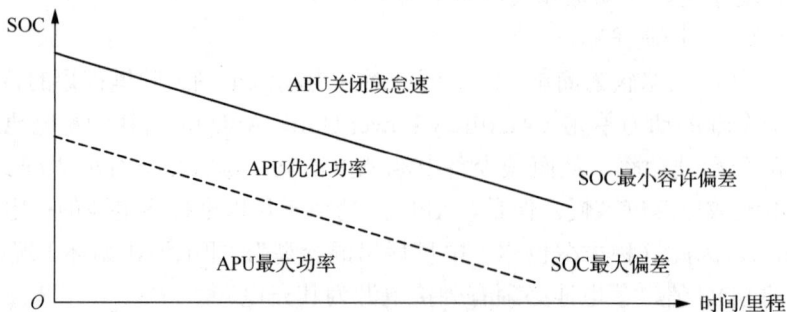

图 3-25 SOC 的偏差标准

（2）"功率跟随"式控制策略

"功率跟随"式控制策略如图 3-26 所示。与行驶里程延伸型控制模式相比，在该控制策略下，发动机的功率紧随车轮功率的变化而变化，这与传统的汽车运行相似。但与延长行驶里程不同的是，这种控制模式的车辆采用较大额定功率的 APU 和较小的蓄电池型号，其蓄电池主要用来应付所需要的峰值功率以及回收再生制动的能量，运行中尽可能保证蓄电池 SOC 值在循环工况终了时与循环工况开始前相等（当然，任一时刻的 SOC 值可能不一样），所以这种驱动类型也称为"电量维持混合型"。采用这种控制策略，蓄电池工作循环将消失，与充放电有关的蓄电池组的损失将被减少到最低程度；但是，发动机必须在从低到高的整个负荷区内运行，且功率快速动态地变化，因此在低负荷区发动机的效率降低且排放增高。

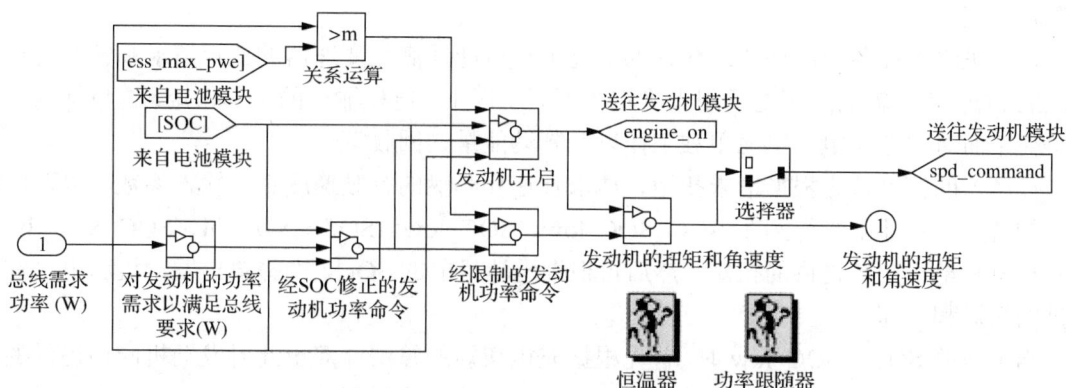

图 3-26　"功率跟随"式控制策略图

目前，较常用的解决方案是采用自动无级变速器（Continuously Variable Transmission, CVT），通过调节 CVT 的速比，控制发动机沿最小油耗曲线运行，同时减少 HC 和 CO 的排放量。

（3）对比分析

两种控制模式各有优缺点，如果将其结合起来，同时充分利用发动机和电池的高效率区，则可达到整体效率最高。如当汽车加速时，为了满足车轮驱动功率要求，降低对蓄电池的峰值功率要求，延长其工作寿命，可采用功率跟随模式；而当车辆功率要求低时，为了避免发动机低效率工况的发生，可以采用恒温器模式，以提高整车系统的效率。

无论何种模式，都涉及对电池 SOC 的准确评估。因此，电池 SOC 的准确评估及其高效区的合理评价，是整车控制策略得以有效实施的前提。

2. 并联混合动力系统控制策略

若以经济性最优为评价指标，则主要通过发动机怠速及低速时的关机状态来实现改善排放指标的目的。制定控制策略之前，必须对各部件性能有深入的了解，包括发动机万有特性、电机转矩特性、电池内阻和电压特性、电池充放电效率和电机的机械效率等。这既为控制策略建模仿真提供了基础，也是因为控制策略的参数选取很大程度上依赖于部件的特性，不同的部件匹配需选择不同的控制策略及相应的控制参数。

通常情况下并联式混合动力的工作模式主要包括以下几种：①怠速时，发动机关闭，实现零排放，同时也消除了无效的能量消耗；②低速时，由电机工作，以实现降低油耗和排放的目的。这是因为在低速时，发动机的负荷率通常比较低，效率较差；③中高速时，由发动机工作，同时根据电池和电机的效率以及电池的 SOC，可对电池进行充电，该过程可有效提高发动机的负荷率，另一方面也可以保证电池的电量平衡；④加速或上坡时，如果阻力功率大于发动机所能提供的功率，则发动机和电机同时工作，电机起助力作用，通过该措施可减小发动机的额定功率，同时获得相应的动力性能；⑤减速时，发动机关闭，并强制电机对电池进行充电，回收部分制动能量。常用的控制策略包括电动助力控制策略、实时控制策略和模糊控制策略。

（1）电动助力控制策略

在电动助力控制策略中，主要输入参数包括变速器的请求扭矩、请求转速、电池 SOC 以及车辆的速度等。

控制策略要在各个部件状态允许的情况下尽可能地满足变速器的扭矩请求和转速请求。电池的 SOC 和车辆的速度主要用来确定在不同工况下，电机输出的工作扭矩，这包括为了提高负荷率而对电池充电、电池单独工作以及制动能量的回收等。

控制器的模型首先根据请求扭矩、请求转速和车辆的行驶速度 3 个输入参数，以及电机输出的转矩、转速限制得到在 SOC<SOC_low、SOC_low≤SOC≤SOC_hi、SOC>SOC_hi 时的发动机和电机应该提供的扭矩，然后再根据电池目前的 SOC，选择输出发动机和电机需要提供的扭矩和转速。

当电池的 SOC<SOC_low 时，首先根据充电扭矩的算法计算出此时发动机应该提供的充电扭矩，并根据请求扭矩计算发动机的工作扭矩，然后将得到的扭矩与发动机工作的最小扭矩 $T_{\min(n)}$ 相比较，选择较大的一个，定义为 T_1，根据请求扭矩和 T_1 的差值，并同时考虑电机的扭矩限制，得到电机需要提供的扭矩；由请求扭矩和电机扭矩的差值得到发动机的扭矩，同时将其与发动机的最大扭矩加以比较，得到发动机需要提供的扭矩。

当 SOC_low≤SOC≤SOC_hi 时，若车速低于某一最小车速，或者虽然车速高于设定的最小车速，但所需扭矩小于发动机关机扭矩 $T_{\mathrm{off}(n)}$，则由电机提供全部驱动力，发动机关闭；当车速高于某一最小车速且所需扭矩不小于 $T_{\mathrm{off}(n)}$ 时，则由发动机工作，并在电池允许的情况下对电池进行充电。

最小车速的设定主要考虑电机最大功率和电池能够长时间工作的最大电流，同时将最小车速设定为电池的 SOC 的函数，以保持使用过程中电池的 SOC 的平衡，其定义公式为

$$v = v_{\mathrm{low}} + \frac{(v_{\mathrm{hi}} - v_{\mathrm{low}})(\mathrm{SOC} - \mathrm{SOC\_low})}{(\mathrm{SOC\_hi} - \mathrm{SOC\_low})}$$

式中，v ——设定的最小车速；SOC_low—— SOC 低限值；SOC_hi—— SOC 高限值；v_{low} —— SOC 为 SOC_low 时的设定车速；v_{hi} —— SOC 为 SOC_hi 时的设定车速。

根据电池状态修正电机所提供的扭矩，主要包括两个部分：如果电池的温度过高，已经不适合继续工作，则电机会根据电池管理系统传来的信号，停止工作；如果已请求扭矩对电池进行充电且超过电池工作的最大电流，则电机同样停止工作。这种情况主要来自两方面，一是当电机以程序中设定的发动机最小工作扭矩 $T_{\mathrm{off}(n)}$ 对电池充电时已经超过了电池工作的最大电流，如果需要，这种情况可以在控制参数设定时加以避免；二是车辆虽然以低速行驶，但此时的加速度较大，造成了请求扭矩的数值较大，这种情况适合于电机关机，由发动机工作，以保证车辆具有良好的加速性能。

由于要尽量限制电池工作在[SOC_low，SOC_hi]区间内，因此 SOC<SOC_low 这种情况存在的时间不多。一般出现 SOC<SOC_low 时，主要是为了保证在排放控制比较严格的区域

实现零排放，即在电池的 SOC 低于 SOC_low 的情况下也可以通过手动的方式强制电池放电从而以电机驱动车辆行驶；SOC＞SOC_hi 时，主要是为了避免发动机在电池的 SOC 靠近 SOC_hi 时出现频繁关闭的情况，从而限制发动机开关动作持续的最短时间。

当 SOC＞SOC_hi 时，若车速低于某一最小车速，或者虽然车速高于设定的最小车速，但是所需扭矩小于 $T_{off(n)}$，则由电机提供全部驱动力，发动机关闭；当车速高于某一最小车速且所需扭矩不小于 $T_{off(n)}$ 时，则由发动机工作，但不对电池进行充电。

以上所分析的都是请求扭矩为正且小于发动机最大扭矩的情况。如果请求扭矩为负，则发动机关闭，同时根据电池状态以及制动能量回收策略，决定电机所需提供的扭矩；如果请求扭矩大于发动机的最大扭矩，则发动机以最大扭矩工作，然后根据电池工作状态及扭矩差来决定电机所需提供的扭矩。

（2）实时控制策略

在电动助力的控制策略中，基本上只考虑了发动机效率，尽量保证发动机在效率较高的区域内工作。而要保证发动机在效率高的区域内工作，就必然要利用电机对电池进行充电。在这种状况下，发动机工作时虽然具备了较高的效率，但由于是将部分机械能转换成电能并以化学能的形式储存在电池组中，而使用时再将储存的化学能转换成电能、机械能的过程，因此不可避免地存在着能量损失。若综合考虑整个转换过程中的能量损失，则虽然电动助力控制策略中发动机能以较高的效率工作，但是整个车辆系统的效率未必最高。为了获得更好的经济性，在并联式混合动力系统的控制策略中应该同时考虑电机和电池的效率。

实时控制策略就是在已知各部件特性的基础上，实时比较各工作模式的整体效率来决定各部件的工作状态，以使整个系统的能量流动损失最小。在已知各部件特性的情况下，为了考察电池的充放电效率 η_c，实时控制策略中的一个重要参数就是电池中储存能量的比油耗（亦称为"能量当量"），比较发动机的燃油消耗率和电池的能量当量，选择经济性较好的部件以实现整个系统效率最高。电池中的能量主要来自两个部分，一是由发动机通过电机对电池的充电，二是来自回收的制动能量，而能量当量则根据车辆的行驶情况不同而变化。为了使电池的电量维持在要求的区域内，能量当量应是电池 SOC 的函数。因此，这一控制策略具体可以表述如下。

① 当车速低于某一最小车速时，由电机提供全部驱动力。

② 当车速大于最小车速，且行驶需要扭矩小于电机的最大矩时，根据发动机燃油消耗率和电池的能量当量来决定工作的动力源。

③ 当行驶需要扭矩大于电机的最大扭矩，且小于发动机在给定转速下所能产生的最大扭矩时，由发动机独自提供全部驱动力。发动机是否驱动电机对电池充电，取决于电池的 SOC 以及此时电池、电机的效率，在这种情况下，也可以利用能量当量的概念加以判断。即计算出发动机用来充电的那部分能量中的有用能量，然后将发动机给电池充电状态下的等量燃油消耗率，与发动机不对电池进行充电时的燃油消耗率加以比较，选择燃油消耗率较小的工作模式。

④ 当行驶需要扭矩大于发动机在给定转速下所能产生的最大扭矩时，由电机提供扭矩助力。

⑤ 减速时，根据减速请求，部分回收制动能量。

（3）模糊控制策略

模糊控制策略的出发点是通过综合考虑发动机、电机和电池的工作效率来实现混合动力系统的整体效率最高。虽然其目标与实时控制策略较为相似，但与实时控制策略相比，模糊控制策略具有鲁棒性好的优点。

模糊控制器的输入为电池的SOC、来自于变速器的请求扭矩以及请求转速，输出为电机的扭矩。部分主要控制规则可以表述如下。

① 如果SOC为高，则电机的充电扭矩为零。

② 如果SOC为正常，请求扭矩为低，则电机的充电扭矩为零；请求扭矩为正常，电机转速为低，则电机的充电扭矩为中；电机转速为高，则电机的充电扭矩为高；请求扭矩为高，则电机的充电扭矩为低。

③ 如果SOC为低，发动机的请求扭矩非高，则电机的充电扭矩为高；发动机的请求扭矩为高时，则电机的充电扭矩为低。

为了防止发动机低负荷时工作，在模糊控制器后另外加了一个限制条件，即当发动机的输出扭矩小于某一特定的扭矩时，发动机关机，由电机来满足请求扭矩，同时保证发动机的输出扭矩小于发动的最大扭矩。

（4）对比分析

在电动助力控制策略中，基本上只考虑了发动机效率，尽量保证发动机在效率较高的区域内工作，因此必然要利用电机对电池进行充电。在这种状况下，发动机工作时虽然具备了较高的效率，但由于将部分机械能转换成电能并以化学能的形式储存于电池组中，使用时再将电池组储存的化学能转换成电能、机械能，因此这一过程不可避免地存在着能量损失。综合考虑整个转换过程的能量损失，采用电动助力控制策略虽然发动机能以较高的效率工作，但整个车辆系统的效率未必是最高的。

实时控制策略中，对实验数据的准确性和全面性要求很高，而这在实际中难以达到；此外，各部件在使用中由于受老化、动态特性等因素的影响，其特性必然随时间的推移而变化。在这种情况下，实时控制策略难以达到预期要求，从而影响车辆的燃油经济性。

模糊控制策略控制灵活，可实现任何形式的控制方式；因其是在操作人员控制经验基础上实现对系统的控制，无须建立数学模型，是解决不确定性系统问题的一种有效途径；具有较强的鲁棒性，被控对象参数的变化对模糊控制的影响不明显，可用于非线性、时变、时滞系统的控制；控制机理符合人们对过程控制作用的直观描述和思维逻辑，为智能控制应用打下了基础。

3. 混联式驱动系统的控制策略

混联式驱动系统的控制策略如下。

① 启动时，由电池组分别向车辆前驱动轴、后驱动轴电机供电，直到发动机可以较高效率工作时，启动发动机并用于驱动车辆前进。

② 轻载时，发动机关闭，车辆前驱动轴由电池组、电机系统驱动。

③ 正常行驶时，由发动机直接驱动车辆前驱动轴。

④ 全节气门开度加速时，发动机和两个电机同时工作用于提供车辆驱动行驶功率。

⑤ 减速制动时，电机以发电机模式工作，实现再生制动。

⑥ 在车辆正常行驶过程中，当电池组电量偏低时，应对电池组进行补充充电。

练习与实训

一、名词解释

1．双电机耦合动力系统

2．轮毂电机动力系统

3．电磁兼容性

4．系统适应环境能力

5．永磁同步电机

二、填空题

1．电机驱动系统主要由_____、_____、_____、各种_____以及_____等部分构成。

2．三相异步电机本体结构主要由_____、_____、_____、_____和_____等组成。

3．直流电机控制系统主要由_____和_____构成，根据输出转矩的需要，通过斩波器来控制电机的_____、_____，以此控制和驱动直流电机运行。

4．永磁同步电机的控制技术已从最初的基于稳态模型的_____发展到_____、_____、_____、_____和智能控制。

5．新能源汽车的驱动系统一般包括_____及_____两大部分。

三、选择题

1．不属于新能源汽车的控制内容是（   ）。
   A．发动机 ECU   B．ABS 控制   C．电机控制   D．电池电压监控

2．不属于混合动力汽车工作模式的是（   ）。
   A．车辆启动   B．加速   C．制动   D．坚固耐用

3．不属于无刷直流电机的特性是（   ）。
   A．无滑动接触   B．噪声低   C．无换向火花   D．高开关频率

4．不属于电机驱动控制内容的是（   ）。
   A．制动信号   B．接受位置传感器信号
   C．正反转信号   D．产生旋转磁场

5．属于 AC/DC 功率变换器的功能是（   ）。
   A．交流电转换成直流电   B．将直流电能转换成恒压恒频交流电能
   C．完成能量双向传输的直流变换器   D．保持直流电源的电压等级和稳定

四、问答题

1．新能源汽车的 DC/DC 变换器功用有哪些？

2．用于感应电机的控制技术主要有哪些？

3．永磁同步电机结构的工作原理是什么？

4．通用汽车公司混联方案的特点有哪些？

5．EP40/50 双模式混合动力系统的特点有哪些？

五、实训题

针对一辆具体的电动汽车电机，完成以下工作。

1．测量电机的安装尺寸及质量。

2．写出该电机的参数。

3．写出电机的型号，并说明含义。

实训报告

实训题目	电机基本参数测量				
学生姓名		班级		学号	
实训地点		学时		日期	
实训结果					
安装尺寸参数	长/m	宽/m	高/m	质量/kg	
电机参数					
电机的型号					
说明其含义					
实训心得					
指导教师			成绩		

第 4 章
新能源汽车总线通信协议及应用

汽车 CAN 总线在汽车中有着至关重要的作用，现在日趋成熟的新能源汽车对 CAN 总线网络的需求更加明显。

基于总线的分布式控制网络是使众多子系统实现协同控制的理想途径。由于 CAN 总线具有造价低廉、传输速率高、安全和可靠性高、纠错能力强和实时性好等优点，已广泛应用于中、低价位汽车的实时分布式控制网络中。随着越来越多的汽车制造厂家采用 CAN 总线协议，CAN 总线协议已逐渐成为通用标准。采用 CAN 总线可大大减少各设备间的连接信号线束，并可提高系统监控水平。另外，在不减少其可靠性的前提下，可以很方便地增加新的控制单元，拓展网络系统功能。

本章内容及要点

4.1　CAN 总线概述

CAN 总线即控制器局域网总线，由德国博世公司于 1986 年提出。1991 年，飞利浦公司制定并发布了 CAN 2.0 总线协议，包括 A、B 两部分，其中 CAN 2.0A 总线协议给出了报文标准格式，CAN 2.0B 总线协议给出了标准和扩展两种格式。后经修改，CAN 总线协议在 1993 年成为国际标准（ISO 11898）。CAN 总线具有良好的功能特性和极高的可靠性，广泛应用在交通工具、工业自动化、航空航天及医疗器械等领域。CAN 2.0B 总线协议数据传输速率可达 1 Mbit/s，相当于 SAE 的 C 级高级数据通信协议，目前汽车中采用的 SAE 1939 通信标准的核心就是 CAN 2.0B 总线协议。CAN 总线主要具有以下特点。

（1）通信方式灵活。由于采用多主方式工作，不分主从，通过报文标志符通信，故无须站地址等节点信息，即网络上任意一个节点均可主动地向其他节点发送信息，且可以点对点、一点对多点或全局广播的方式进行通信。

（2）采用非破坏性、基于优先级的仲裁方式。当有多个节点同时向总线发送数据时，低优先级的节点主动停止数据发送，高优先级的节点可不受影响地完成数据发送，从而大大节省了总线冲突仲裁时间。就算是在网络负载很重的情况下，也不会出现网络瘫痪的情况。

（3）帧信息中包含循环冗余校验码（Cyclic Redundancy Check，CRC）等信息，可有效降低通信错误率。

（4）对发送失败的报文，将在总线空闲时自动重新传输，提高了通信的可靠性。

（5）采用短帧格式，传输时间短，受干扰概率低，具有良好的检错效果。每帧信息都有CRC 及其他检错措施，降低了数据出错概率。网络节点具有在错误严重情况下自动关闭输出的功能，以使总线上其他节点的操作不受影响。

（6）每帧报文最多可发送 8 个字节数据，既可满足工控领域中命令控制及状态查询的一般要求，也不会过长地占用总线，保证了通信的实时性。

（7）通信介质可为双绞线、同轴电缆或者光纤，选择灵活。

（8）直接通信距离最远可达 10 km。

4.2 CAN 总线技术规范

CAN 总线是计算机网络与控制系统结合的产物，其本质是一种计算机控制网络。在国际标准化组织（ISO）提出的"开放系统互联（OSI）"参考模型中，网络系统划分为 7 层模式，即应用层、表示层、会话层、传输层、网络层、数据链路层和物理层。CAN 2.0B 总线协议规定了物理层和数据链路层。1994 年，美国汽车工程协会 SAE 以 CAN 2.0B 总线协议为基础，制定了面向汽车和载重货车的 CAN 总线网络通信协议 SAE J1939，对汽车中应用到的各类参数都进行了规定。OSI、CAN 2.0B 和 J1939 这三者之间的关系如图 4-1 所示。

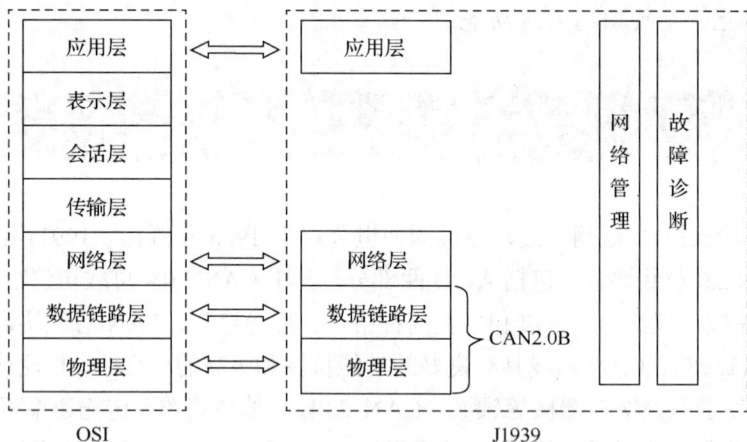

图 4-1　车载网络通信模型示意图

4.2.1　物理层

CAN 2.0B 总线协议物理层定义了 CAN 总线的电气接口和物理介质，规定了使用的接插件形状、尺寸等机械特性，CAN 总线线缆上各条线的电压范围及电平的逻辑含义，实现网络中电控单元（ECU）之间的电气连接。物理层分为用于实现与位表示、定时和同步关系功能的物理层信号（PLS），以及用于耦合节点至发送媒体物理层的访问单元（MAU）。其中，MAU 由物理层媒体附属装置（PMA）和媒体从属接口（MDI）构成。PMA 实现总线发送/接收的功能电路并可提供总成故障检测方法，MDI 实现物理媒体和 MAU 之间的机械和电气接口。

CAN 总线采用差分信号，差分电压 $V_{diff} = V_{CAN\_H} - V_{CAN\_L}$。总线空闲时,CAN_H 和 CAN_L 的电平都是 2.5 V；数据传输时，显性电平（CAN_H 为 3.5 V，CAN_L 为 1.5 V）代表逻辑 0，

隐性电平（CAN_H 为 2.5 V，CAN_L 为 2.5 V）代表逻辑 1，如图 4-2 所示。

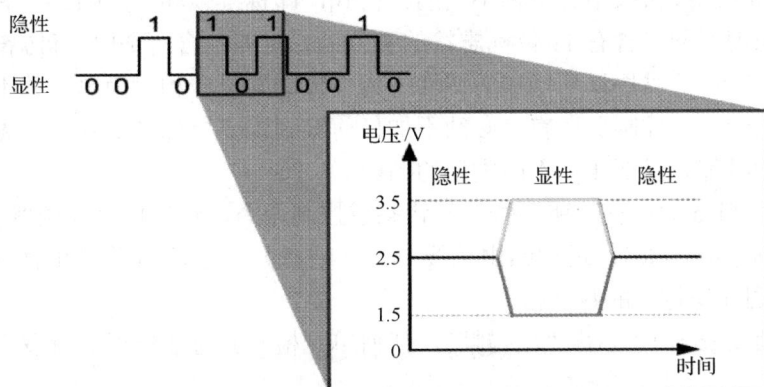

图 4-2 CAN 总线差分信号示意图

当总线上节点 A 发送显性电平，而另一个节点 B 发送隐性电平时，总线的电平状态呈显性；从逻辑电平的角度来看，就是节点 A 发送"0"，节点 B 发送"1"时，总线上的逻辑状态为"0"，这种机制称为"线与"。

4.2.2 数据链路层

1. CAN 总线通信机制

当节点要往 CAN 总线上发送数据时，会先检测总线的状态，只有当总线处于空闲时，节点才能往总线上发送数据；并且，在发送过程中要进行总线"回读"，判断是否与其他节点发送的数据有冲突；若有冲突发送，则进行总线仲裁。总线仲裁根据 CAN 总线协议报文 ID 进行，ID 值越小，报文的优先级越高，发生仲裁时优先级高的报文正常发送，优先级低的报文会停止发送，但在总线空闲时会自动重发。

如图 4-3 所示，CAN 总线上有节点 A 和节点 B，某一时刻节点 A 欲发送 ID 为 20 的报文，节点 B 欲发送 ID 为 30 的报文。这时出现总线仲裁，优先级最高的 ID=20 的报文成功完成，ID=30 的报文停止发送；ID=20 的报文发送完成后，总线进入空闲状态，节点 B 自动重新尝试发送报文 ID=30，此时总线上若没有优先级更高的报文，则报文 ID=30 成功发送。

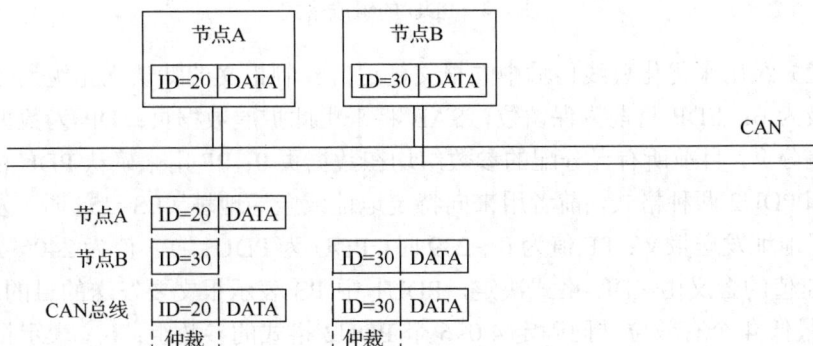

图 4-3 CAN 总线仲裁示意图

2. 帧格式

在 CAN 2.0B 总线协议中有两种不同的帧格式，即标准帧和扩展帧。二者的不同之处在于标志符域的长度不同，含有 11 位标志符的帧称为标准帧；含有 29 位标志符的帧称为扩展帧，这是 CAN 2.0B 总线协议新增加的特性。为使控制器设计相对简单，并不要求执行完全的扩展格式。对于新型控制器而言，必须不加任何限制地支持标准格式。但无论是哪种帧格式，在报文传输时都有以下 4 种不同类型的帧。

（1）数据帧（Data）：存放所要查询的状态或控制命令，将数据由发送器传输到接收器。

（2）远程帧（Remote）：远程帧由总线单元（节点）发送，用于向其他节点请求发送具有同一 ID（相同标识符）的数据帧。

（3）错误帧（Error）：亦称"出错帧"，任何单元检测到总线错误时就发出错误帧，以检验总线错误。

（4）过载帧（Overload）：亦称"超载帧"，用于接收节点告知发送节点接收准备尚未完成，即用于提供先前和后续数据帧或远程帧之间的附加延时。

3. 协议数据单元（PDU）

J1939 使用扩展帧格式定义了标准化通信策略，即为每个节点规定了唯一的源地址，并将源地址映射到 CAN 总线协议标识符中。此外，J1939 通过协议数据单元（PDU）定义了一个框架，用来组织 J1939 协议中定义的相关信息。PDU 由 CAN 总线扩展帧中的 ID 和数据场组成，并将其分为 7 个部分，分别是优先级、扩展数据页、数据页、PDU 格式、PDU 特定域（可作为目标地址、组扩展或专用）、源地址和数据域。PDU 被封装在一个或多个 CAN 总线数据帧中，而每个 CAN 总线数据帧只能有一个 PDU。PDU 的组成格式如图 4-4 所示。

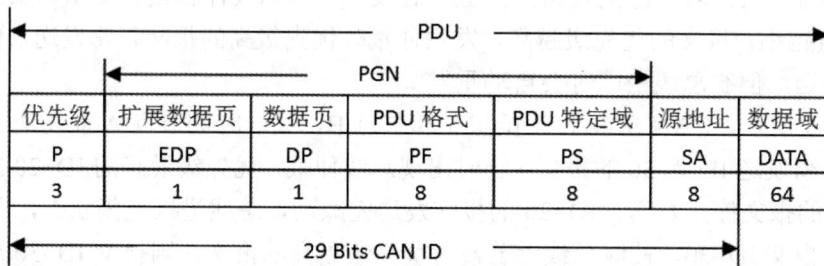

图 4-4 PDU 的组成格式

其中，优先级用来优化总线传输中的报文延迟，控制报文的默认优先级为 3，其余报文的默认优先级为 6；EDP 目前为保留位，SAE 将来用此扩展数据页；DP 为数据页位，用来将所有参数组分页，目前所有已分配的参数组均在数据页 0；PF 用来确认 PDU 的格式，PDU 分为 PDU1 和 PDU2 两种格式，前者用来向特定地址或全局地址（PS=255 时）发送报文，后者用来向全局地址发送报文；PF 值为 0～239 时，PDU 为 PDU1，PF 值为 240～255 时，PDU 为 PDU2；PS 值的含义由 PDU 格式决定，PDU1 中 PS 表示报文要发送的目的地址，PDU2 中 PS 与 PF 最低 4 个有效位共同确定 4 096 个 PDU2 格式的参数组；SA 表示报文源地址，网络中的一个源地址只能匹配一个设备，其中 0xFE 表示空地址，0xFF 表示全局地址。数据域包含参数组中的数据内容。

4.　多帧传输机制

长度大于 8 字节的报文无法用单个 CAN 总线数据帧来装载。因此，它们必须被拆分为若干个小的数据包，然后使用单个的数据帧对其逐一传送。接收方必须能够接收这些单个的数据帧，然后解析各个数据包并重组成原始的信息。

CAN 总线数据帧包含一个 8 字节的数据域。由于组成长信息的单个数据包必须能被识别出来以便正确重组，因此把数据域的首字节定义为数据包的序列编号。每个数据包都会被分配到一个从 1 到 255 的序列编号，然后通过网络传送给接收方。接收方接收后，利用这些编号把数据包重组成原始信息。由此可知，多帧传输最大的数据长度是 255 包×7 字节/包=1 785 个字节。

4.2.3　网络层

网络层定义了网段之间的连接协议，当同时存在不同传输速度或使用不同传输介质的多个网段时，必须有至少一个网络互连电控单元提供从一个网段到另一个网段的报文传递功能，具体包括报文转发、报文过滤、波特率转换、地址翻译和协议转换等。典型 J1939 网络层示意图如图 4-5 所示。

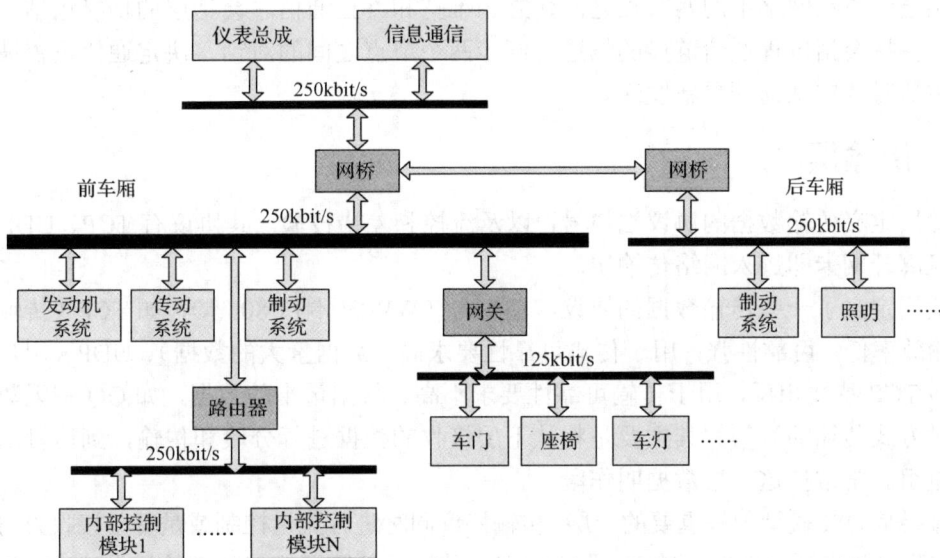

图 4-5　典型 J1939 网络层示意图

其中，网桥（Bridge）主要用于数据的转发和过滤。它可以将网络拆解成网络分支、分割网络数据流、隔离分支中发生的故障，这样就可以减少每个网络分支的数据信息流量而使每个网络更有效，提高整个网络效率；路由器（Router）不仅有网桥的全部功能，还可使它连接的不同网段具有独立的地址空间；网关（Gateway）则可以在不同的协议或报文集的网段之间传送数据。

4.2.4　应用层

J1939 针对车辆应用定义了一系列信号（参数）和报文（参数组），并用可疑参数 SPN 来描述信号，将相关的参数组合成可疑参数组 PGN。协议中规定了每个 SPN 的名称、功能描述、类型、数据长度、分辨率、偏移值和有效数值范围，以及在 CAN 总线数据场中的起始位置及所属的 PGN。参数字节序采用 Intel 型，即当某个参数长度超过 1 个字节时，传输时先传输低字节。每个参数至少采用 2 Bits 来表示，当参数的 1 Bit 为 1 时是无效值。

4.2.5　表示层

表示层进行数据的表示、安全、压缩等。其可确保一个系统的应用层所发送的信息可以被另一个系统的应用层读取。格式有 JPEG、DECOIC、加密格式等。

它是应用程序和网络之间的翻译官，在表示层，数据将按照网络能理解的方案进行格式化；这种格式化也因所使用网络的类型不同而不同。

表示层管理数据的解密与加密，如系统口令的处理。例如，在 Internet 上查询银行账户，使用的即是一种安全连接，账户数据在发送前被加密，在网络的另一端，表示层将对接收到的数据解密。除此之外，表示层协议还对图片和文件格式信息进行解码和编码。

4.2.6　会话层

通过传输层（端口号：传输端口与接收端口）建立数据传输的通路。

会话层负责在网络中的两节点之间建立、维持和终止通信。会话层的功能包括：建立通信链接，保持会话过程通信链接的畅通，同步两个节点之间的对话，决定通信是否被中断以及通信中断时决定从何处重新发送。

4.2.7　传输层

传输层定义传输数据的协议端口号，以及流控和差错校验。其协议有 TCP、UDP 等，数据包一旦离开网卡即进入网络传输层。

传输层定义了一些传输数据的协议和端口号（WWW 端口 80 等），如 TCP（传输控制协议，传输效率低，可靠性强，用于传输可靠性要求高、数据量大的数据）、UDP（用户数据报协议，与 TCP 特性相反，用于传输可靠性要求不高、数据量小的数据，如 QQ 聊天数据就是通过这种方式传输的）等。其主要是将从下层接收的数据进行分段和传输，到达目的地址后再进行重组。常常把这一层数据叫作段。

传输层是 OSI 模型中最重要的一层。传输协议同时进行流量控制或是基于接收方可接收数据的快慢程度规定适当的发送速率。除此之外，传输层按照网络能处理的最大尺寸将较长的数据包进行强制分割。例如，以太网无法接收大于 1 500 字节的数据包。发送方节点的传输层将数据分割成较小的数据片，同时对每一数据片安排一序列号，以便数据到达接收方节点的传输层时，能以正确的顺序重组。该过程即被称为排序。工作在传输层的一种服务是 TCP/IP 协议套中的 TCP（传输控制协议），另一项传输层服务是 IPX/SPX 协议集的 SPX（序列包交换）。

4.3　CAN 总线的基本组成和数据传输原理

4.3.1　基本组成

CAN 总线由每个 ECU 内部的 CAN 总线控制器和收发器、每个控制单元（ECU）外部连

接的两条 CAN 总线和整个系统中的两个终端组成，如图 4-6 所示。中央 ECU（CEM）的 CAN
总线控制器具有双通道的 CAN 总线接口，接到两个不同的 CAN 总线（CAN-H 和 CAN-L）
上。各 ECU 通过收发器与 CAN 总线相连，相互交换数据。CAN 总线控制器根据两根线的电
位差判断其总线的电平。总线的电平分为显性电平与隐性电平两种，二者必居其一。发送节
点通过改变总线电平，将报文发送到接收节点。与总线相连的所有节点都可以发送报文，在
两个以上的节点同时开始发送报文的情况下，具有优先级报文的节点获得发送权，其他所有
节点转为接收状态。

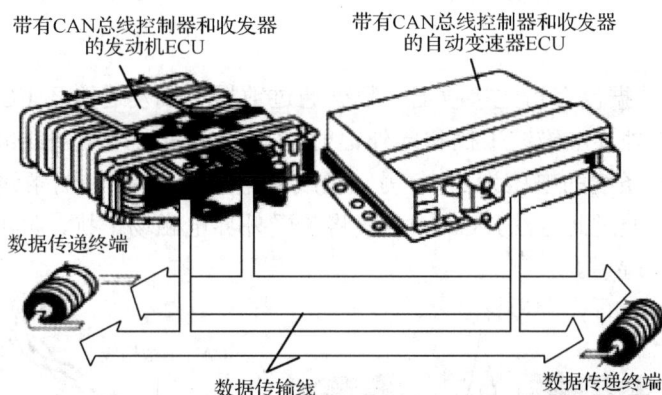

图 4-6　CAN 总线的基本组成

1. ECU

CAN 总线控制器接收来自传感器的信号，将其处理后再控制执行元件工作，同时根据需
要将传感器信息通过 CAN 总线发送给其他 ECU。ECU 的主要构件有 CPU、CAN 总线控制
器和 CAN 总线发射器，此外还有输入/输出存储器和程序存储器。

ECU 接收到的传感器信号被定期按顺序存入输入存储器，并按存储的程序处理输入值，
处理结果存入相应的输出存储器，然后控制各执行元件工作。为了能够处理数据传输总线信
息，各 ECU 内还有一个数据传输总线存储区，用于容纳接收和发送的信息。

由于 ECU 通过 CAN 总线控制器实现网络传输，因此 CAN 总线网络成为 ECU 输入的信
息来源，同时也是 ECU 的信息输出对象。

2. CAN 总线控制器

CAN 总线控制器由一块可编程芯片上的逻辑电路组成，实现通信模型中物理层和数据链
路层的功能，并对外提供与 ECU 的物理接口。通过对 CAN 总线控制器编程，可设置其工作
方式，控制其工作状态，进行数据发送和接收，以它为基础建立应用层。

目前，CAN 总线控制器可分为 CAN 总线独立控制器和 CAN 总线集成 ECU 两种。CAN
总线独立控制器使用灵活，可与多种类型的单片机、微型计算机的各类标准总线进行接口组
合；而 CAN 总线集成 ECU 在许多特定情况下，可使电路设计简化和紧凑，可靠性提高。

3. CAN 总线收发器

CAN 总线收发器提供了 CAN 总线控制器与物理总线之间的接口，是一个发送/接收放大
器。其中，发送器将数据传输总线构件连续的比特流（逻辑电平）转换成电压值（线路传输电

平），以适合铜导线上的数据传输；接收器将电压信号转换成连续的比特流，以适合 CPU 处理。

收发器通过 TX 线（发送导线）或 RX 线（接收导线）与数据传输总线构件相连，RX 线通过一个放大器直接与数据传输总线相连。

4．数据传递终端

数据传递终端是一个电阻器，可避免数据传输终了反射回来，产生反射波而使数据遭到破坏。不论何种情况，不同终端的等效电阻应小于 500Ω。双向总线的传输延迟时间与总线的时间常数有关，时间常数等于整个网络的电容值与等效放电电阻的乘积。

5．CAN 总线

CAN 总线上的数据没有指定接收器，数据通过数据总线发送给各 ECU，各 ECU 接收后进行计算。为了防止外界电磁波干扰和向外辐射，CAN 总线采用两条线缠绕在一起，两条线上的电位相反，若一条线的电压为 5V，另一条线的电压就为 0V，两条线的电压和总等于常值，如图 4-7 所示。通过此办法，CAN 总线将免受外界电磁场干扰，同时 CAN 总线向外辐射也保持中性，即无辐射。

图 4-7　CAN 总线数据传输线

4.3.2　数据传输原理

汽车一般装有多个 ECU，ECU 之间数据传输的主要差别在于数据传输频率。如发动机高速运转时，进行的是高频数据传输，每隔几毫秒就传输一次；而在低转速运转时，进行的是低频数据传输，每隔几十毫秒甚至几百毫秒才传输一次。

CAN 总线上的每个节点（ECU）都有自己的地址，连续监视着总线上发出的各种数据，当所收到的数据地址值与自身地址吻合时，该节点就获得令牌（一种通信规约，只允许唯一获得令牌的一个节点有权发送数据，以防止两个或两个以上的节点同时传输数据引起混乱），每一个节点都有机会获得令牌，完成数据传输。

以发动机为例，其电控单元向某电控单元的 CAN 总线收发器发送数据，则该电控单元的 CAN 总线收发器接收到由发动机电控单元传来的数据，转换信号并发给本电控单元的控制器。CAN 总线数据传输系统的其他电控单元收发器均接收到此数据，但是要检查判断此数据是否为所需要的数据，如果不是，将被忽略掉。

4.4　汽车 CAN 总线网络架构及其特点

汽车 CAN 总线网络架构一般有单路和多路两种网络架构形式。不管哪种架构，都主要由动力和传动控制系统、底盘和安全控制系统、车身和舒适控制系统、通信和信息娱乐系统以及诊断系统等组成，并随着汽车 CAN 总线网络的发展而扩展。

4.4.1　总线架构

某型汽车的 CAN 总线网络拓扑架构如图 4-8 所示。

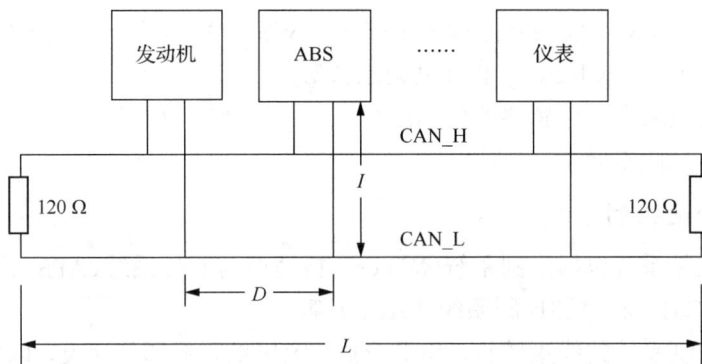

图 4-8　某型汽车的 CAN 总线网络拓扑架构

按照 J1939 的要求，CAN 总线线缆可以采用屏蔽双绞线，干线长度 L 应不超过 40m，在干线的两端各有一个 120Ω 的终端电阻；节点支线的长度 I 应尽可能短，允许的最大长度为 1m；两个节点间的距离 D 应该大于 0.1m，且节点在网络中的布置不能相同，即 D 和 I 的值应不同，以减小信号传输过程中的驻波。而对于 CAN 总线线缆的屏蔽层应使用低阻抗的导线，在电磁干扰最小的地方单点接地。如果屏蔽层多点接地的话，则由于接地点间的电压差，将导致屏蔽层形成电流回路，该回路容易耦合电磁干扰，因此，多点接地的屏蔽层反而起不到屏蔽作用，甚至比没有屏蔽层的线缆更不适合于 CAN 总线信号传输。

CAN 总线网络的容量是有限的，网络中的节点数目最多为 30 个。同时，为了保证 CAN 总线通信的及时性和可靠性，对 CAN 总线网络的负载率和错误帧率应作出规定，即通常负载率在 40%以下是较为良好的情况，最好不超过 60%，而错误帧率应在 15%以下。

4.4.2　汽车 CAN 总线网络的组成

汽车 CAN 总线网络架构按功能区分由基本 CAN 总线系统和网关组成。基本 CAN 总线系统有以下 5 类。

1. 动力和传动控制系统

常见的动力和传动控制系统包括：发动机控制系统（EMS）、自动变速控制系统（TCU）、制动防抱死系统（ABS）、缓速器控制系统（Retarder）；新能源汽车中还包括整车控制系统（VCU/HCU）、电机控制系统（MCU）和电池管理系统（BMS）等。

对于燃油发动机汽车，动力和传动控制系统利用 CAN 总线数据总线将发动机、ABS 及自动变速器的 ECU 连接起来，实现诸如车辆行驶、停车及转弯等功能。由于动力与传动控制系统 ECU 的固定位置比较集中，因此节点数量也有限制。总线可同时传递 10 组数据，即发动机 ECU 5 组、ABS ECU 3 组和自动变速器 ECU 2 组，以 500kbit/s 的速率传递数据，每一组数据传递大约需要 0.25ms，每个 ECU 7～20ms 发送一次数据。其顺序为 ABS ECU、发动机 ECU 和自动变速器 ECU。CAN 总线数据总线连接点通常置于 ECU 外部的线束中，在特殊情况下连接点也可能设在发动机 ECU 内部。

2. 底盘和安全控制系统

常见的底盘和安全控制系统有电子控制制动系统（EBS）、电子稳定控制系统（ESC/ESP）、空气悬架电子控制系统（ECAS）、车道偏离预警系统（LDWS）、360°全景影像环视系统（360环视）、夜视系统（NVS）、前向防撞预警系统（FCWS）、胎压监测系统（TPMS）、电动助力转向系统（EPS）、仪表（Cluster）和行驶记录仪等。

这些控制系统根据多个传感器的信息进行工作，因此使用的节点数多，要求系统通信速度快、可靠性高，且成本低。

3. 车身和舒适控制系统

车身和舒适控制系统包括雨刮系统（Wiper）、自适应前照灯系统（AFS）、遥控钥匙（RKE）、车身控制模块（BCM）和空调控制系统（ACS）等。

车身和舒适控制系统的线束较长，易受干扰，应尽量降低通信速度，以提高抗干扰能力。与性能（通信速度）相比，其一般更看重成本，目前多采用直连总线及辅助总线。

车身和舒适控制系统 CAN 总线数据连接中央 CAN 总线，空调、照明开关和自动诊断等控制功能。ECU 的各条传输线以星状形式汇集一点，某个 ECU 发生故障，其他 ECU 仍可发送各自的数据。

数据总线以 62.5 kbit/s 的速率传递数据，每一组数据传递约需 0.25 ms，每个 ECU 20 ms发送一次数据。由于车身和舒适控制系统中的数据可以用较低的速率传递，所以发送器性能比动力与传动系统发送器的性能要求低。

4. 通信和信息娱乐系统

通信和信息娱乐系统包括智能导航系统（NAV）、车联网车载终端、汽车影音系统、实时交通信息咨询系统、车辆定位系统和信息化服务系统等。

通信和信息娱乐系统通信总线具有容量大、通信速度高等特点。因此，通信和信息娱乐系统采用光纤取代以往使用的铜线。

5. 诊断系统

诊断系统指车载诊断设备 VDU、外部诊断设备及 OBD-II 车载诊断接口。OBD-II 车载诊断接口是内部总线与外部诊断设备通信的接口。

通常情况下，厂商会根据实际车型对上述基本 CAN 总线系统进行取舍、组合，网关可以集成在其他 ECU 中或作为独立模块存在，形成最终的汽车 CAN 总线网络架构。

4.4.3　CAN 总线节点规范

由于每个节点都会对网络造成影响，可能导致网络中的其他节点通信异常，因此，对于接入整车 CAN 总线网络的每个节点，都应规范节点的 CAN 总线物理层和数据链路层的相关参数。CAN 总线节点的测试框图如图 4-9 所示。

其中，DUT 为待测节点，CANoe 用来模拟网络中其他节点的发送/接收功能，CANstress 用来模拟待测节点受到的 CAN 总线干扰，CANscope 为总线示波器，能够检测 CAN 总线报文对应的波形等。物理层的常见测试项目如表 4-1 所示，数据链路层的常见测试项目如表 4-2 所示。

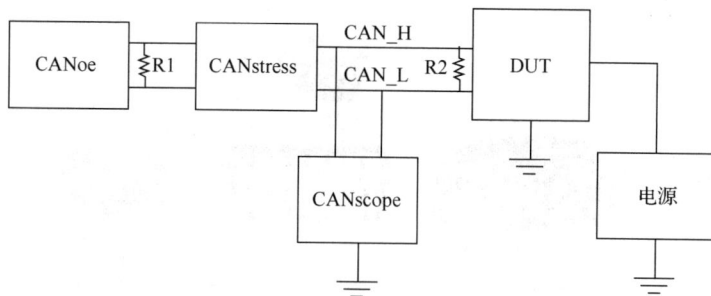

图 4-9　CAN 总线节点的测试框图

表 4-1　物理层的常见测试项目

测试项		最小值	额定值	最大值	备注
欠电压测试		—	18V	—	24V 系统
过电压测试		—	32V	—	24V 系统
显性位输出电压	V_{CAN_H}	3.0V	3.5V	4.0V	
	V_{CAN_L}	0.0V	1.5V	2.0V	
	V_{diff}	1.5V	2.0V	3.0V	
隐性位输出电压	V_{CAN_H}	2.0V	2.5V	3.0V	
	V_{CAN_L}	2.0V	2.5V	3.0V	
	V_{diff}	−0.12V	0.0V	0.05V	
跳变沿时间	t_R	200ns		500ns	
	t_F	200ns		500ns	
总线短/断路故障测试		—	—	—	故障时，报文发送停止；故障移除时，报文发送恢复
终端电阻测试		$R×0.95$	R	$R×1.05$	R 为规定值

表 4-2　数据链路层的常见测试项目

测试项	评判准则	备注
报文 DLC 测试	所有报文 DLC 应符合通信矩阵表中定义	
位元时间测试	$3\ 998ns \leqslant T_{bit} \leqslant 4\ 002ns$	波特率 250kbit/s
采样点测试	$75\% \leqslant 采样点 \leqslant 87.5\%$	
预期帧接收遍历	DUT 发送的所有 CAN 报文类型全部为扩展帧格式，接收到 ID 为 0x00000000～0x1FFFFFFF 之间的报文都能够正常通信，无错误帧产生	J1939 网络
非预期帧接收遍历	DUT 接收到 ID 为标准帧和远程帧的报文都能够正常通信，无错误帧产生	J1939 网络

4.4.4　几种常见的汽车网络架构

1.　单路网络架构

单路网络架构是指汽车上只有一路 CAN 总线系统的网络架构，由仪表直接连入动力和传动 CAN 总线形成，具体结构形式如图 4-10 所示。

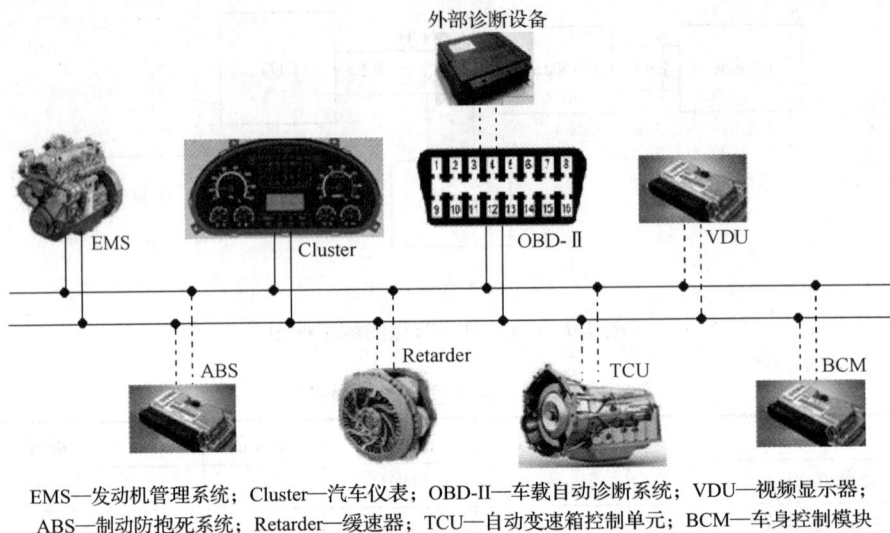

EMS—发动机管理系统；Cluster—汽车仪表；OBD-II—车载自动诊断系统；VDU—视频显示器；
ABS—制动防抱死系统；Retarder—缓速器；TCU—自动变速箱控制单元；BCM—车身控制模块

图 4-10　单路网络架构

注：图中的设备仅用于示例，受功能、成本等限制和各厂商使用模块情况的不同，采用虚线连接的模块不一定在实际架构中存在。

2. 多路网络架构

多路网络架构是实现全车负载由 ECU 控制的一种网络架构。根据应用不同，可以拓展形成不同类型的网络架构。

（1）基本多路网络架构

在单路网络架构中接入车身和舒适控制系统就形成基本多路网络系统，如图 4-11 所示，其中各设备的名称除标注的以外，与图 4-10 相同。

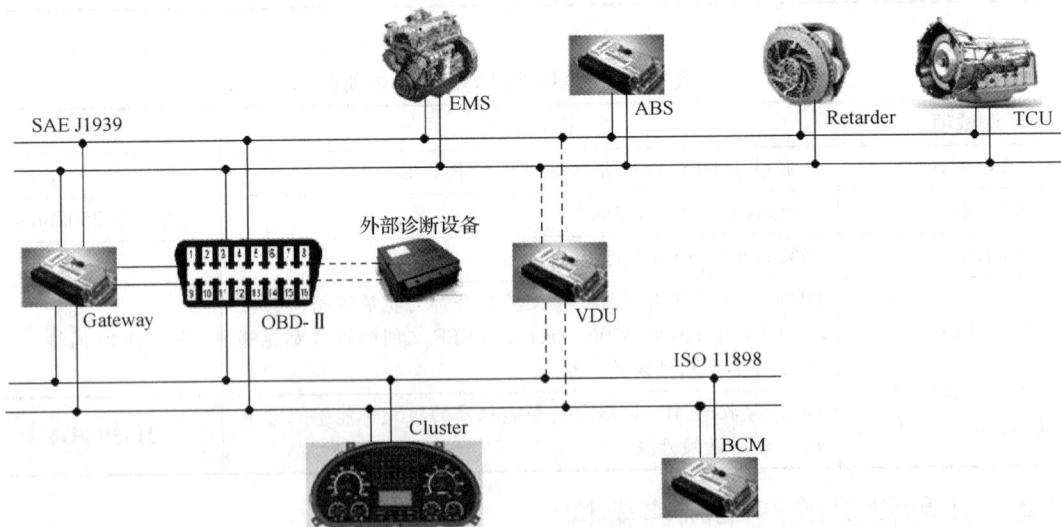

SAE J1939—目前在大型汽车中应用最广泛的应用层协定；Gateway—网关；
ISO 11898—符合国际标准 ISO11898 的 CAN 控制器局域网

图 4-11　独立网关的基本多路网络架构

注：图中的设备仅用于示例，受功能、成本等限制和各个厂商使用模块的情况不同，采用虚线连接的模块不一定在实际架构中存在。

网关模块可以采用独立存在的形式，但在实际架构中网关模块也可能集成在仪表或其他控制模块，这样的架构如图 4-12 所示，其中各设备的名称与图 4-10 和图 4-11 相同。

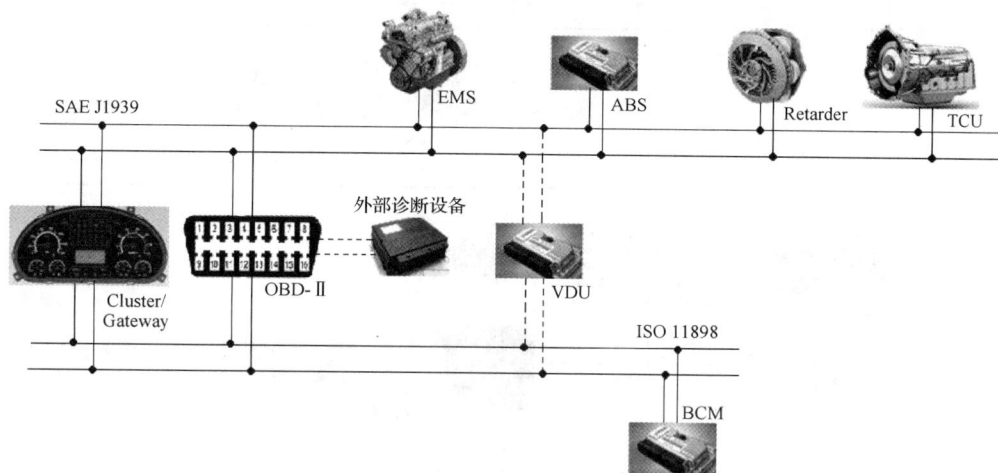

图 4-12　集成网关的基本多路网络架构

（2）基于车联网的多路网络架构

基于车联网的多路网络架构即在基本多路网络架构基础上增加了车联网车载终端，从而使车辆具备远程通信、远程运营管理和远程诊断等功能，如图 4-13 所示，其中各设备的名称与图 4-10 和图 4-11 相同。

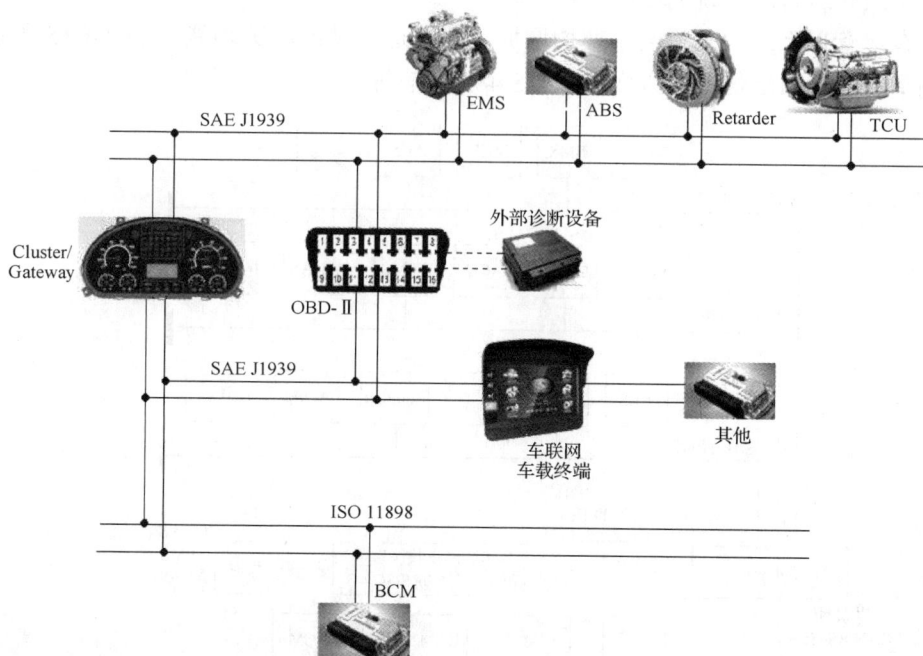

图 4-13　基于车联网的多路网络架构

（3）新能源汽车多路网络架构

适用于新能源混合动力或纯电动汽车的多路网络架构如图 4-14 所示，其中各设备的名称除标注的外，与图 4-10 和图 4-11 相同。

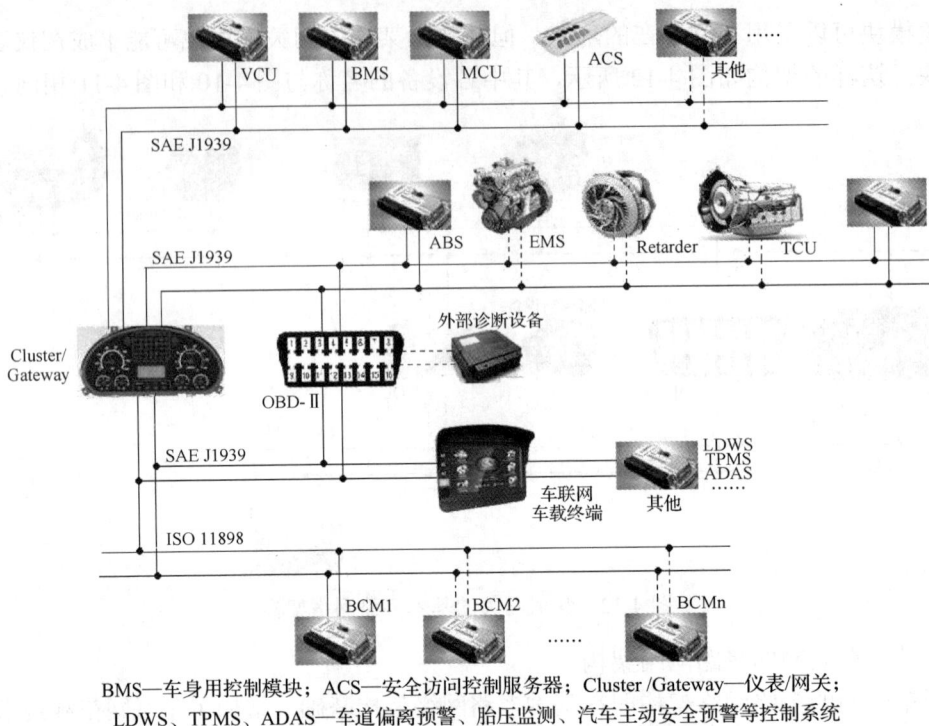

BMS—车身用控制模块；ACS—安全访问控制服务器；Cluster /Gateway—仪表/网关；
LDWS、TPMS、ADAS—车道偏离预警、胎压监测、汽车主动安全预警等控制系统

图 4-14　新能源汽车多路网络架构

（4）集成客运管理系统的多路网络架构

集成客运管理系统的多路网络架构增加了与客运管理的相关功能，如图 4-15 所示。该架构中增加了新的网络通信，如以太网及 RS 485 通信等。

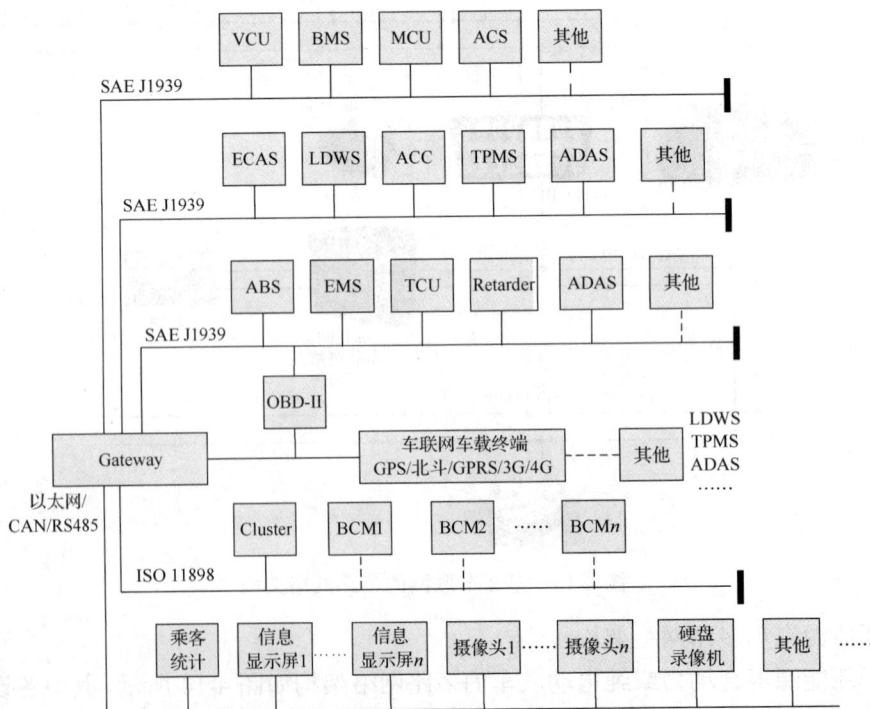

图 4-15　集成客运管理系统的多路网络架构

4.4.5　典型汽车的 CAN 总线网络拓扑结构

依据网络节点控制的目标、范围，以及各网络节点的特点、重要性、容错性和实时性，汽车厂商通常将整车网络划分为动力 CAN 总线和车身 CAN 总线；而部分品牌的车型还会根据某个网络上节点数量及零部件生产厂家的不同，进一步将车身 CAN 总线拆分成一些子网络。其中，动力 CAN 总线主要负责发动机、变速器等底盘动力系统，车身 CAN 总线主要负责车身电气、舒适性总成（如悬架等）和仪表等系统，动力 CAN 总线和车身 CAN 总线通过网关进行通信。网关一般采用独立网关，或在仪表或某个节点内集成网关功能。

图 4-16 为某国产典型中高档汽车的 CAN 总线网络拓扑结构。该 CAN 总线网络根据各个节点的特点、数据关联关系和总线负载情况，将整车网络分为动力 CAN 总线和车身 CAN 总线两大网络。其中，动力 CAN 总线网络包括：发动机、变速器、ABS/ASR、缓速器、发动机智能驱动控制模块、ECAS（汽车电子控制的空气悬架系统）、电子风扇控制系统、TPMS（轮胎压力监测系统）、仪表和信息服务系统等；车身 CAN 总线网络包括：车身前控模块、车身中控模块、车身后控制模块、空调控制器、总电源管理模块、车道偏离报警系统、自动大灯控制系统、全景环视系统、多功能转向盘、仪表和信息服务系统等。对于仪表和信息服务系统，还常常带有两路 CAN 总线，可分别接入整车 CAN 总线和车身 CAN 总线，以实现两路 CAN 总线数据的显示和远程诊断等功能。

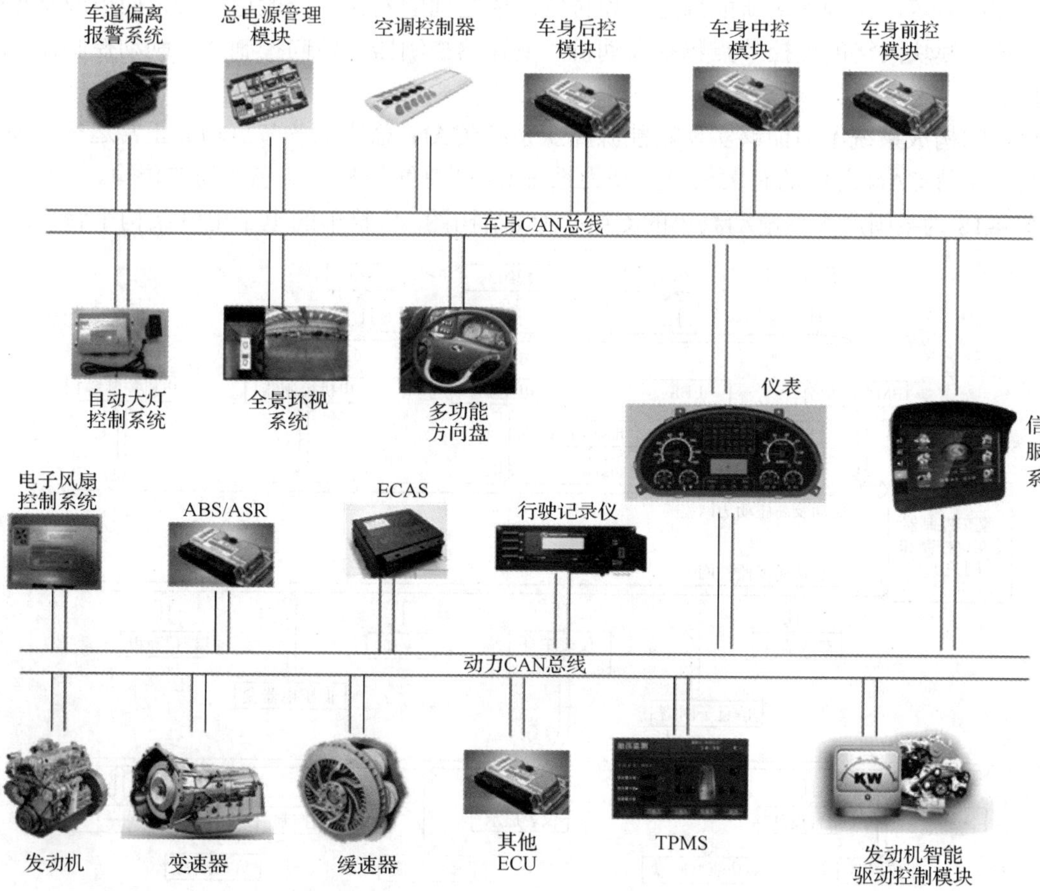

图 4-16　某国产典型中高档汽车的 CAN 总线网络拓扑结构

4.4.6 汽车网络系统的结构特点

在新能源汽车产品中，CAN 总线技术的应用由于受配置要求的影响，其结构和组成会有很大不同。以混合动力汽车为例，为追求功能的集约化，总线上要求接入发动机及驱动电动控制器，如图 4-17 所示。

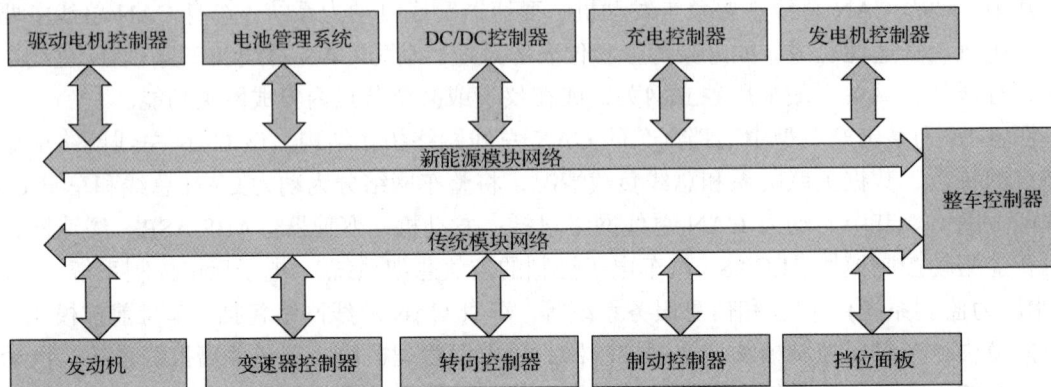

图 4-17 混合动力汽车的简单 CAN 总线网络结构图

新能源模块网络包括驱动电机控制器、电池管理系统、DC/DC 控制器、充电控制器、发电机控制器等。作为连接新能源总成和传统总成之间的网关，一般选取挡位面板或整车控制器。传统模块网络的电控节点包括发动机、变速器控制器、转向控制器、制动控制器、挡位面板等。

这样的构成系统不但能够实现新能源高压系统 CAN 总线上各节点功能正常运行，而且实现高压系统 CAN 总线的有关信息与动力系统 CAN 总线的相关信息之间的传输。

图 4-18 为某国产大型电动汽车的 CAN 总线结构图。从整车的电子电气架构平台角度考

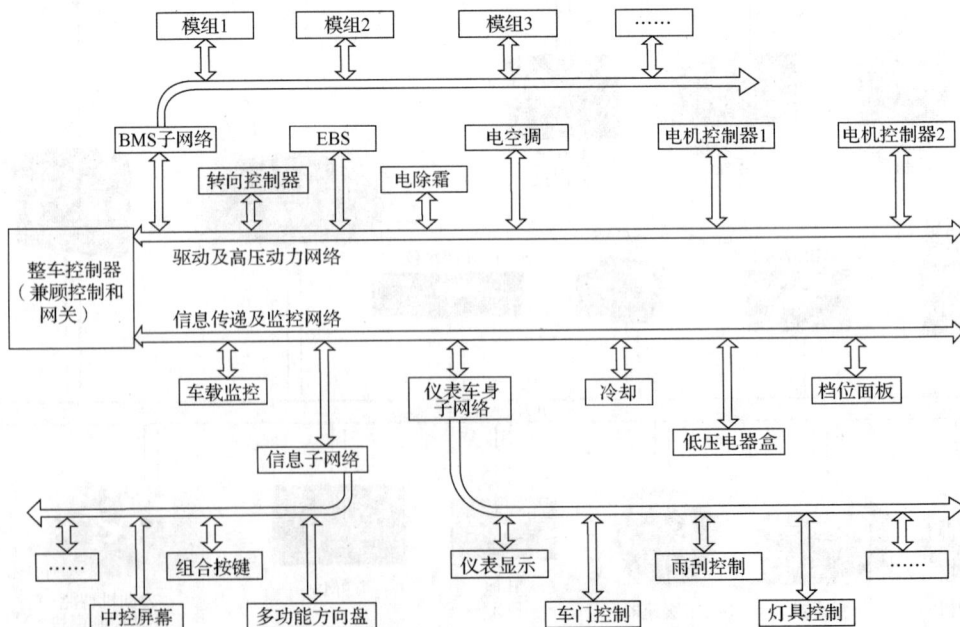

图 4-18 某国产大型电动汽车的 CAN 总线结构图

虑，整车 CAN 总线网络包含两大主干网络，驱动及高压动力网络、信息传递及监控网络；以及电池内部模块之间的管理子网络、仪表和车身及组合按键之间的子网络、信息交互辅助子网络等子网络。以中央控制器 ECU 统一管理电机控制器等动力管理单元控制器的同时，兼顾网络网关功能。

（1）驱动及高压动力网络：在这个网络上，主要有电池管理系统、多个电机控制器、转向控制器、空压机控制器、电子选挡器等节点。这些 CAN 总线网络节点的通信内容涉及动力系统控制和执行、整车运行安全等方面的节点，这就要求实时性、可靠性非常高的通信质量。

在这个网络上主要有电机控制信息的交互，整车控制模型上根据采集的车辆信息加以判断，控制转向的工作并时刻监控其状态。

系统实时监控电池管理系统的工作状态，在反馈故障信息时能够迅速处理，从而保证电池安全。

（2）信息传递及监控网络：在这个网络上，主要有车载监控、信息显示、冷却系统、低压电器盒等节点，特点是对可靠性的要求略低于整车控制、行车安全的要求，车辆的监控信息可以低频率高可靠的交互。同时整车控制器作为中央网关，将驱动及高压动力网络上的关键信息转发到这个网络上进行显示或者监控，电池的单体高低压信息、转向角度及状态等信息发送至驱动及高压动力网络，便于对车辆的信息进行直观便捷的监控，确保车辆安全行驶，以及正常的维护保养。

（3）仪表和车身及组合按键之间的子网络：主要是在主干网络上接收信息并在子网络中的仪表上显示，接收主干网络上的控制信息。在通信网络的子网络中，通过车身控制模块控制雨刮、灯具等部件执行；并把内部网络中的一些信息转发到主干网络中，对信息起到一个过滤和转发的作用。

（4）信息交互辅助子网络：主要是娱乐平台、中控设备、后续增加的人机界面等节点的信息交互，在处理机制上同仪表显示及车身模块子网络。

（5）电池内部模块之间的管理子网络：主要是电池管理系统内部的模块之间进行信息交互，在处理机制上同仪表显示及车身模块子网络。

4.5　CAN 总线控制单元

目前，车载 CAN 总线网络正在向整车网络化方向发展，将会有越来越多的系统拓展成 CAN 总线控制单元，加入到整车 CAN 总线网络中。这对汽车的驾乘体验、舒适性、安全性和节能环保等都将起到重要作用，同时也对整车 CAN 总线网络设计提出了更高的要求。

国产汽车因生产厂家和车型不同，CAN 总线网络系统的覆盖范围及实现功能都不尽相同，这也使得各厂家和不同车型的 CAN 总线网络架构及控制单元有所不同。

国产汽车常用的网络划分规则是将整车网络分为动力 CAN 总线和车身 CAN 总线两个网络，分别连接相应网络上 CAN 总线的各控制单元。

控制单元简称电控单元，亦称汽车电控单元、多路控制装置（英文缩写有 ECU、ECM 等）。早期的电控单元常根据需要，通过控制器自身电路采集不同传感器和开关量等信号，综合一定算法运算后输出给控制执行器和指示器等。随着 CAN 总线、LIN 总线等总线技术的发展，实现了不同控制器之间通过 CAN 总线、LIN 总线等总线共享传感器信息、计算结果和输出状态等。

常见 CAN 总线控制单元结构如图 4-19 所示。一般包含模拟信号、数字信号、电源信号的输入采集及处理、总线数据通信、逻辑运算和输出控制等。

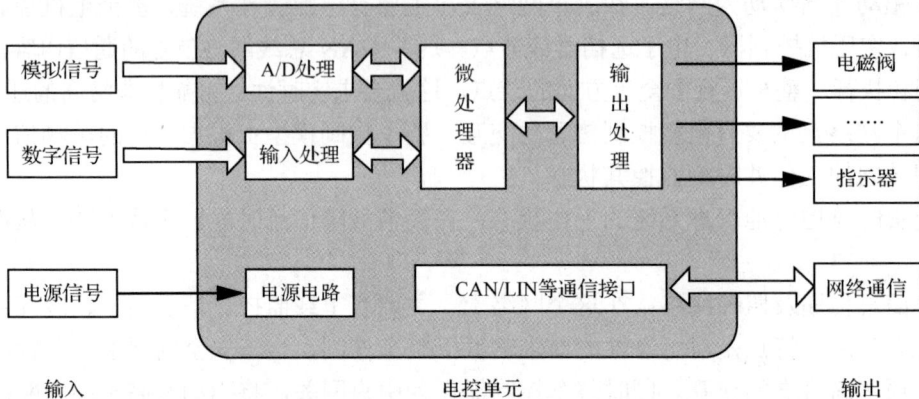

图 4-19　常见 CAN 总线控制单元结构

4.5.1　动力 CAN 总线网络单元

1. 发动机 ECU

大中型汽车的发动机都以柴油发动机为主，汽油发动机主要装备在部分轻型汽车上。对于柴油电控发动机，一般由传感器、电控单元 ECU、电控燃油系统（电控单体泵/高压共轨系统）和线束组成。其中，电控单元 ECU 主要负责传感器数据采集、发动机功能（如启动、怠速、驾驶性控制、扭矩限制、喷油定时调整、燃油温度补偿、各缸均匀性及冷启动辅助控制等）、发动机保护功能和整车功能（如发动机排气制动、最大车速限制、巡航功能及空调怠速提升等），其常用的通信接口有 ISO 9141 接口（K 线）、CAN 总线接口（采用 SAE J1939 标准）。CAN 总线接口主要用于不同电控单元之间的通信，包括数据交互、读出测量参数值和计算值、喷射限制、发动机制动操作、降低性能操作、输入默认值或性能特征量等功能。

2. 驱动电机 ECU

驱动电机 ECU 的总体结构由外壳及冷却系统、功率电子电源、控制电路、底层软件和控制算法组成。

驱动电机 ECU 两大组成部分为硬件电路和软件算法。驱动电机 ECU 的硬件电路主要包括中央控制器模块、功率变换器模块、驱动器及相应传感器组成。软件算法部分可以分为状态控制、矢量算法、请求转矩和诊断模块。

3. 电池管理系统

电池管理系统（BMS）是连接车载动力电池和电动汽车的重要纽带。它的主要功能是通过检测和管理蓄电池，对荷电状态（SOC）、健康状态（SOH）和功能状态（SOF）进行快速、实时的检测，并且提供必要的信息，保证电池能够保持在最佳的工作状态，延长电池寿命，并将电池的实时信息传输给子系统，为系统整体策略提供数据依据。

BMS 采用中央控制单元和本地控制结构，从控模块主要用于监控实时信息，具体参数有单体电池电压、母线电流、实时温度、SOC 等；主控模块用来进行数据计算、SOC 评估和通信响应动作。为了达到系统整体把控和局部响应的目的，采用 CAN 总线传输数据。

4. 电子风扇控制系统

电子风扇控制系统亦称"智能冷却控制系统"，其在对大型汽车发动机温度精确控制方面进行大量研究工作的基础上，结合发动机热平衡、散热器热传递等关键特性，通过驱动电子风扇等部件实现对发动机冷却液水温及中冷后气温的精准控制，从而确保发动机能够工作在高效节能的温度范围内。该系统通过 CAN 总线获取发动机工作状态，并可通过 CAN 总线接收远程信息服务系统的优化控制指令，同时将控制状态通过 CAN 总线回传给远程监控系统，以达到系统整体状态最优化运行。电子风扇控制系统的采用，对车辆节能、减排、降噪等都有显著的效果。该系统一般包括冷却水箱、中冷器、电子风扇和控制器，有的系统还会接入车联网，根据管理需要进行远程控制调节。图 4-20 所示为典型电子风扇控制系统原理，图 4-21 所为电子风扇控制系统的主要组成。

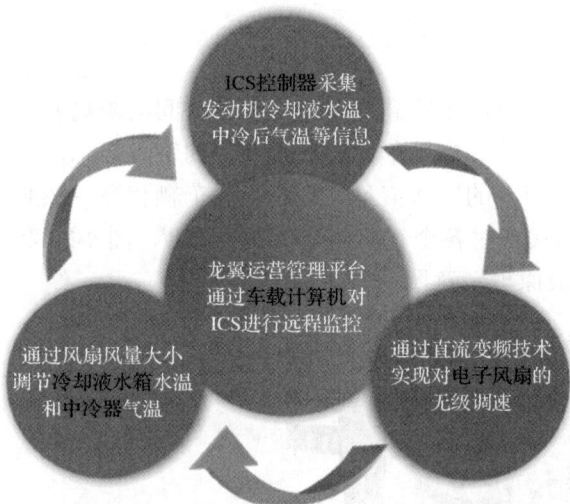

图 4-20　典型电子风扇控制系统原理图

图 4-21　电子风扇控制系统的主要组成

5. 发动机智能驱动控制系统

典型的发动机智能驱动控制系统为厦门金龙联合汽车工业有限公司推出的"金龙智慧驱动控制系统"，该系统能够根据车辆运行线路的特点自动调整控制发动机喷油参数，实现动态车辆与运行线路工况的匹配，并最终实现节油的目标。金龙智慧驱动控制系统的工作原理是，通过 CAN 总线收集车辆运行数据并回传给后台计算中心，计算中心结合车辆的运行线路特点，下发调节控制发动机参数给智能控制驱动模块，而智能驱动控制模块则通过 CAN 总线

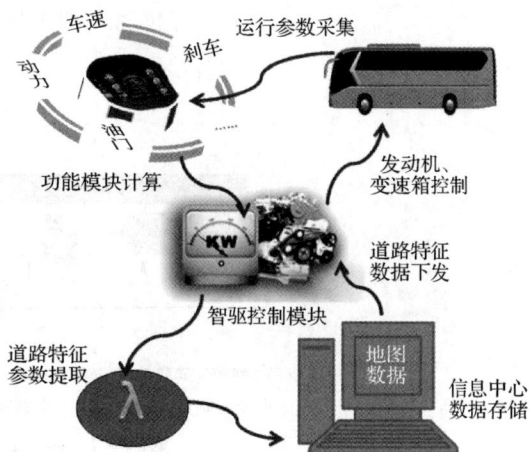

图 4-22　金龙智慧驱动控制系统工作原理示意图

控制发动机的运行状态。图 4-22 为金龙智慧驱动控制系统工作原理示意图。

6. 变速器电控单元

汽车上常用的变速器有机械变速器（Manual Transmissions，MT）、机械式自动变速器（Automated Manual Transmissions，AMT）和自动变速器（Automatic Transmissions，AT）。其中，机械变速器没有电控单元，无相应通信接口；而机械式自动变速器和自动变速器则有电控单元，其电控单元通过 CAN 总线与发动机等的电控单元通信，根据车辆行驶工况（车速、发动机转速、发动机扭矩等）和驾驶员的驾驶意图（加速踏板、换挡控制杆操作等），按照设定的换挡规律，选择合适的挡位和换挡时机，控制换挡执行机构的换挡动作。

7. 汽车电子控制空气悬架系统

汽车电子控制空气悬架系统（ECAS）由电控单元、电磁阀、高度传感器和气囊等部件组成。采用 ECAS 具有如下优点。

① 由于较小的弹簧刚度和较低的固有频率而增加了驾驶和乘坐的舒适性。

② 可保持路面和车身间的距离恒定。

③ 具有车身高度下降功能，提高了乘客上下车方便性。

④ 减少了车辆行驶中的空气消耗。

ECAS 的基本工作原理是：高度传感器负责检测车辆高度（车架和车桥间的距离）的变化，并把这一信息传递给电控单元，除高度信息外，电控单元还接收其他的输入信息，如车速、制动、车门和供气压力等信息，然后综合所有的输入信息，判断当前车辆状态并按照其内部的控制逻辑，激发电磁阀工作，由电磁阀实现对各个气囊的充、放气调节。图 4-23 和图 4-24 所示分别为 ECAS 的实物和基本系统组成原理示意图。

图 4-23　ECAS 实物

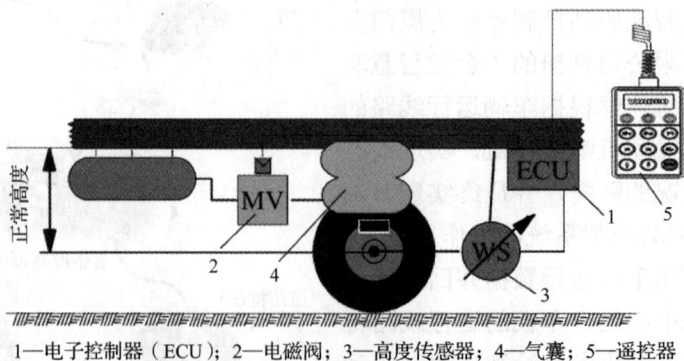

1—电子控制器（ECU）；2—电磁阀；3—高度传感器；4—气囊；5—遥控器

图 4-24　ECAS 基本系统组成示意图

4.5.2 车身 CAN 总线网络节点

1. 新型车身控制模块

不同厂家针对不同的功能和成本，常有不同的车身 CAN 总线控制系统解决方案。采用较多的车身控制系统有"单仪表"和"仪表+ 一个或多控制模块"等方式。新型车身控制模块同最早出现的控制模块在形式上有较大差异。早期的车身控制模块采用的是固化了的控制接口，这会导致系统需要增加新的功能时常常需要重新设计控制模块；而新型车身控制模块则设计了更多通用的输入/输出接口，可根据不同车型应用需要进行映射，按照需求功能的多少增加控制模块的数量。典型的新型车身控制系统方案由仪表、主控模块（主站）、前从控模块（前从站）、顶从控模块（顶从站）和后从控模块（后从站）等组成，在车上的布置如图4-25 所示。其中，仪表主要负责信息显示，包括转速、车速和水温等；主控模块主要负责各从控制模块的逻辑功能分配与管理；前从控模块主要驱动车辆前部的灯光、车门和开关采集等；顶从控模块主要驱动汽车顶部灯光、换气扇、显示器等及门开关信息的采集；后从控模块主要驱动汽车后部灯光、电磁阀及传感器等信号的采集。

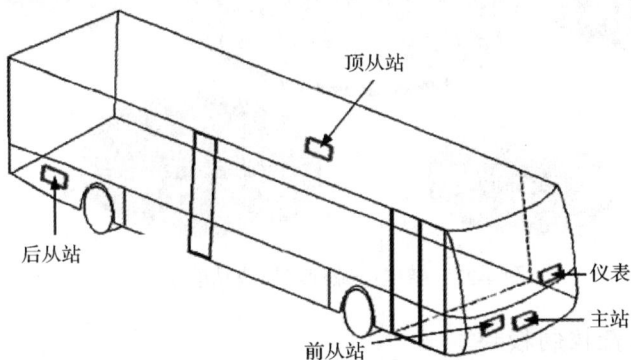

图 4-25 新型车身控制系统布置示意图

2. 带 CAN 总线空调系统

汽车空调系统增加 CAN 总线功能是一大进步。相比非 CAN 总线空调，具有 CAN 总线空调系统可以与发动机运行状态和车上供电状态结合，更加合理地控制空调系统运行，在一定程度上可保护空调系统相关部件，提高空调运行效率。同时，CAN 空调系统可以将车内空气环境状况、空调系统工作状态及故障信息通过 CAN 总线发送给远程信息服务系统，并接受远程信息服务系统的管理控制，实现对空调及整车空气环境的管理需求。CAN 总线空调系统的控制器一般包括两部分，即驾驶区操作面板和空调执行控制器，如图 4-26 所示。

3. 总电源智能管理模块

开关电器盒在整车电气系统中处于关键地位。传统的开关电器盒由继电器、保险丝及一些简单的控制逻辑输入输出组成，当车辆发生蓄电池馈电故障、发电机充电故障和动力链严重故障等情况时，传统电源管理系统无法真正、全方位地起到连接、控制和保护上述关键设备的作用。面对这样的问题，金龙汽车率先批量使用了带 CAN 总线的智能电源管理模块，在该系统中引入带 CAN 总线的智能 ECU，实现了更好地将整车电源系统状态通过 CAN 总线共享到整车网络、使得不同系统可以根据需要做出调节和优化整车电源使用的功能。智能电源管理模块功能示意图如图 4-27 所示。

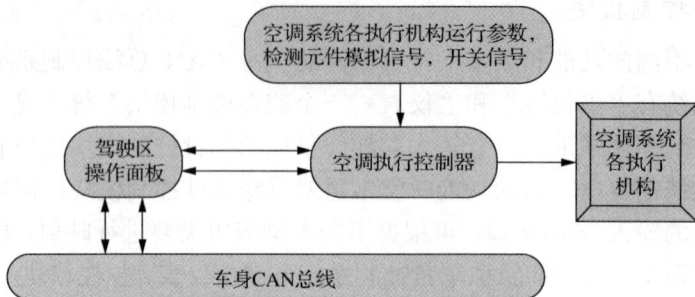

图 4-26　CAN 总线空调系统组成示意图

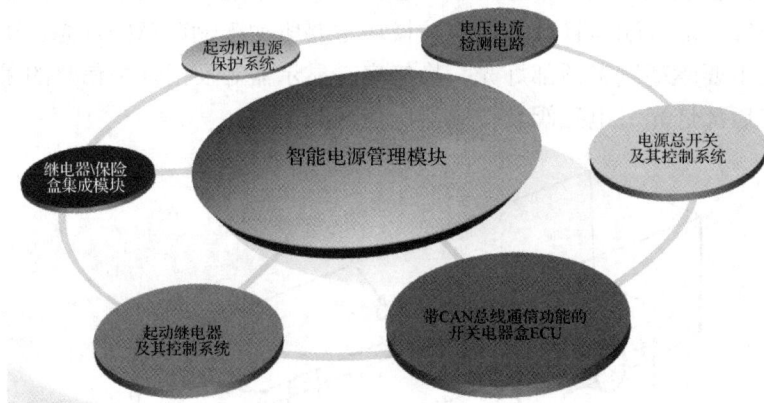

图 4-27　智能电源管理模块功能示意图

4. 多功能转向盘控制模块

多功能转向盘在常规转向盘基础上增加了智能 CAN 总线节点模块，即在其上设置了多个按键及转向盘振动等功能，同时增加了 CAN 总线通信。汽车厂可以将驾驶员常用的功能按键，如车门开关、公交车报站等集成在转向盘上面。多功能转向盘控制模块可以将转向盘上集成的按键状态发送给影音控制系统等，让相应系统响应控制。增加了该模块后，汽车驾驶员能更直接感受到现代汽车在细节设计上的人性化。

5. 信息服务系统

得益于汽车 CAN 总线网络的发展，信息服务系统（车联网系统）可以发挥更大的优势。信息服务系统主要收集汽车 CAN 总线网络上的信息，并传送给后台管理中心，同时可以接收后台管理中心的命令，转发给相应 CAN 总线网络节点，从而使得车身网络功能得以进一步延伸，为乘员提供更多增值服务。

6. 全景环视系统

带 CAN 总线的全景环视系统通常会从 CAN 总线上获取转向信号，根据转向切换放大不同画面，使得有限的屏幕内能够更清楚地显示出车辆周围的重要信息。

7. 车道偏离预警系统

车道偏离预警系统（LDWS）通过安装在车辆前挡风玻璃内侧的摄像头实时检测道路环境，实现对前方可见道路交通标线的准确识别。同时，车内 LDWS 控制器结合 CAN 总线上获取的车辆运行数据，预估出车辆前轮与道路交通标线间的距离、偏离速度并做出车道偏离决策，当偏离量接近危险值时，报警信息将通过视觉（翘板开关）、听觉（喇叭）及触觉（振动靠垫）等形式告知驾驶员。其系统组成如图 4-28 所示。

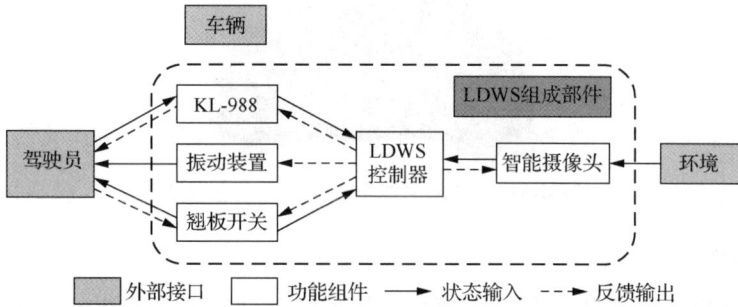

图 4-28　车道偏离预警系统组成示意图

8. 自动大灯控制系统

自动大灯控制系统通过在挡风玻璃位置安装的光感传感器感知光线强弱，实时判断外界环境的明暗变化，自动开启或者关闭大灯。采用该控制系统降低了驾驶强度，提高了行车安全。自动大灯控制系统由光感传感器、切换开关和控制器等组成。自动大灯控制系统的控制原理和组成如图 4-29 和图 4-30 所示。

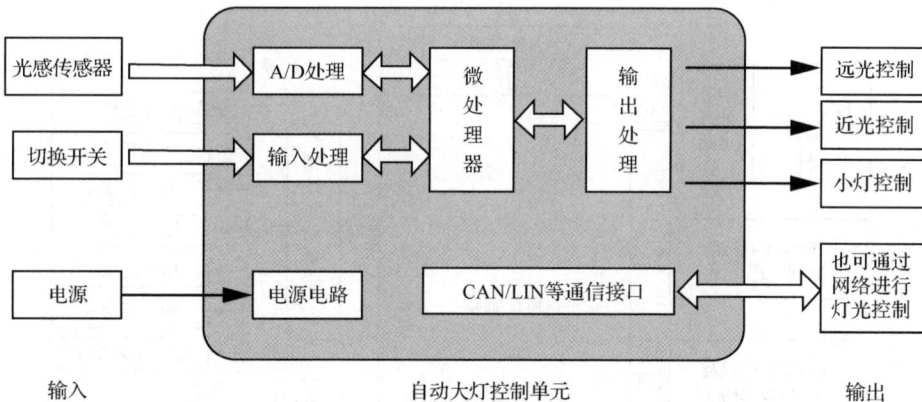

图 4-29　自动大灯控制系统原理框图

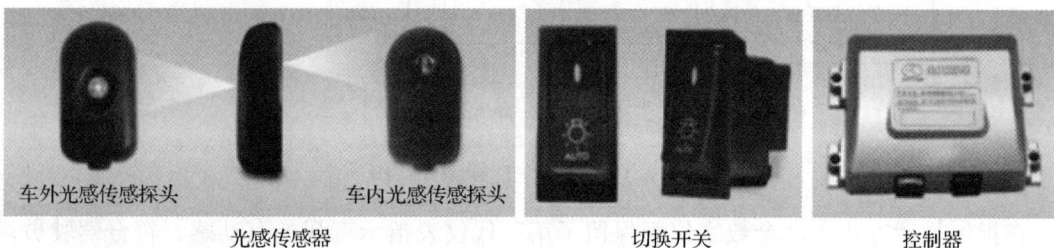

图 4-30　自动大灯控制系统组成

4.5.3 全数字仪表

CAN 总线全数字式电动汽车仪表（见图 4-31），尤其是步进电机式电动汽车仪表显示装置（组合式全数字仪表），克服了传统仪表（通常是机械和电磁式模拟仪表）的显示信息过少、精度不高，已无法满足现代电动汽车要求功能等缺陷，在当今乃至未来一段时间内将成为电动汽车显示装置的主导技术和发展方向。

图 4-31　CAN 总线全数字式电动车仪表

1. 总体结构

CAN 总线全数字式电动汽车仪表解决了目前广泛使用的模拟电子式电动汽车仪表存在的不足，彻底放弃了"动圈式"和"动磁式"模拟电子式电动汽车仪表通过线包与磁钢间产生电磁转矩驱动指针的工作方式，基于步进电机和 CAN 总线控制技术，以微控制器为核心，通过 CAN 总线实现整车网络的实时数据通信，完成车辆运行工况的数据采集，经运算处理后由步进电机驱动指针，在仪表盘内以指针方式和 LCD/LED 数字显示被测物理量，其硬件结构如图 4-32 所示，CAN 总线全数字式电动汽车仪表电路结构图如图 4-33 所示。

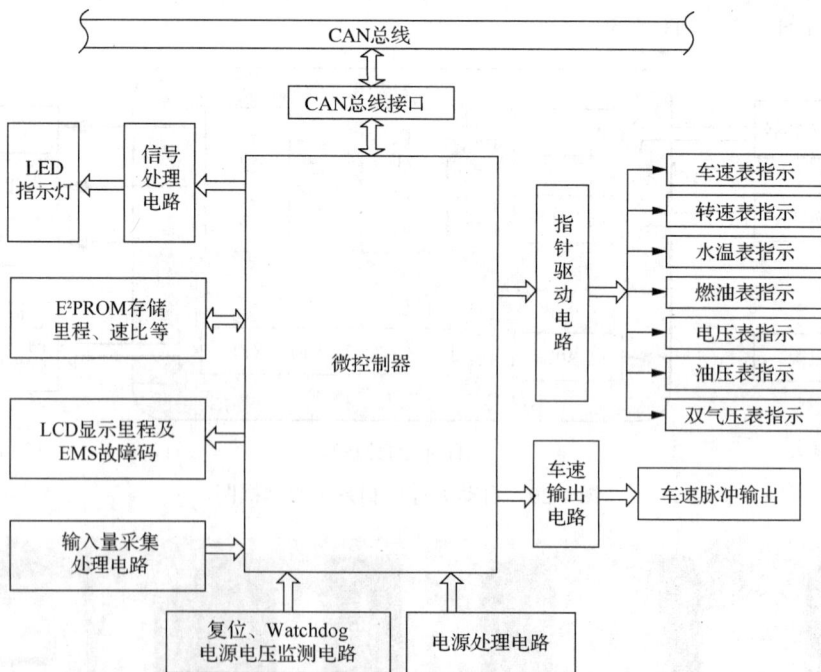

图 4-32　全数字仪表硬件结构

在指示显示方式上，全数字仪表保留了第三代仪表指示直观、有动感、符合驾驶员习惯等特点，其软件控制流程图如图 4-34 所示。

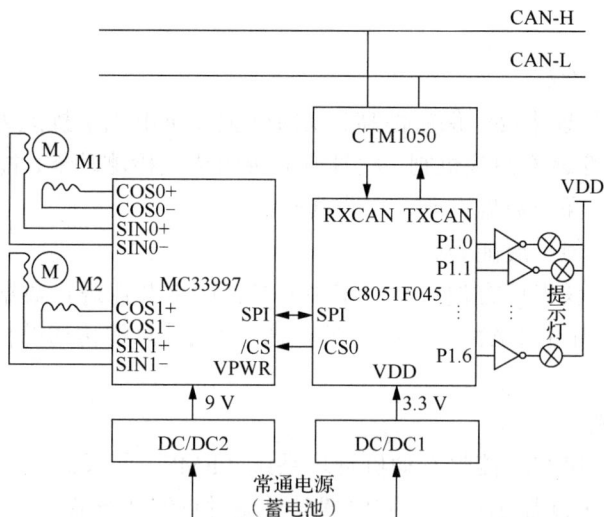

图 4-33　CAN 总线全数字式电动汽车仪表电路结构

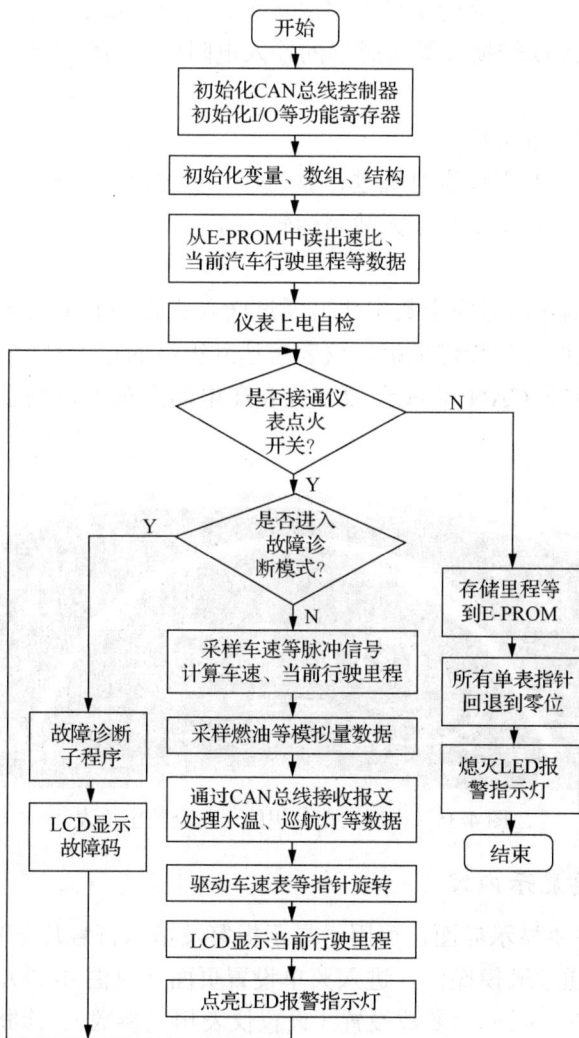

图 4-34　全数字仪表软件控制流程图

2. 功能特点

（1）数据传输可靠性高

CAN 总线具有通信速率高、保密性高、实时性强和抗电磁干扰能力强等诸多特点。由于 CAN 总线采用非破坏性逐位仲裁机制，故具有完善的错误检测功能，能够检测出通信过程中产生的错误信息，可以保证数据准确、可靠传输。

（2）信息共享，功能扩展能力强

通过 CAN 总线，仪表可方便地与整车中的其他网络节点进行数据交换，从而达到信息共享的目的。整车系统中的 CAN 总线网络节点通过 CAN 总线传送的信息，可以方便地进行功能扩展。

（3）实时故障诊断

通过 CAN 总线，可实时接收发动机管理系统（EMS）等发送的故障诊断信息，并将故障代码显示在仪表的 LCD 显示屏上，方便驾驶员随时查看和维修。

（4）数据采集精确

由于仪表使用了高效、可靠的采样电路采集车辆信息，如利用输入捕捉计算脉冲输入信号的周期和脉宽，利用 A/D 转换计算传感器的输入电阻值等，故可使采集到的信息更加精确、可靠。

（5）单表驱动技术先进可靠

各单表指针采用汽车专用步进电机进行驱动，且步进电机在设计上使用高级铁磁材料和特种耐磨塑料，寿命长，可实现长期无故障运转。

（6）指示精度高

采用全数字方式（输入信号完全数字化），通过嵌入式软件的主控制芯片对数据进行处理，配合指示精度高、一致性好的步进电机，仪表可达到很高的指示精度。

基于以上特点，目前 CAN 总线全数字仪表在电动汽车上得到了普遍应用，如图 4-35 所示。

图 4-35　电动汽车使用的一款全数字仪表

3. 显示屏及主要显示内容

显示屏为仪表的主要显示界面，可用于显示报警及指示符号片、里程、电压、时间等信息，如图 4-36 所示。通过触摸操作，进入菜单设置页面（见图 4-37），驾驶员可方便地进行时间设置（设置仪表实时时钟）、参数设置（设置仪表相关参数）、诊断（显示仪表管脚状态）及信息查看（显示油耗、电池舱温、电动汽车故障码等）。

图 4-36　显示屏主页面

图 4-37　菜单设置界面

练习与实训

一、名词解释

1．CAN 总线

2．SAE

3．通信机制

4．J1939

5．多路网络架构

二、填空题

1．CAN 总线的主要特点有_____、_____、_____、_____、_____、_____和_____。

2．CAN 2.0B 总线协议物理层定义了 CAN 总线的_____和_____，规定了使用的接插件_____、_____等机械特性，总线线缆上各条线的电压范围及电平的逻辑含义，实现网络中_____之间的电气连接。

3．报文传输时有 4 种不同类型的帧：_____、_____、_____、_____。以此控制和驱动直流电机运行。

4．J1939 使用扩展帧格式定义了_____，即为每个节点规定了唯一的_____，并将源地址映射到 CAN 总线标识符中。

5．网络层定义了网段之间的_____，当同时存在不同传输速度或使用不同传输介质的多个网段时，必须有至少一个网_____提供从一个网段到另一个网段的报文传递功能，具体包括_____、_____、_____、_____和协议转换等。

三、选择题

1．不属于新能源汽车的 CAN 总线内容是（　　　　）。

A．发动机　　　　B．ABS 控制　　　　C．电机控制　　　　D．传动轴

2. 不属于汽车 CAN 总线网络架构的是（　　　）。
    A．安全控制系统 　　　　　　　　B．传动控制系统
    C．通信和信息娱乐系统 　　　　　D．汽车可靠性

3. 不属于动力和传动控制系统的是（　　　）。
    A．电机控制系统 　　　　　　　　B．噪声低
    C．电池管理系统 　　　　　　　　D．整车控制系统

4. 不属于 CAN 总线网络拓扑结构的是（　　　）。
    A．动力 CAN 总线 　　　　　　　B．车身 CAN 总线
    C．网关 　　　　　　　　　　　　D．产生旋转磁场

5. 不属于车身 CAN 总线控制的是（　　　）。
    A．交流电转换成直流电 　　　　　B．CAN 总线空调
    C．电子风扇控制系统 　　　　　　D．ABS/ASR

四、问答题

1. OSI、CAN 2.0B 和 J1939 三者之间有怎样的关系？

2. CAN 总线的基本组成有哪些？

3. 电机驱动 EDU 与 CAN 总线有怎样的关系？

4. CAN 总线数据传输线的结构是怎样的？

5. 汽车 CAN 总线网络架构的特点是什么？

五、实训题

针对一辆具体的电动汽车，完成以下工作。

1. 绘制 CAN 总线控制构架。
2. 了解学习该电动汽车的通信协议的规定。

实训报告

实训题目	CAN 总线控制构架				
学生姓名		班级		学号	
实训地点		学时		日期	
实训结果					
绘制 CAN 总线控制构架					
说明其含义					

续表

实训心得			
指导教师		成绩	

新能源汽车驱动系统是由多个子系统构成的一个复杂系统，主要包括电池、电机、制动等动力系统以及其他附件。各子系统几乎都通过各自的控制单元（ECU）来完成自身的功能和目标。

为了满足整车动力性、经济性、安全性和舒适性的目标，一方面新能源汽车驱动系统必须具有智能化的人车交互接口；另一方面，各系统还必须彼此协作，优化匹配，这项任务需要由控制系统中的整车控制器来完成。

动力驱动主模块主要由整车控制器、电机控制器、电机和机械传动装置等组成。由于加速踏板、制动踏板等对于汽车驾驶员来说，是十分熟悉和习惯使用的操纵装置，故为适应驾驶员的传统操纵习惯，新能源汽车仍保留了加速踏板、制动踏板及有关操纵手柄或按钮等。不过新能源汽车是将加速踏板、制动踏板的机械位移量转换为相应的电信号，输入到整车控制器来对汽车的行驶进行控制的。对于挡位变速杆，为遵循驾驶员的传统习惯，一般仍需保留并且以开关信号传输，同样，除了传统的驱动模式以外，新能源汽车只保留了前进、空挡和倒退三个挡位，并且以开关信号的形式传输到中央控制单元来对汽车进行前进、停车和倒车控制。

本章内容及要点

5.1　整车控制器功能定义

新能源汽车在运行过程中，应用层控制软件通过判断底层信号的输入需求，来进入相应的工作模式。加速踏板位置、制动踏板位置、电机状态、电池状态、车速、温度等信号是软件控制运行的基础，依此来进行高压上下电管理、挡位判断、驾驶需求扭矩的计算、电机工作指令设置、电动附件的控制、能量管理、仪表显示、外接充电等。实时性要求较高的任务则由相应的中断程序执行，主要包括数字及模拟信号采集、脉冲捕捉、CAN 总线信息发送、故障存储等。高层功能模块与底层功能模块通过 RAM 交换信息。数字及模拟信号采集、CAN 总线定时发送、CAN 总线中断接受和应用层控制管理等不同任务均按各自的执行频率独立运行。

纯电动汽车整车控制系统的组成如图 5-1 所示。

从图 5-1 中可以看出，纯电动汽车整车控制系统主要包括整车控制器、采集驾驶员信息的加速踏板和制动踏板、电机控制器以及能源管理系统。

纯电动汽车整车控制系统可分为三层，其系统分层结构如图 5-2 所示。整车控制的最底层是执行层，执行层里包含电池组系统、电机系统以及其他部件。它们的作用就是准确响应中间层发来的指令。中间层是协调层，是纯电动汽车的"大脑"，也就是纯电动汽车的核心层。这一层主要有纯电动汽车的整车控制器（VCU），它的作用一方面是获得驾驶员的操作意图，

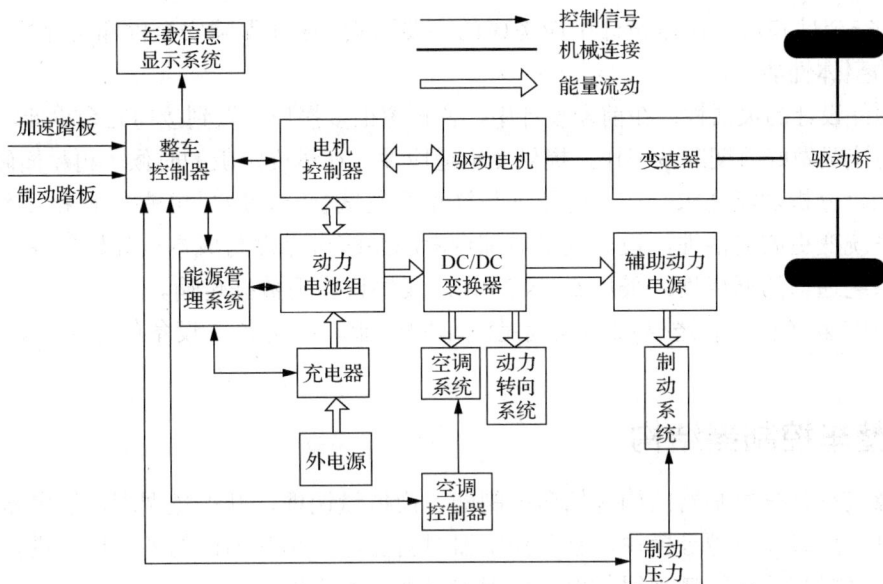

图 5-1 纯电动汽车整车控制系统的组成

另一方面是根据驾驶员和执行层当前状态，协调控制将命令输出给执行层。最高层就是组织层，包括一些驾驶员操作信息等。

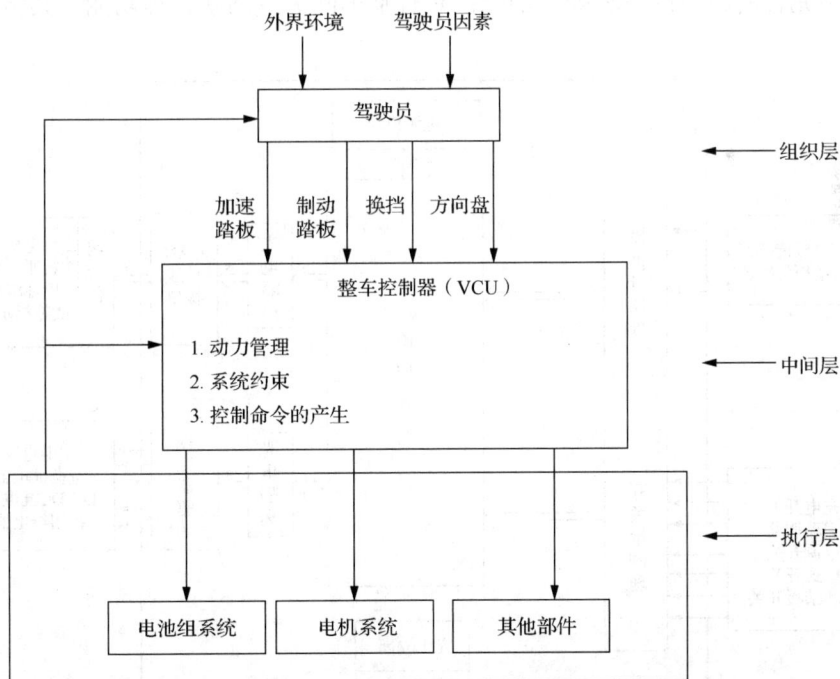

图 5-2 纯电动汽车整车控制系统分层结构

为了满足纯电动汽车的性能要求，整车控制器作为纯电动汽车控制系统核心部件，其设计必须符合如下的设计原则。

（1）必须优先考虑整车系统的安全性和可靠性：安全性和可靠性不仅是控制器的设计原则，也是纯电动汽车的设计原则，只有保证整车的安全性及可靠性，整车的设计才有意义，才有价值。安全性和可靠性是设计中应考虑的必要因素，应在保障安全性和可靠性的前提下，改善汽车的整体性能。

（2）硬件设计的灵活性：在前期设计中，要预留很多接口，做到接口冗余设计，为接下来可能出现的情况做好前期准备工作，提供变更适应性，在最终定版的时候，再精简硬件系统。

（3）综合分析功能需求：在功能验证与样车开发试制时，应尽可能多地采用软件实现，以便增加系统变更的灵活性，设计定型后综合考虑系统可靠性与成本设计软硬件。

（4）系统通信的通用性：采用 CAN 2.0B 总线协议实现数据传输。

（5）控制策略和控制逻辑应尽量满足汽车的性能，控制各个设备的稳定性、安全性和可靠性。

5.1.1　整车控制器结构

新能源汽车整车控制器结构包括微控制器、模拟量调理、开关量调理、继电器驱动、高速 CAN 总线接口和电源等模块。整车控制器对新能源汽车动力链的各个环节进行管理、协调和监控，以提高整车能量利用效率，确保安全性和可靠性。

新能源汽车整车控制器采集驾驶信号，通过 CAN 总线获得电机和电池系统的相关信息，进行分析和运算，通过 CAN 总线给出电机控制和电池管理指令，实现整车驱动控制、能量优化控制和制动回馈控制。新能源汽车整车控制器还具有综合仪表接口功能，可显示整车状态信息；具备完善的故障诊断和处理功能；具有整车网关及网络管理功能。其结构原理如图 5-3 所示。

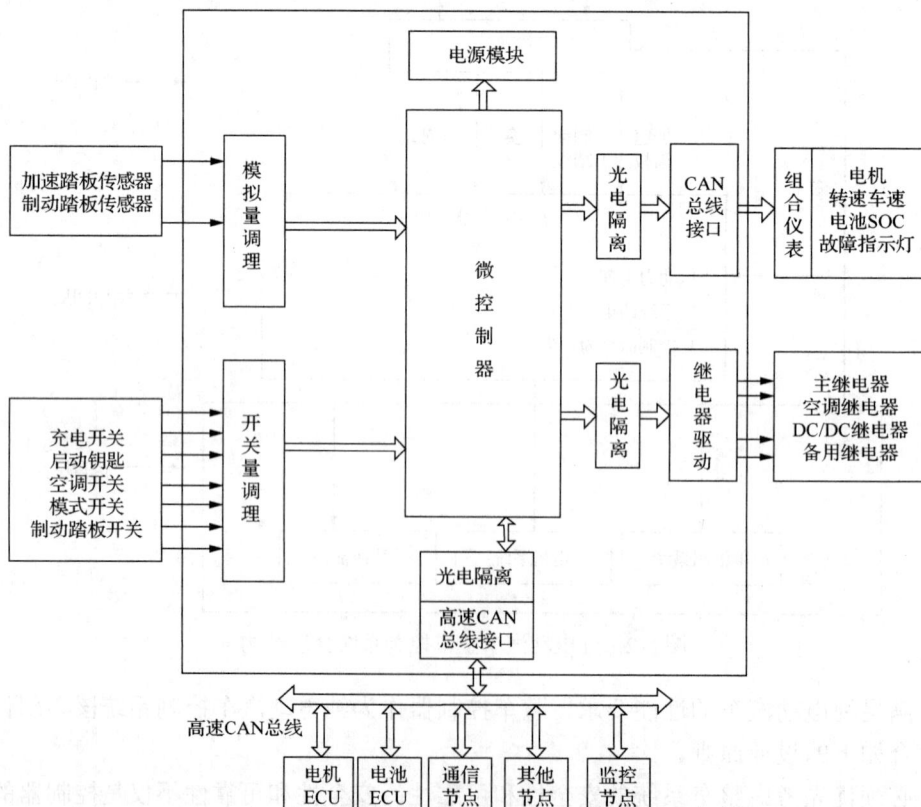

图 5-3　新能源汽车整车控制器结构原理图

下面对开关量调理模块、继电器驱动模块、高速 CAN 总线接口模块、电源模块、模拟量调理模块的功能进行简要说明。

1. 开关量调理模块

开关量调理模块用于开关输入量的电平转换，其一端与多个开关量传感器相连，另一端与微控制器相接。

2. 继电器驱动模块

继电器驱动模块用于驱动多个继电器，其一端通过光电隔离器与微控制器相连，另一端与多个继电器相接。

3. 高速 CAN 总线接口模块

高速 CAN 总线接口模块用于提供高速 CAN 总线接口，其一端通过光电隔离器与微控制器相连，另一端与系统高速 CAN 总线相接。

4. 电源模块

电源模块可为微处理器与各输入和输出模块提供隔离电源，并对蓄电池电压进行监控，与微控制器相连。

5. 模拟量调理模块

① 模拟量输入和输出模块。可采集 0～5V 模拟信号，并可输出 0～5.095V 的模拟电压信号。

② 脉冲信号输入和输出模块。可采集脉冲信号并进行调理，范围为 1Hz～20kHz，幅度为 6～50V；输出 PWM 信号范围为 1Hz～10kHz，幅度为 0～14V。

5.1.2　整车控制器功能说明

整车控制器有以下几项功能。

1. 对汽车进行行驶控制

新能源汽车的动力电机必须按照驾驶员意图输出驱动或制动扭矩。当驾驶员踩下加速踏板或制动踏板时，动力电机要输出一定的驱动功率或再生制动功率。踏板开度越大，动力电机的输出功率越大。因此，整车控制器要合理解析驾驶员操作；接收整车各子系统的反馈信息，为驾驶员提供决策信息；对整车各子系统发送控制指令，以实现车辆的正常行驶。

2. 整车的网络化管理

在新能源汽车中，电子控制单元比传统燃油车更多、更复杂。因此，CAN 总线的应用势在必行。整车控制器是新能源汽车众多控制器中的一个，是 CAN 总线中的一个节点。在整车网络管理中，整车控制器是信息控制的中心，负责信息的组织与传输、网络状态的监控、网络节点的管理以及网络故障的诊断与处理。

3. 制动能量回馈控制

新能源汽车以电机作为驱动转矩的输出机构。电机具有回馈制动的性能，此时电机作为发电机，利用新能源汽车的制动能量发电，同时将此能量存储在储能装置中，当满足充电条件时，将多余能量给动力电池组储存。在这一过程中，整车控制器根据加速踏板和制动踏板的开度以及动力电池的 SOC 值来判断某一时刻能否进行制动能量回馈，如果可以进行，则整车控制器向电机控制器发出制动指令，回收部分能量。

4. 整车能量管理和优化

在纯电动汽车中，电池除了给动力电机供电以外，还要给电动附件供电，因此，为了获得最大的续驶里程，整车控制器将负责整车的能量管理，以提高能量的利用率。当电池 SOC 值比较低时，整车控制器将对某些电动附件发出指令，通过限制电动附件的输出功率来增加续驶里程。

5. 车辆状态的监测和显示

整车控制器对车辆的状态进行实时监测，并且将各个子系统的信息发送给车载信息显示系统，其过程是通过传感器和 CAN 总线，检测车辆状态及各子系统状态信息，驱动显示仪表，将状态信息和故障诊断信息经过显示仪表显示出来。显示内容包括电机的转速、车速、电池的电量和故障信息等。

6. 故障诊断与处理

整车控制器连续监视整车电控系统，进行故障诊断。故障指示灯指示故障类别和部分故障码，应根据故障内容，及时进行相应的安全保护处理。对于不太严重的故障，可低速行驶到附近维修站进行检修。

7. 外接充电管理

实现充电的连接，监控充电过程，报告充电状态。

8. 诊断设备的在线诊断和下线检测

负责与外部诊断设备的连接和诊断通信，实现 UDS（Unified Diagnostic Services）协议 ISO14229 诊断服务，包括数据流读取、故障码的读取和清除及控制端口的调试。

5.1.3 整车控制系统网络结构

电动汽车以由动力电池系统、电机驱动系统组成的高压驱动系统取代传统汽车的发动机系统，并增加了 DC/DC 变换器、车载充电机和高压配电盒等高压器件。其驱动采用电机前置前驱的结构，动力电池安装在车厢底板下，并将高压电系统集中配置在车身前部。其结构示意图如图 5-4 所示。

由图 5-4 可知，整车控制器（VCU）、电机控制器（MCU）、电池管理系统（BMS）、空调压缩机、车载充电机（CC）、组合仪表（DBD）等电子控制单元通过 CAN 总线连接；整车控制器直接控制 DC/DC 变换器等电子控制器。外部车辆诊断设备可连接到诊断通信接口 DLC 插座，通过不同的诊断通信协议和支持相同协议的车辆电子控制单元通信。除此之外，在车辆调试阶段用于检测与标定的 PC 机也可通过 CAN 总线对整车控制器进行调试。

电动汽车动力系统由 VCU、MCU、BMS、CC、ABS 等电子控制单元组成。这些电子控制单元以 CAN 总线网络作为主通信网络进行相互之间的通信，组合仪表也连接到动力 CAN 总线上接收和显示车辆状态信息。整车采用以整车控制器为主的分布式控制方式来提高系统的可靠性与实时性。图 5-5 为整车分布式控制示意图。

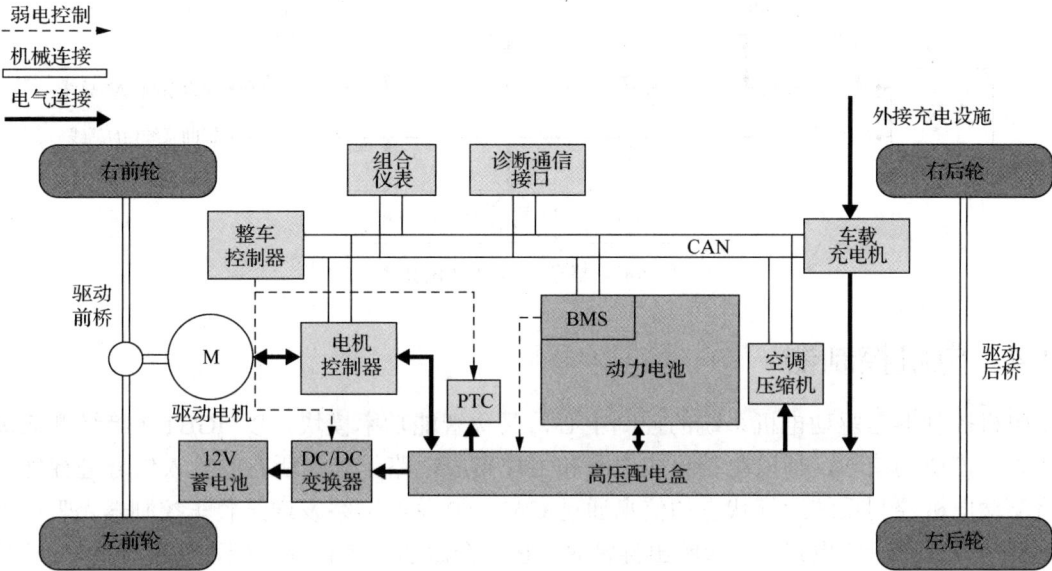

图 5-4　电动汽车整车控制系统结构示意图

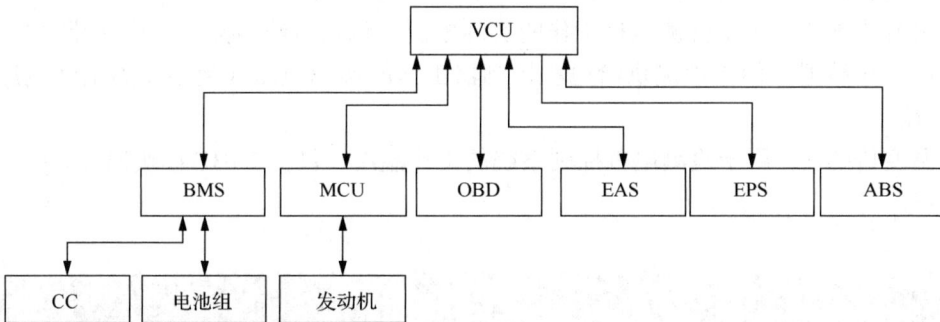

图 5-5　整车分布式控制示意图

　　分布式控制网络布局使得整车系统控制模块化，整车控制器根据驾驶命令，综合各子系统的运行状况，向其发送控制命令；各级子控制器通过通信总线接收整车控制器的控制参数并与其他子控制器共享信息，结合自身的控制策略控制相应的部件动作，并向整车控制器发送运行时的状态参数。如车辆运行时电机控制器根据整车控制器给定的目标车速或转矩值，综合整车运行状况，将动力电池输出的直流电逆变为相应的交流电，从而控制电机的转矩，再经过传动系统来驱动车辆行驶。动力电池模块构成了动力电池系统，电池模块控制单元通过传感器采集电池单体电压、电流和温度值；各电池模块通过低速 CAN 总线将采集到的信号发送给 BMS，BMS 经过运算后将动力电池系统的状态通过高速 CAN 总线发送给 VCU，BMS 还负责控制车载充电机对动力电池系统进行交流充电。

　　整车总线网络拓扑图如图 5-6 所示，整车网络系统以 CAN 总线作为动力系统总线，通信速率为 250kbit/s，供动力系统内部的各电子控制单元之间相互进行通信；辅助系统总线采用 LIN 线，通信速率为 10kbit/s，供安全气囊 SRS、车身控制器（BCU）、防盗 ECU 等辅助电子设备和 VCU 相互之间通信。

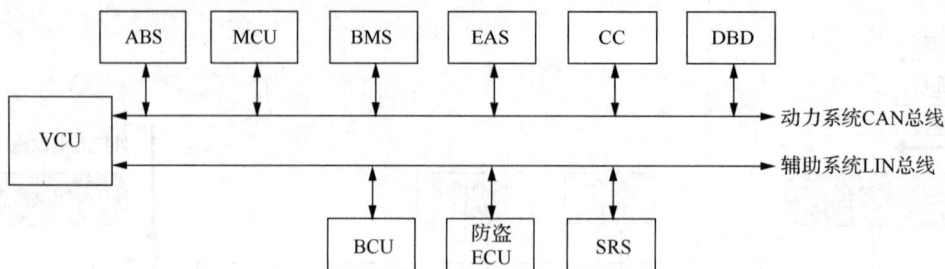

图 5-6　整车总线网络拓扑图

5.1.4　电机控制器

电机控制器是驱动电机系统的控制中心，又称智能功率模块，以 IGBT（绝缘栅双极型晶体管）模块为核心，辅以驱动集成电路和主控集成电路。其对所有的输入信号进行处理，并将驱动电机控制系统运行状态的信息通过 CAN 2.0 总线网络发送给整车控制器。驱动电机控制器内含故障诊断电路，当诊断出异常时，它将会激活一个错误代码，发送给整车控制器，同时也会存储该故障码和数据。

电机控制器使用以下传感器来提供驱动电机系统的工作信息。

① 电流传感器：用于检测电机工作的实际电流（包括母线电流、三相交流电）。

② 电压传感器：用于检测供给电机控制器工作的实际电压（包括动力电池电压、12 V 蓄电池电压）。

③ 温度传感器：用于检测电机控制系统的工作温度（包括 IGBT 模块温度、电机控制器板载温度）。

5.2　整车控制策略

整车控制策略是整车控制器最重要的部分，如何使得车辆在任何时刻获得最佳的转矩控制，是整车控制策略的重点，同时也是整车控制的难点。驾驶员的驾驶指令在短时间内是随机的、不可预测的，并且驾驶员有可能会出现误操作，这时整车控制器需要及时判断驾驶员的驾驶意图，对驾驶员的误操作做出尽可能快的反应。驾驶员正常操作时，整车控制器需要做出最适合的转矩分配，既能满足车辆的动力性，同时从整体来讲保持电动汽车的经济性，这是十分重要的。

5.2.1　控制系统主流程

电动汽车有两种工作状态，一种是电动汽车的充电工作状态，另一种是电动汽车的驾驶工作状态。电动汽车以电池作为驱动能源，由电机将电池的化学能，转化为汽车运动的机械能，同时电池的电量会随着汽车的运行工作而降低。充电技术影响电池的寿命，正确的充电方式，既可以减少电池的损耗，又可以减少充电时间。通常电动汽车的充电模式分为快充和慢充两种类型。快充可以短时间补充电池能量，但是快充不能将电池充满，即电池的 SOC 达不到 95% 以上。慢充可以将更多的能量"装满"电池，但是时间上又会做出牺牲。图 5-7 为整车控制器主流程，从控制流程图中可以看到，在接入充电后，首先进行的是整车控制器自检。通过自检后，整车控制器开始工作，进入充电模式。充电过程中时刻检测充电完成信号，完成充电后，整车控制器将会发送充电完成信号。图 5-8 是整车驾驶过程中的工作流程。从图中可以知道，当汽车钥匙打开时，收到钥匙信号，整车进入自检程序，完成自检程序后，汽车进入预充电，整车的上电完成。

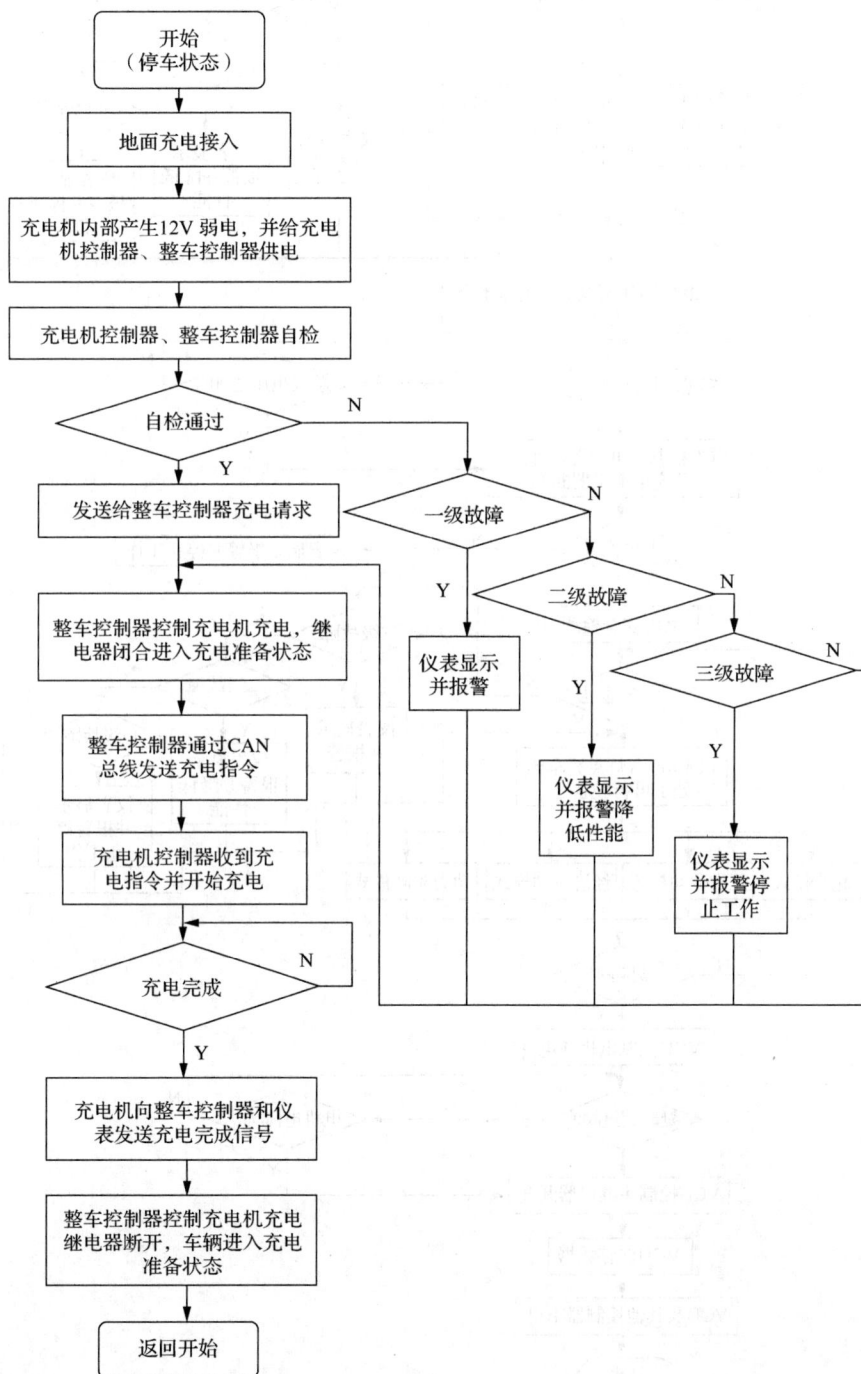

图 5-7　整车控制器主流程

汽车在驾驶过程中，会有不同的驾驶模式，这些模式的切换，将更好地表现出汽车的性能。

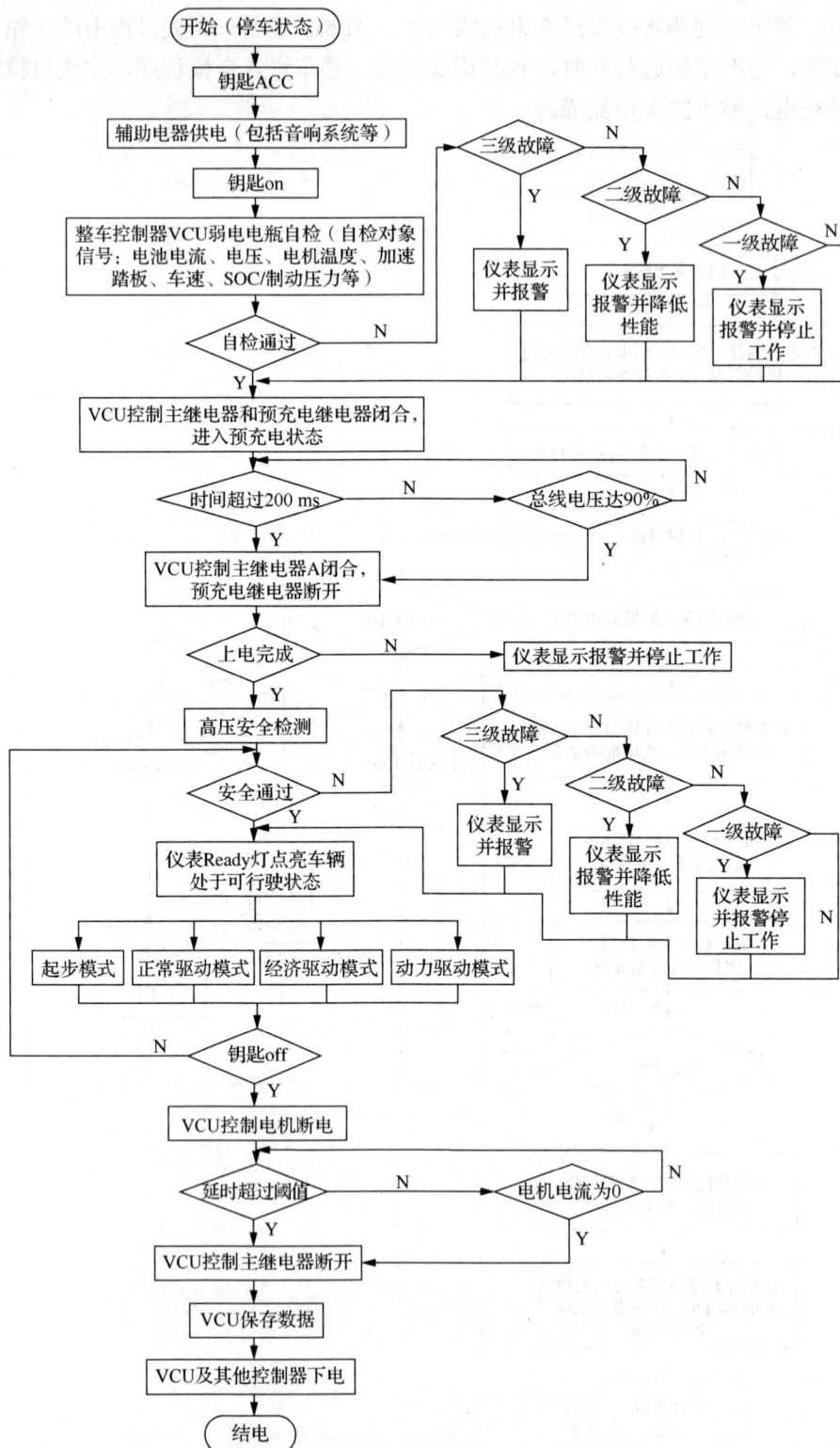

图 5-8　整车驾驶过程中的工作流程

5.2.2　驱动控制策略

驱动控制策略实际就是计算电机的驱动转矩。在驾驶过程中转矩的计算是复杂的、多样化的。驱动转矩请求是根据整车当前的行驶状态、驾驶员踩下加速踏板及制动踏板的开度、电机工作模式、电机的转速转矩特性及动力电池的情况而对电机提出的转矩请求，请求的转矩可表示为式（5-1）。

$$T_{请求} = f(SOC,\ v,\ A,\ B,\ T_{当前})\tag{5-1}$$

式中：$T_{请求}$ 为当前需要的电机转矩；v 为当前电机转速；A 为油门踏板开度；B 为制动踏板开度；$T_{当前}$ 为当前电机输出转矩。

图 5-9 为电机转矩请求过程的流程框图。将式（5-1）和图 5-9 相结合可以得出，电机当前的请求转矩主要过程为，以油门踏板行程系数，判断电机工作模式，然后确定电机驱动转矩负荷系数；电机当前转速和电池 SOC 决定着当前电机所能请的最大转矩；通过电机驱动转矩负荷系数和查表当前转速的最大转矩计算出电机此时此刻的请求转矩，最终发出指令，请求当前计算电机请求转矩，电机是闭环控制，时刻反馈着电机的转速和转矩信息，为了下一刻的电机转矩请求。

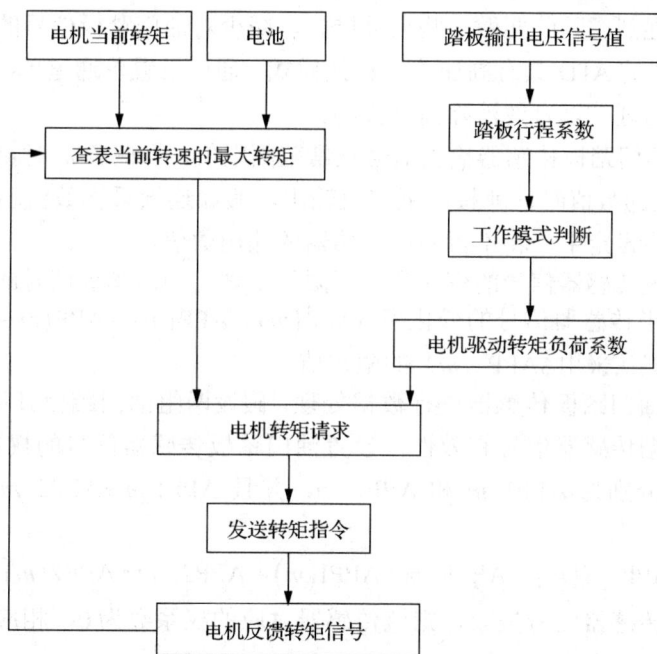

图 5-9　电机转矩请求过程的流程框图

5.2.3　油门踏板信号处理

油门踏板的开度以及变化率将反应驾驶员的驾驶意图。通常采用两个电位计式传感器的油门踏板，两组油门踏板传感器的设计，是为了增加油门系统的可靠性。两组传感器的结构和原理相同，具有同步联动关系。图 5-10 为油门踏板工作原理及信号输出示意图。当对 C1 组 2、3 引脚，C2 组 1、5 引脚间提供 5 V 电压时，传感器输出信号和油门踏板开度成线性关系。

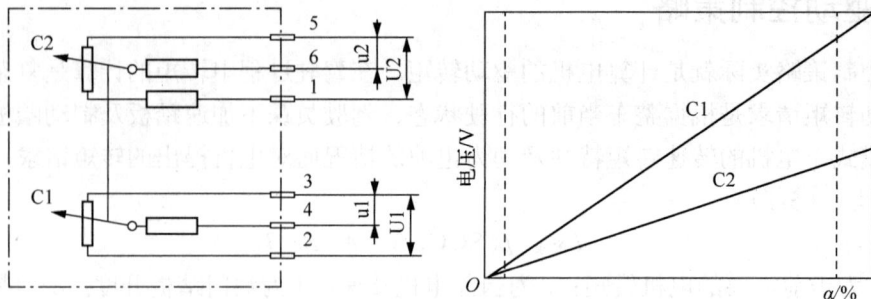

图 5-10　油门踏板工作原理及信号输出示意图

电动汽车的油门踏板信号经过处理，将转化为油门加速踏板行程系数 a（用%表示），即

$$\alpha = \frac{V - V_{min}}{V_{max} - V_{min}} \times 100\% \qquad (5\text{-}2)$$

式中，V 为每时每刻油门踏板传感器输出的实际电压值；V_{min} 为油门踏板传感器标定时输出最小电压值；V_{max} 为油门踏板传感器标定时输出最大电压值。

整车控制器对油门踏板信号的采集采用最高频率等级，采样周期为 5 ms。由于纯电动客车整车的电磁干扰强烈，因此要做一些相关措施，减少对油门踏板信号的干扰。

（1）整车控制器的 ATD 具有高速连续转换模式，通过设置单通道单次连续 4 次采样，对采样结果进行平均处理，以有效消除高频扰动。

（2）设置两个油门踏板传感器输出信号正常范围限值，当任意 m 时刻传感器输出信号为 APP（m）超过限定的数值时，就按照限定值输出，假如连续采样数值超出限值时，将此传感器视为失效。程序设定中，将不再考虑传感器的输出数值。

（3）对油门踏板传感器信号的变化率进行限值处理。油门踏板信号的变化率体现驾驶员的驾驶要求，所以当传感器信号的变化率 $\Delta APP(m) = APP(m) - APP(m-1)$ 超过某一限定值后，程序算法中将默认采用 $\Delta APP(m)$ 的限定值。

接下来对两组油门踏板传感器进行数据处理，假设两组油门踏板开度分别为 APP1（m）和 APP2（m），根据传感器信号有效性，设置油门踏板传感器信号的权系数。C1 和 C2 两组传感器的权系数分别为 APP1_m 和 APP2_m，并且 APP1_m+APP2_m=1，则油门踏板开度值为

$$APP\_S(m) = APP1\_m \cdot APP1(m) + APP2\_m \cdot APP2(m) \qquad (5\text{-}3)$$

若其中某一个传感器信号失效，则该传感器对应的权系数为 0，相应地，另一个有效传感器的权系数为 1。

5.2.4　工作模式划分

根据纯电动汽车行驶时外界情况的不同，大致分以下几种工作模式。

（1）起步控制模式

起步控制模式是汽车从静止到开始运动的过程模式。无论是汽车刚上电起步还是汽车静止后起步，起步模式都是一样的。起步过程中，汽车由于静止，故需要一定转矩后才能运动。此模式下需要了解电机的输出转矩特性，电机转矩特性曲线如图 5-11 所示。

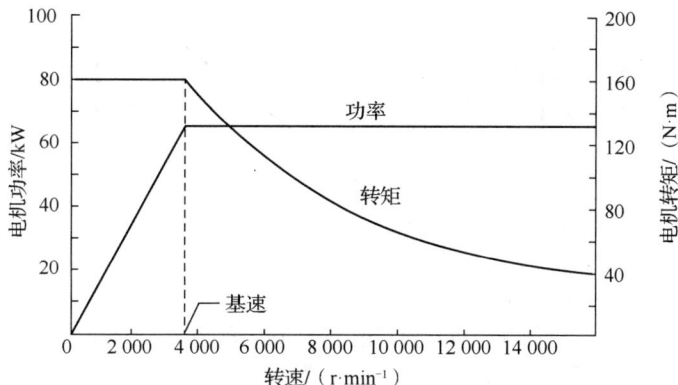

图 5-11 电机转矩特性曲线

当电机转速在基速以下时，电机为恒转矩输出，电机的功率大致为随着电机转速的增大而线性增大；当电机的转速在基速之上时，电机将会恒功率工作，此时的转矩随着转速的增大而减小。由于电机的这个特性，汽车在起步时，速度很慢，电机转速较低，处于基速以下，而此时电机输出的转矩为恒定转矩，从图 5-11 中可以发现，纯电动汽车在起步控制时，电机的输出转矩大，导致汽车的加速度过大，容易造成不必要的损失，过大的起步加速度，可能增大驾驶难度造成严重后果。因此，在低速起步过程中，需要控制电机，限制电机的输出转矩，使电机输出稳定合理的转矩值，既保证汽车平稳有力起步，又最大限度地减少事故发生。可采用减小输入电机电流的方法达到减小电机输出转矩的目的，通过多次试验，最终得到令汽车平稳起步的电机转矩值以及相对应的输入电流。这样一来，就解决了纯电动汽车起步过程中不稳定的问题，保障了汽车在整个驾驶过程中的驾驶平顺性，也有利于提高能量的有效利用，提高整车的经济性。

（2）正常行驶控制模式

电机在驱动工作过程中，每一个电机转速对应一个最大电机输出转矩值，在正常行驶控制模式下，我们将电机的不同转速下可输出的最大转矩值设定为额定电机转矩值，即

$$T = D \cdot T_M \qquad (5\text{-}4)$$

式中，T 为驾驶员需要请求转矩；D 为电机驱动转矩负荷系数；T_M 为当前转速下电机可以输出的最大转矩，也就是当前转速下电机可以输出的额定转矩。

电机驱动转矩负荷系数与油门踏板行程有关，油门踏板反映驾驶员的驾驶意图，在驾驶过程中，油门踏板的行程越大，代表请求转矩越大。由式（5-2）可知，根据油门踏板行程来转化油门踏板行程系数 α，而固电机驱动转矩负荷系数 D 与油门踏板行程系数 α 有一定的函数关系。这种函数关系可以是简单线性的，也可以是复杂的曲线。简单线性函数虽然处理起来比较简单，但汽车加速很慢，降低了驾驶性能。在一些复杂的函数关系中，处理过程计算量很大，汽车加速性能很好，这种情况适用于动力控制模式，在设计的正常控制模式中，将油门踏板行程系数和电机转矩负荷系数的线性定义为

$$D = \alpha \qquad (5\text{-}5)$$

油门踏板行程系数 α 与电机转矩负荷系数 D 的函数关系曲线如图 5-12 所示。

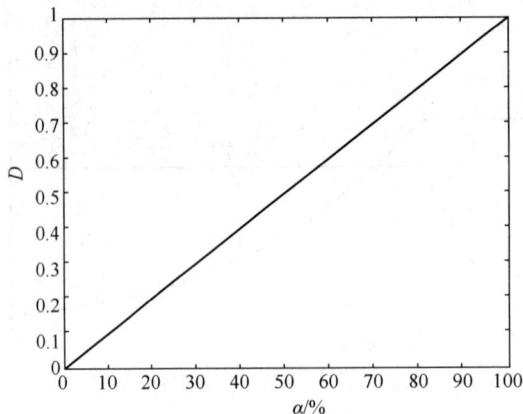

图 5-12　正常控制模式下 D 与 α 的函数关系曲线

由式（5-4）与式（5-5）可以计算得到，此时驾驶员请求电机转矩与油门踏板行程之间的关系为

$$T = \alpha \cdot T_{\mathrm{M}} \tag{5-6}$$

当油门踏板开度小于 70% 时，均可使用正常驱动模式控制策略，当然，当控制器判断当前的行驶满足经济模式时，车辆将自动切换到经济驱动模式。

（3）经济驱动模式

经济驱动模式是在纯电动汽车行驶在平顺路面上，长时间平稳行驶，无频繁加速，此过程将侧重点放在汽车驾驶经济性能上。所谓驾驶经济性能，是在最少的能量损耗下，尽量行驶更远的距离，增加纯电动汽车的续航里程，同时还要考虑电池寿命以及电机损耗。因此经济驱动模式下只有在电机和电池都在工作高效区域内工作，这样电能转化为机械能为电动汽车驱动的效率才会增高。

（4）动力驱动模式

动力驱动模式是在汽车要求爬坡和紧急加速时刻需要的，电机应提供足够的功率和转矩来满足电动汽车的需求。在动力驱动模式时根据式（5-5），可以计算出 α —D 的关系，然后画出关系曲线图。

（5）倒车驱动模式

纯电动汽车变速器处于倒挡时，进入倒车驱动模式，此时油门踏板开度与电机请求转矩系数之间的关系满足下列要求：倒车过程中，整车控制器收到反转信号后，将给电机发送转矩请求；设计要做到倒车平稳缓慢，因此倒车时整车控制器给电机发送请求转矩的数据要合理；出于倒车安全考虑，应将电机转矩限制在某一固定值，避免驾驶员倒车时加速踏板开度过大，出现意外情况。

5.2.5　电机过载管理

电机具有一定的过载运行能力，但是过载只能是一小段时间，不能长时间过载运行。电机过载的时候，由于输出功率大，流经电机本体的电流相应增大，导致内部线圈产生的热量大，电机温度迅速升高，容易造成定子线圈烧毁和永磁退磁等现象。因此在整车控制器请求电机转矩的过程中，一定要考虑电机过载问题。在电机工作发热过程中，电机最大

转矩表示为

$$T_{\max} = T_{\text{cont}}\lambda + T_{\text{peak}}(1-\lambda) \tag{5-7}$$

式中，λ 为温度调制系数；T_{cont} 为电机额定转矩；T_{peak} 为电机峰值转矩。λ 在 [0，1] 范围内取值，当 λ 等于 1 时，电机没有过热现象。当 λ 等于 0 时，说明电机过热。

电机实际可输出的最大转矩为电机当前转速下的额定转矩。根据电机过载时间特性，电机过载运行一段时间后，必须回到额定转矩以下工作较长时间，以便恢复性能。电机过载转矩大小不同，过载持续时间不同，冷却方式也不同。假设电机过载运行时间与过载转矩成反比，则电机过载运行时间可由式（5-8）计算出。

$$t_{\text{over}} = \int_0^t \frac{T_{\text{out}} - T_{\text{cont}}}{T_{\text{peak}} - T_{\text{cont}}}\mathrm{d}t \tag{5-8}$$

式中，T_{out} 为电机实际输出转矩。

温度调制系数 λ 的表达式为

$$\lambda = \begin{cases} \dfrac{t_{\text{over}}}{t_{\text{lim}}} & t_{\text{over}} > 0 \\ 0 & t_{\text{over}} \leqslant 0 \end{cases} \tag{5-9}$$

式中，t_{lim} 为电机在峰值功率允许的最大过载时间。

程序中电机过载控制流程图如图 5-13 所示。

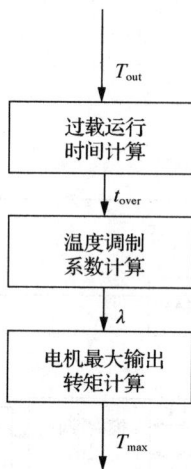

图 5-13　电机过载控制流程图

5.2.6　电池保护

纯电动汽车将电池作为汽车驱动的唯一能源，电池能量耗尽也就意味着汽车无法行驶。当电池 SOC 值下降到一定程度时，纯电动汽车将对电池采取一定的保护措施，避免电池在大功率下工作。如果在 SOC 值小到一定值后，还存在大功率输出，会加速电池电压的下降，当降到临界电压后，继续大功率工作，则容易造成电池不可恢复的损伤，极度影响电池寿命。因此，出于对电池寿命的考虑，当电池的 SOC 值下降到一定值时，为了使纯电动汽车安全驶回充电站，应从功率输出限制和电动附件管理两个方面对整车能量进行管理。动力电池组除供给驱动电机能量以外，还为车上其他辅助电力设备供电，包括空调系统，动力转向系统、真空助力系统等。在动力电池组 SOC 值较低时，控制策略将关闭不影响整车安全的电动附件，节省能量消耗，保证汽车安全返回。

5.3 请求电机转矩算法

在电动汽车运行过程中，由于外界环境以及内部因素时刻变化，因此给整车控制器请求电机转矩增加了难度。在汽车运行过程中，运行的路况不同，汽车驾驶模式就不同。当车内系统电机工作状态及电池工作状态不同时，电机请求转矩的方法也不同。

1. 电机转矩补偿方法

电机转矩补偿方法是国内外现阶段常采用的一种方法，此方法有不同的补偿方式和补偿算法。现阶段广泛研究和使用的两个算法，一个是转矩补偿，另一个是利用 MAP 图进行转矩补偿。

电动汽车加速过程中，转矩补偿算法是经常采用的转矩补偿方法。在电动汽车转矩请求过程中，采用了转矩补偿算法来计算加速转矩补偿，在算法过程中，以加速踏板的开度和加速踏板的变化率为输入，通过模糊计算，得到输出量扭矩增量，其控制原理如图 5-14 所示。

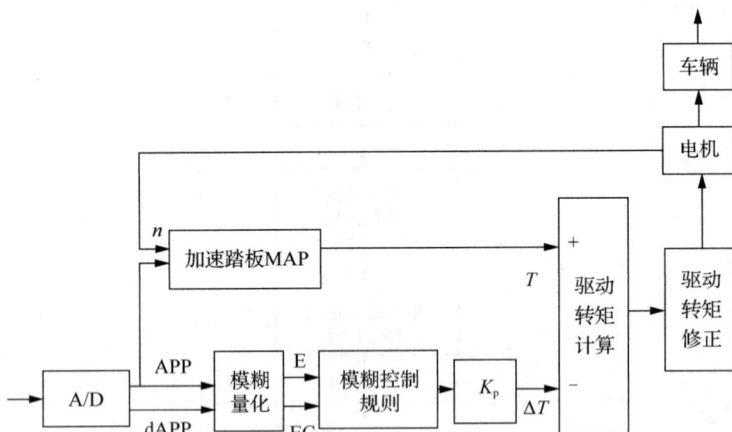

图 5-14 转矩补偿控制原理

采用 MAP 图的加速补偿控制。电动汽车起步和加速过程中，会遇到电动汽车动力疲软的问题，因此采用补偿的控制策略。在汽车运行过程中，检测判断当前车辆状态，针对汽车起步和加速有不同转矩补偿。如图 5-15 所示，电动汽车在起步过程中有不同情况，如平坦路面、爬坡路面以及下坡路面。通过实验获得电动汽车的起步转矩和车辆速度，写入程序进行电动汽车起步过程中的转矩补偿控制。在加速过程中，也通过实验仿真获得电机转速、加速踏板开度与电机转矩的 MAP 图，写入程序如图 5-16 所示，通过此图进行电动汽车加速过程中，电机转矩补偿。

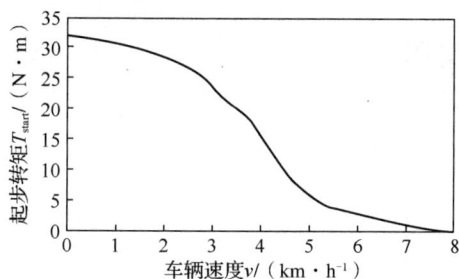

图 5-15　起步过程转矩申请

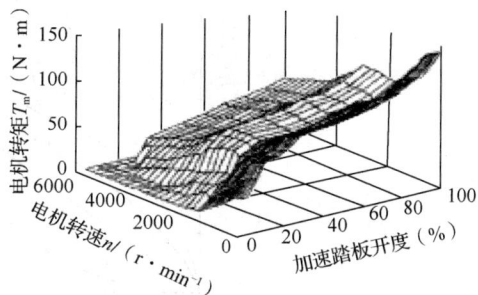

图 5-16　加速过程补偿转矩

2. 电机控制器与路况结合方法

电机控制器用来控制电机的输出，在电动汽车中，很多驱动策略与电机控制器相结合。电动汽车电机控制器的控制策略算法与汽车当前运行的路况以及汽车自身一些因素结合起来，如图 5-17 所示，该车在驾驶过程中，通过传感器采集驾驶员驾驶意图，然后通过当前汽车电机转速以及过载倍数，改变电机控制器的阈值大小，最终再输出电机转矩请求值，达到控制电动汽车在不同路况下平稳运行的目的。

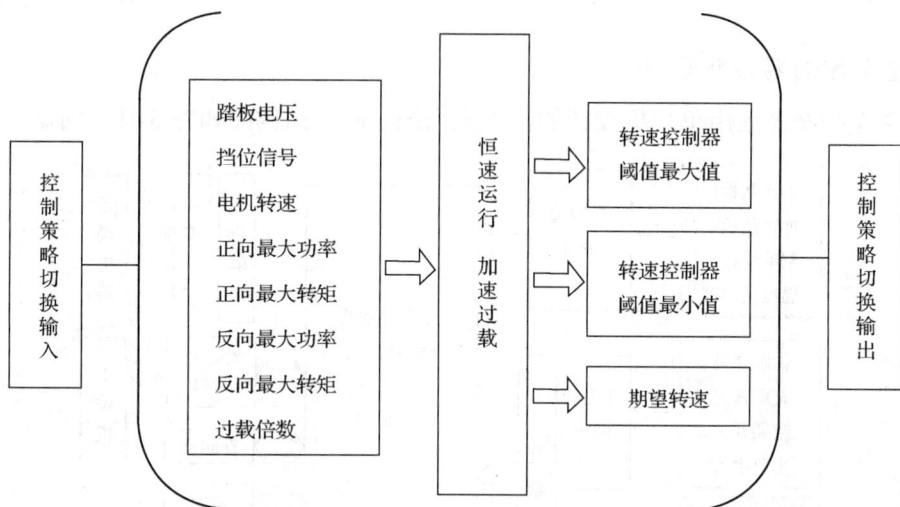

图 5-17　电机控制器与路况结合方法

3. 归一化处理方法

此方法给出一个简单的数学模型，该模型以关于电机转矩 T 作为输出，将电机转速 MS、电机的温度 MT、电池的电压 V、电池电流 I、SOC、加速踏板信号 Acc 作为模型输入。即数学函数为

$$T = f(\text{MS}, \text{MT}, V, I, \text{SOC}, \text{Acc}) \tag{5-10}$$

在电动汽车加速过程中，加速特性取决于踏板开度即 $T = f(\text{Acc})$，采用归一化方式，如图 5-18 所示，在加速过程中，如选取曲线 a，因为曲线 a 满足加速特征，然后进行试验标定，再对曲线 a 进行修改。该方法的缺点是先定性地选择加速过程中电机转矩的请求曲线，然后再进行大量实验来完善。

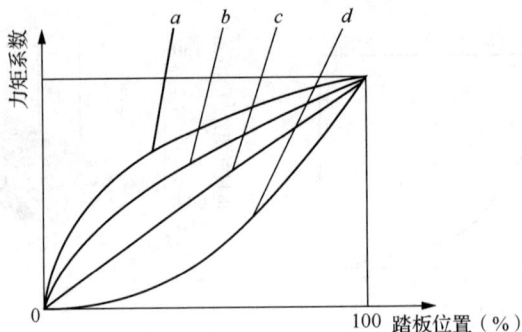

图 5-18　踏板加速曲线

上述提到的三种方法都有一定的局限性。电动汽车是一个复杂的系统，多因素影响着汽车性能，当面对电动汽车的电机类型不同、电池性能不同等问题时，这些方法在某种情况下具有局限性。

5.4　整车控制器硬件

1. 整车控制器实际设计

通常整车控制器采用单片机设计的嵌入式系统，硬件结构图如图 5-19 所示。

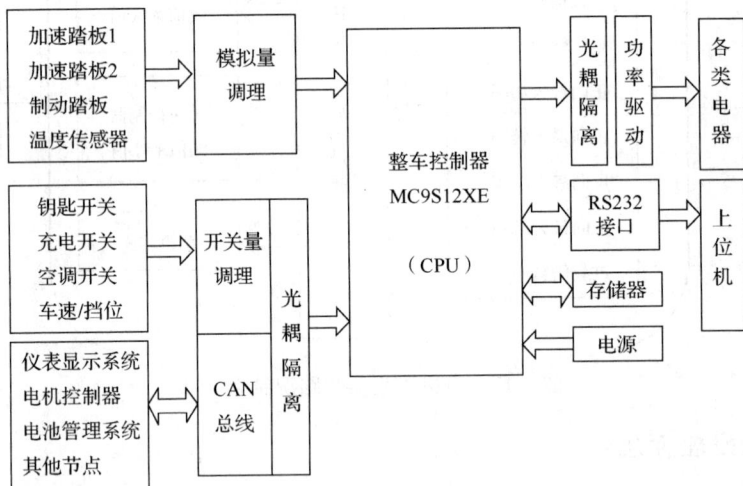

图 5-19　整车控制器硬件结构图

从图 5-19 中可以清楚看到 CPU 与外界的通信过程。外界一些模拟量传感器，如加速踏板 1、加速踏板 2、制动踏板等，通过模拟量调理与 CPU 进行通信。还有一部分开关量控制接口，如电池管理系统、与上位机通信的 RS232 接口、CAN 总线接口等。整车控制器中电机控制器、电池管理系统、仪表显示系统等主要系统与整车控制器的 CPU 芯片通信，都是采用 CAN 总线的通信机制，以便实现高效准确实时的系统间数据通信。

2. 整车控制器通信网络管理

CAN 总线采用双向串行通信方式。图 5-20 是 CAN 总线拓扑图，从图中可以看到，CAN 总线有两根信号线，即 CAN_H 和 CAN_L 两根信号线，工作时，利用这两根线的差分电压进行传输数据。为了有更高的信息通信的实时性，CAN 总线采用两层模型结构，即物理层和数据链路层。

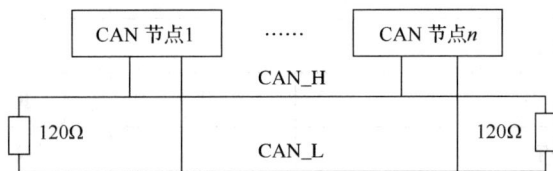

图 5-20　CAN 总线拓扑图

纯电动汽车中，要求整车控制器必须具有很好的实时性，CAN 总线支持多个节点之间的通信，其通信机制大大减少了硬件线路的排布，降低了布线的难度。图 5-21 是整车 CAN 总线通信结构图，由图中可以看到，整车控制器与智能充电机、电池管理系统、电机控制器和智能显示终端之间都是通过 CAN 总线连接的，它们两两之间都可以进行数据传输。整车控制器会通过 CAN 总线接收到电池管理系统、电机控制器以及智能显示终端的信息，同时整车控制器也会发送数据到各个设备，这大大增加了控制系统的效率。

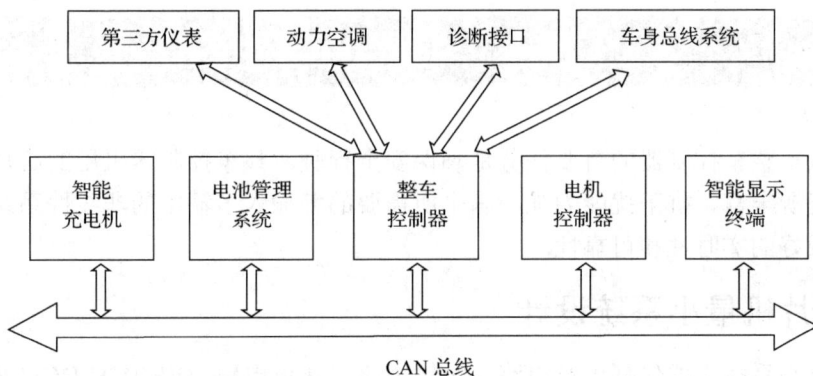

图 5-21　整车 CAN 总线通信结构图

整车控制器的核心作用就是要处理通信中复杂的数据。数据量大且类型繁多给整车控制器的处理带来了困难，CAN 总线的出现解决了这个困难。在各个模块系统与整车控制器通信过程中，用 T 表示发送数据，R 表示接收数据，R&T 表示数据经过整车控制器处理后进行发送。表 5-1 所示为各个系统的数据接收与发送情况。

表 5-1　各个系统的数据接收与发送情况

信号类型	整车控制器	电池管理系统	电机控制单元	液晶显示单元	车内服务设施单元
电池电压	R&T	T		R	
电池电流	R&T	T		R	

续表

信号类型	整车控制器	电池管理系统	电机控制单元	液晶显示单元	车内服务设施单元
电池温度	R&T	T		R	
SOC 值	R&T	T		R	
电池故障	R&T	T		R	
单体电池电压	R&T	T			
电机转速	R&T	T	T	R	
车速	R&T			R	
电机故障	R&T		T	R	
电机扭矩	R&T		R		
电机启停	T		R		
加速踏板行程	T			R	
制动踏板行程	R&T			R	
车内温度	R&T			R	T

5.5　整车控制器的硬件设计

纯电动汽车整车控制器的首要任务是确保安全行驶。整车控制器采用的芯片要求运行速度快、片内资源丰富、抗干扰能力强，满足所需要的多输入多输出的非线性系统，处理的信号多，具有很好的实时性和可靠性。

5.5.1　单片机最小系统设计

单片机最小系统主要包括电源电路、时钟电路、复位电路、WATCH DOG 电路、FRAM 存储器电路、BDM 电路等。

1. 电源电路

电动汽车对工作环境有一定要求，所以电源电路的设计要满足环境要求，如+5V 给单片机系统需要+5V 电压，而电源要+12V 电压，需进行转换。以 LM2596-S-ADJ 芯片为例，这里使用通用的标准电感来设计此电路，这样一来更优化了 LM2596-S-ADJ 的使用，将开关电源电路的设计过程进行了简化。电源电路图如图 5-22 所示。

2. 时钟电路

时钟电路的主要作用是保障系统可靠运行。通常采用的时钟电路是单片机标准的时钟电路，晶振接口 XTAL 和 EXTAL 与外部晶振连接，然后用压控振荡器和锁相环，将频率增高到 25 Hz 作为单片机内部总线时钟。时钟电路图如图 5-23 所示。

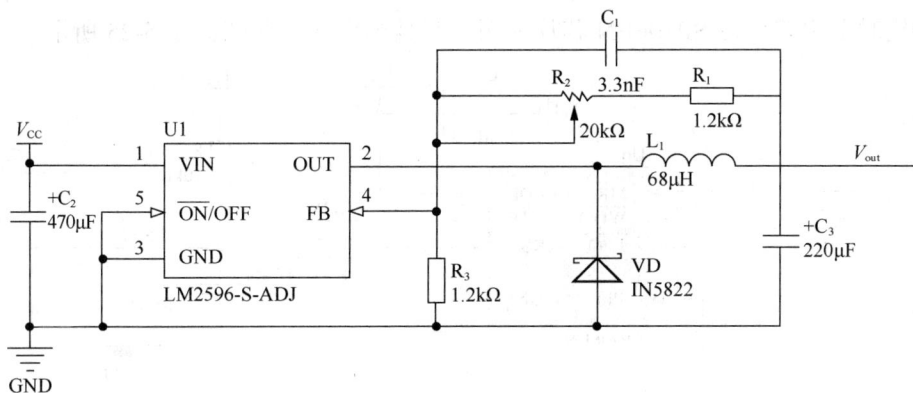

图 5-22　电源电路图

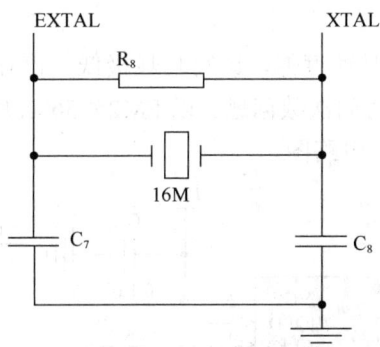

图 5-23　时钟电路图

3. 复位电路

复位电路是多数硬件设计中不可或缺的电路，其作用是通过电路设备使电路恢复到起始状态，复位电路是给电路上电复位。复位方式有多种形式，常用的有手动复位和自动复位。手动复位方便人为改动，自动复位则是在每次重启时进行复位。常见的 VCU 复位电路图如图 5-24 所示。

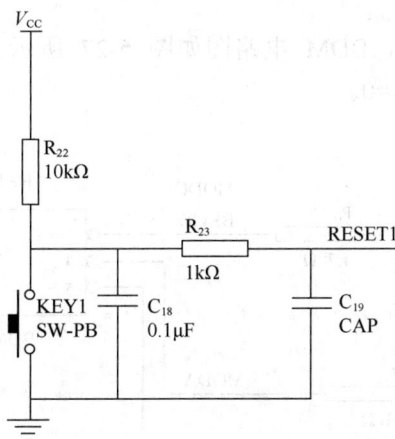

图 5-24　常见的 VCU 复位电路图

4. WATCH DOG 电路

WATCH DOG 电路具有监视并恢复程序正常运行的功能，增强了系统的稳定性，它本质上是一种定时器电路。以 SP706EN 芯片为例，其具体设计电路图如图 5-25 所示。

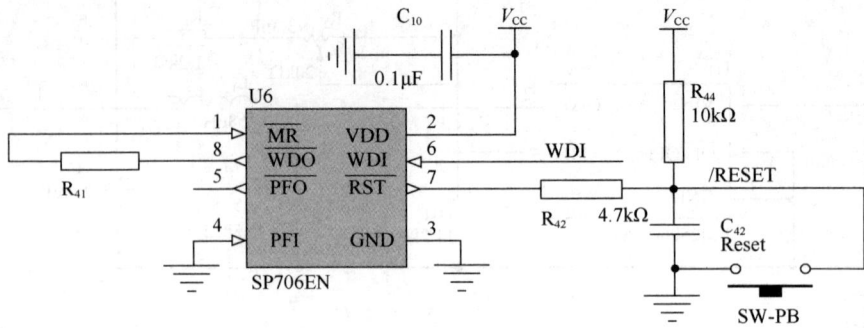

图 5-25　WATCH DOG 电路图

5. FRAM 存储器电路

FRAM 存储器的最大特点是速度低，读写功耗极低。该存储器的优点是不存在最大写入次数问题，但缺点是存在最大访问次数问题。以 FM25256 芯片为例，此款芯片采用 SPI 通信方式，图 5-26 为 FRAM 存储器电路图。

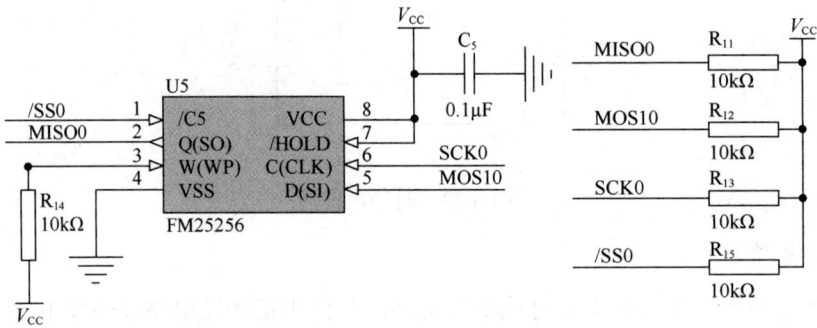

图 5-26　FRAM 存储器电路图

6. BDM 电路

BDM 是常用的调试接口，BDM 电路图如图 5-27 所示。使用设置时，正常单片模式 MODC=1，MODB=0，MODA=0。

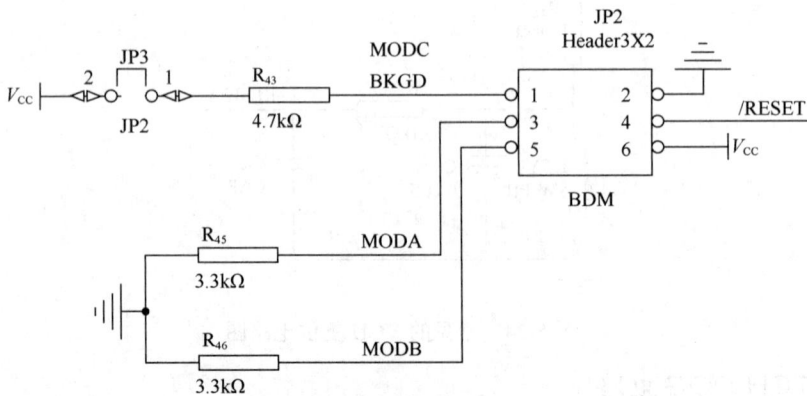

图 5-27　BDM 电路图

5.5.2　电气件驱动电路设计

电气件驱动电路是用在主电路与控制电路之间的接口，作用是使电子器件在较理想的状态下工作，可缩短开关时间以及减少开关损耗，且对装置的运行效率、安全性和可靠性极具意义。通常也将对器件以及电路的保护设计放在驱动电路中，或者通过驱动电路来完成对器件以及电路的保护。可以把信息电子电路传来的信号，按照控制目标的要求，转化作为加在电子器件控制端和公共端之间的其他信号，即可以使其关断或开通的信号。电气件驱动电路还有一个作用就是提供控制电路与主电路之间的保护环节，即电气隔离环节，常用的隔离环节包括光隔离或磁隔离。以 BTS3410G 芯片为例的暖风空调驱动电路如图 5-28 所示，芯片是 8 针角。

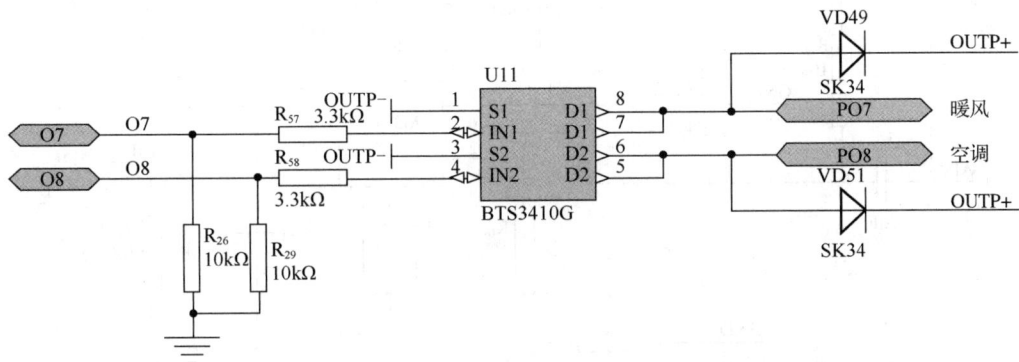

图 5-28　暖风空调驱动电路

5.5.3　数据采集电路设计

数据采集主要分为开关量数据采集和模拟量数据采集。开关量数据采集主要是采集开关信号，例如钥匙开关、挡位开关、空调开关等信号。模拟量数据采集主要采集各个传感器采集的信号，例如加速踏板传感器信号、制动踏板传感器信号等。图 5-29 简单的开关量信号处理电路图。开关量信号，可以通过嵌位二极管和上位电阻转换成与单片机电平兼容的信号，然后低通滤波后送给单片机输入端口。

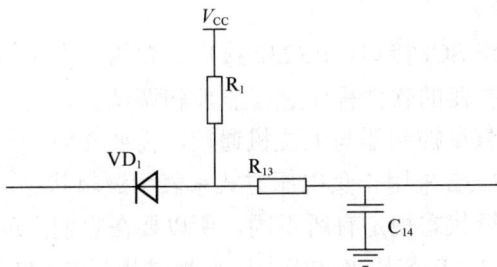

图 5-29　开关量信号处理电路图

踏板信号为霍尔元件发出的脉冲信号，随着踏板的开度不同，霍尔元件产生的脉冲信号的频率也不同。整车控制器会将踏板信号处理为数字信号，由 A/D 模块将直流电压信号转换为数字信号。在实际应用过程中，踏板发出的脉冲方波信号先转化为直流电压信号，经过 A/D 模块转化为数字信号量，再将数字信号量输入到整车控制器进行相应的处理。

踏板信号的处理电路图如图 5-30 所示，LM331 共有 8 个引脚，1 引脚为直流电压输出，将与整车控制器里的 MCU 的 A/D 转换引脚连接；2 引脚为增益调整段，通过调整 R_{17} 对踏板的信号进行匹配，目的是最终使得踏板开度为最大时，1 引脚的输出电压为 5V；3 引脚为脉冲信号输出端接地用；4 引脚为电源地；5 引脚为定时比较正相输入端；6 引脚为脉冲信号输入端，连接踏板信号；7 引脚为输入比较器正相输入端；8 引脚为电源输入端连接 5V 电源用。电路中的电容起到滤波作用，可提高电路的抗干扰性。

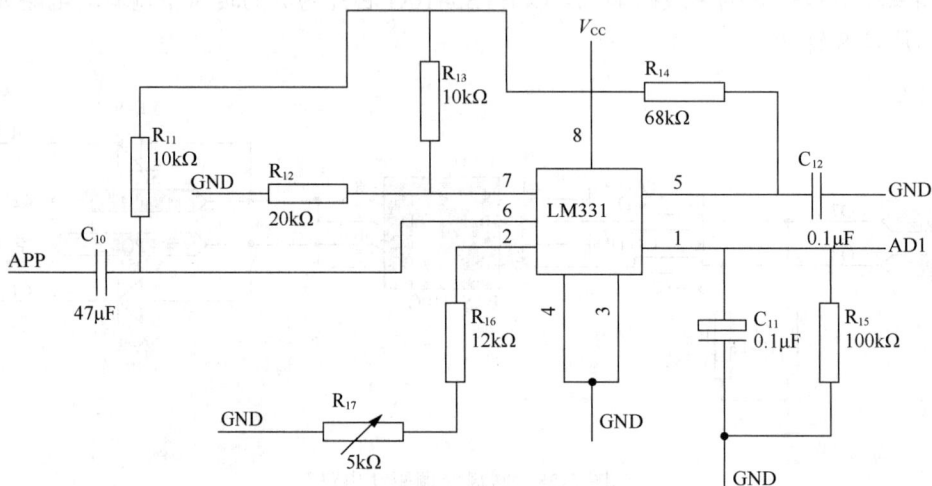

图 5-30　踏板信号的处理电路图

5.5.4　通信接口电路设计

整车控制器在调试过程中，需要与上位机进行通信，而整车控制器与上位机通信需要串口，通常采用 RS232 串口进行通信。整车控制器还需要和其他控制系统进行通信，如电机控制器等。有些设计中，整车控制器与其他控制系统节点的通信方式采用 RS485 串口进行通信。在整车中，主要的信息交流采用 CAN 总线方式。

1. RS232 接口电路

单片机内部集成了 6 路 SCI 接口，RS232 接口主要用于上位机和整车控制器的通信，目的是通过上位机对整车控制器的软件程序进行监控和调试。

RS232 为 9 个引脚，整车控制器与上位机通信，需要 TXD（发送数据）、RXD（接收数据）和 GND（信号地）。RS232 采用正负电压方式来表示逻辑状态，它与单片机本身串口 TTL 以高低电平方式来表示逻辑状态规定有所不同，所以要在它们之间增加一个电平和逻辑关系的变换，这里可采用 MAX232E 芯片来完成上述变换过程。在 TTL 与 EIA 之间电平双向转换过程中，只需用 5V 电源和几个电容就可以提供电平转换，简单易行。

RS232 接口电路图如图 5-31 所示，U03 为电平转换芯片 MAX232E，共有 16 个引脚，可以外接两路 RS232 接口。

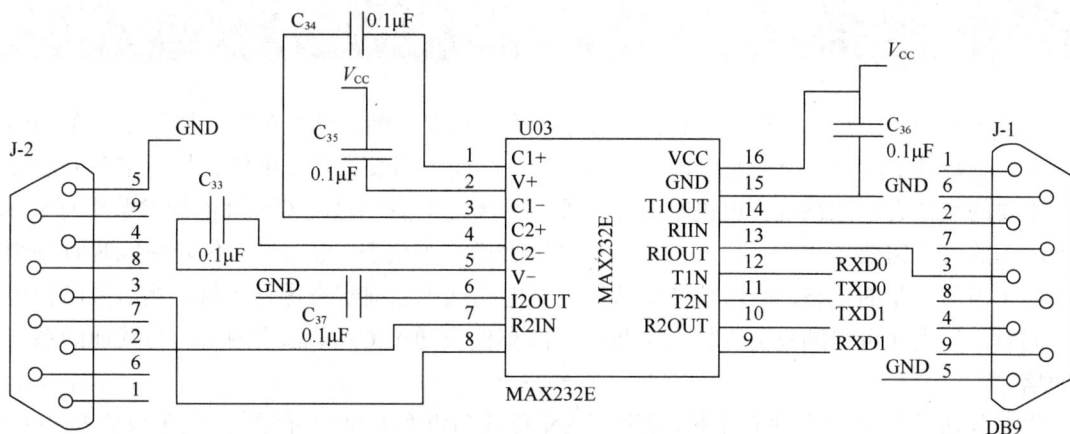

图 5-31　RS232 接口电路图

2．CAN 总线通信电路

在 MC9S12XEQ384 芯片中，内部集成了 5 路 CAN 总线通信接口。利用微控制器的片上资源，然后选择性能优良的 TJA1050 接收器来完成正常控制器的接口电路设计。CAN 总线的电路图如图 5-32 所示，其中 CAN 总线通信接口电路也和 RS485 接口通信一样，采用光电隔离来提高数据传输的抗干扰性。微控制器的 CAN 总线接口的发送、接收端分别通过光电隔离器件与 TJA1050 收发器的 TXD、RXD 连接。CAN 总线采用双绞线方式，由于在 ISO11898 协议中定义的线性拓扑结构，故在使用 CAN 总线时，双绞线两端都要接一个 120Ω 的额定电阻。选用分裂终端的方式，这种方式把总线端节点终端的 120 Ω 电阻，分成两个相等的 60 Ω 电阻，然后在两个电阻之间接一个 10μF 的电容至地，这种方法的好处是可以使系统具有更好的抗干扰性。CAN_L 和 CAN_H 输出到地的电容 C_{41}、C_{42} 以提高抗电磁干扰的性能。电源之间的电容 C_{40} 起到滤波的作用。

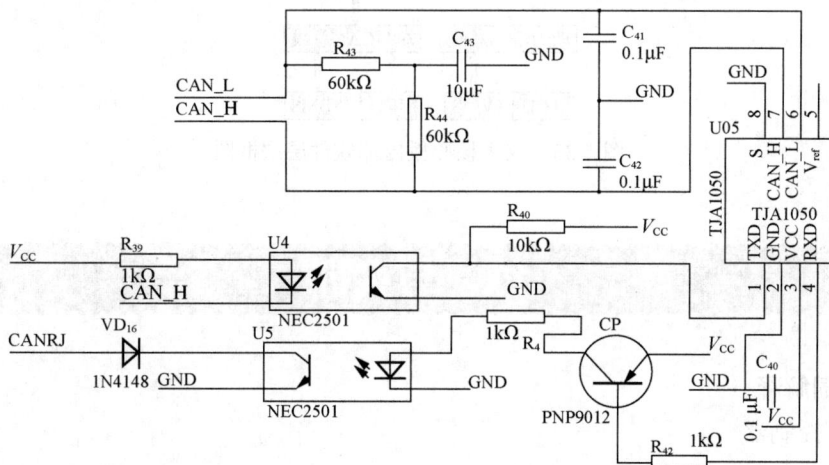

图 5-32　CAN 总线的电路图

5.6　整车控制仪表显示

电动汽车与传统汽车一样，都有仪表显示。不同的是，纯电动汽车不仅要显示汽车当前运行状态，还要显示汽车各个重要组件系统的参数，以便于驾驶员以及维修人员对整车的故障检查。重要的系统有电池系统、电机系统等。要充分考虑对影响这几部分性能的参数进行显示。电动汽车的仪表需要显示的必要内容要远远多于普通汽车仪表。电动汽车仪表应能时时刻刻直观地显示当前汽车的状态，使驾驶员通过仪表对电动汽车当前状态进行了解，然后做出合理决策。同时，仪表还可帮助快速查找汽车故障。汽车仪表通过 CAN 总线网络，与其他的系统进行通信。

汽车仪表系统是一个独立系统，通过 CAN 总线与汽车其他单元通信。汽车仪表核心 CPU 采用 MB91590 芯片，图 5-33 为仪表核心板内部软件层次框图（ECU 为电子控制单元、TCU 为变速控制单元、ICU 为仪表控制单元、VMS 为整车控制器、BMS 为电池管理系统）。GDC 液晶显示与 GDC 核心板之间的通信，通过 I2C 总线进行信息传递，然后通过修改 PPG 的占空比和频率达到控制液晶屏的目的。核心板与汽车电子单元的通信通过 CAN 总线进行信息传递。液晶显示单元将接收不同信号（电池电压、电池电流、电池温度、SOC 值、电池故障、电机转速、车速、电机故障、加速踏板行程、制动踏板行程、车内温度）。

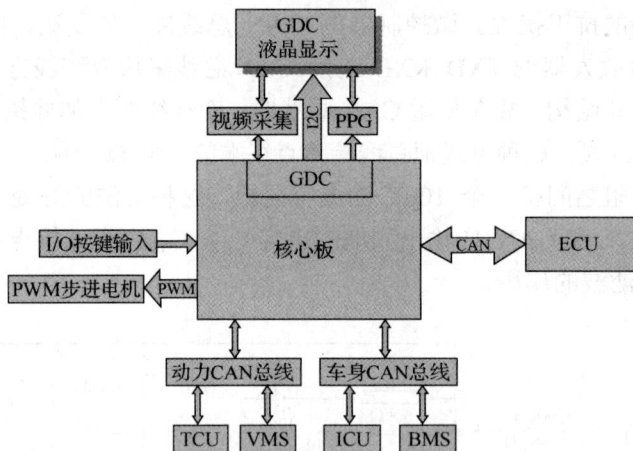

图 5-33　仪表核心板内部软件层次框图

练习与实训

一、名词解释

1. 整车控制器

2. 制动能量回馈

3．能量管理

4．车辆状态的监测

5．故障诊断

二、填空题

1．整车控制系统主要有整车控制器，以及采集驾驶员信息的_____和_____，再加上_____以及_____。

2．动力驱动主模块主要由_____、_____、_____和_____等组成。

3．整车控制器设计原则包括_____、_____、_____、_____和_____。

4．高速 CAN 总线接口模块，用于提供_____，其一端通过光电隔离器与相连，另一端与系统高速_____相接。

5．外接充电管理实现充电的连接，监控_____，报告_____。

三、选择题

1．不属于新能源汽车的仪表内容的是（　　　）。

 A．发动机 ECU　　B．电池电压　　　　C．电机转速　　　　D．SOC 值

2．不属于模拟量数据的是（　　　）。

 A．加速踏板传感器信号　　　　　　B．制动踏板传感器信号

 C．电机转速传感器信号　　　　　　D．钥匙开关

3．不属于驾驶员驾驶意图的是（　　　）。

 A．加速踏板　　　B．制动踏板　　　C．方向盘转角　　D．道路指示信号灯

4．不属于电机驱动控制器工作信息的是（　　　）。

 A．制动信号　　　B．电流传感器　　C．电压传感器　　D．温度传感器

5．不属于整车的网络化管理的内容是（　　　）。

 A．手机　　　　　B．CAN 总线　　　C．发动机 EDU　　D．车身 CAN 总线

四、问答题

1．数据采集电路的功用有哪些？

2．电池保护技术主要有哪些？

3．驾驶模式有哪几种？

4．驱动控制策略的特点有哪些？

5．电机过载管理的特点有哪些？

五、实训题

针对一辆具体的电动汽车，完成以下工作。

1. 定义工作模式。
2. 写出该工作模式下的控制流程。

实训报告

实训题目	电动汽车工作模式的控制流程					
学生姓名		班级			学号	
实训地点		学时			日期	
实训结果						
车辆驱动参数	长/m	宽/m	高/m	质量/kg		
电机参数						
控制流程						
说明其含义						
实训心得						
指导教师			成绩			

第 6 章
驱动电机控制

新能源汽车采用了驱动电机及控制技术中的直流电机及控制技术、直流无刷电机及控制技术、交流异步电机及控制技术和永磁同步电机及控制技术等。

新能源汽车运行过程中遇到各种工况，比如频繁启动，低速平稳运行，高速高效率运行，制动能量回收等，而且运行环境苛刻，这样对电机的要求很高，驱动电机作为电动汽车的动力来源，驱动电机的控制至关重要。

驱动电机的控制器体现了多功能的集合，不仅可以完成电机基本性能，比如转矩、转速和位置控制等；还可以接收上位机给的命令独立完成转动任务，比如按照指定的转动轨迹运行；实时的向上位机反馈驱动系统的运行状态，比如电压、电流、温度、振动等信息；还具有一定的故障诊断和排除的能力，比如当过温、过流和过压等情况发生事，可以自行采取相应措施进行排除等。

通常使用以下传感器来提供驱动电动机系统的工作信息。

① 电流传感器：用以检测电动机工作的实际电流（包括母线电流、三相交流电流）。

② 电压传感器：用以检测供给电动机控制器工作的实际电压（包括动力电池电压、12 V 蓄电池电压）。

③ 温度传感器：用以检测电动机控制系统的工作温度。

本章内容及要点

6.1　驱动电机及其控制总要求

传统汽车的动力来源于发动机，新能源汽车的驱动系统用电机驱动系统代替了发动机作为动力来源，所以新能源汽车的动力性能取决于它的电机驱动系统的性能。理想的新能源汽车电机驱动系统需要满足以下条件。

（1）有高功率密度和高效率。新能源汽车由于使用电池而增加了整车的质量，且电池容量又十分有限，故为了增加续驶里程，高功率密度和高效率的驱动电机在新能源汽车里显得尤其重要。

（2）具有较长的寿命和高可靠性，维修方便。

（3）体积小，以适合汽车有限的空间要求。

（4）电机应具有较宽的调速范围，在低速运行时能提供较大转矩，以满足启动和爬坡的要求；低转矩运行时能达到较高的速度，以满足汽车在平坦路面高速行驶的要求。

（5）瞬时功率大，过载能力强，过载系数应为3～5。

（6）控制系统控制准确、快速。

（7）新能源汽车用电机驱动系统应能够在汽车减速时实现再生制动，将能量回收并反馈给蓄电池，使得新能源汽车具有最佳能量的利用率，并且再生制动时应高效、可靠。

（8）噪声小，以满足乘坐的舒适性。

（9）电磁辐射小，具有较好的电磁兼容性。

（10）价格低廉，适于大规模生产制造。

电机驱动系统是新能源汽车的关键技术之一，电机的特性与发动机有着很大的不同。不同种类的电机之间、同种电机采用不同的控制方法，均会使得电机的输出特性有较大的差异。新能源汽车上使用的驱动电机种类主要为直流电机、交流感应电机（异步电机）、永磁同步电机、开关磁阻电机等。

6.2　直流电机及其驱动控制系统

直流电机在电机体系中占有重要的地位，直流电机控制理论也是电机控制理论的基础。直流电机驱动系统是发展最早、技术最成熟的一种电机驱动系统，在早期的新能源汽车中得到了广泛的应用。

6.2.1　直流电机的工作原理与分类

直流电机的基本工作原理如图 6-1 所示。上下是两个固定的磁铁，上面为 N 极，下面是 S 极。在两极之间安装一个可以转动的圆柱体称为电枢。电枢表面的槽里安装着两段导体 ab 和 cd，两段导体的一端（b 端与 c 端）相互连接成一个线圈，称之为电枢绕组。电枢绕组的两端（a 端与 b 端）分别与一个可以旋转的半圆形导体相互连接，两个半圆形导体称为换向片，两个换向片相互绝缘，与电枢绕组同轴旋转。换向器上面压紧两个固定不动的电刷 A、电刷 B，它们分别连接一个直流电源的正极和负极。图 6-1 中电刷 A 连接电源的正极，电刷 B 连接电源的负极。当在图 6-1（a）所示位置时，ab 段导体在 N 极之下，电流方向为由 a 到 b，根据左手定则，其受力为逆时针方向；cd 段导体在 S 极之下，电流方向为由 c 到 d，其受力也为逆时针方向，电枢连同换向器将逆时针旋转。当导体与换向器旋转至图 6-1（b）所示位置时，cd 段导体转到 N 极之下，但其电流方向改变为由 d 到 c，故其受力仍为逆时针方向；ab 段导体转到 S 极之下，其电流方向改变为由 b 到 a，受力仍为逆时针方向。因此，电机可以进行连续的旋转，这就是直流电机的工作原理。

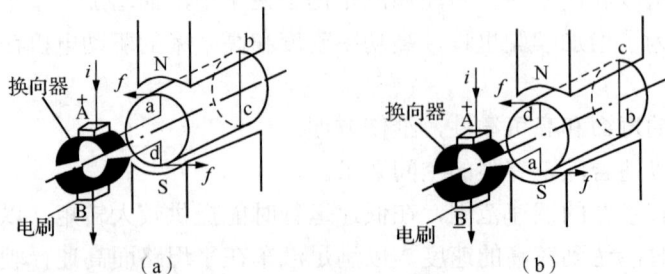

（a）　　　　　　　　　　　　　（b）

图 6-1　直流电机的基本工作原理

　　按照电机磁场的产生方式，使用永久磁体产生磁场的电机称为永磁式电机，如果磁场是由直流电通过绕在磁极铁芯的绕组产生的，那么这样的直流电机称为绕组励磁式电机。小功率的电机通常使用永磁式电机，而大功率的电机通常使用绕组励磁式电机，它主要由固定不动的定子部分和可以旋转的转子部分组成。定子部分由机座、主磁极、换向极和电刷组成。机座起到支撑电机和作为一部分主磁路的作用。主磁极由铁芯和套装在铁芯上面的励磁绕组组成，它的作用是产生电机的磁场，一般制成多极，但总是偶数，且 N、S 极相间出现，一个 N 极与一个 S 极称为一个极对。换向极结构和主磁极相似，作用是减小电刷与换向器之间的火花。电刷是电枢电路的引入装置，把转动的电枢电路与不转的外电路进行连接，因此直流电机通常也叫作直流有刷电机。转子部分由电枢铁芯、电枢绕组和换向器组成。电枢铁芯为主磁路的一部分，通常由冲有齿和槽的硅钢片叠压而成，它的槽中嵌入电枢绕组。电枢绕组由一定数目的电枢线圈按一定规律连接组成，线圈由绝缘的导线绕成，当线圈中流过电流时，在磁场中受力产生电磁转矩。换向器由许多换向片组成，在直流电机里，换向器实际起到的是逆变作用。

　　直流电机励磁绕组的供电方式称为励磁方式，按照励磁方式的不同，直流电机可分为他励式和自励式两种。他励式直流电机励磁绕组的励磁电流由其他的独立直流电源供给，励磁绕组与电枢绕组在电路上互相独立，如图 6-2（a）所示。他励直流电机是最简单的电机形式。自励式直流电机的励磁绕组和电枢绕组由同一个电源供电，又分为并励、串励和复励三种。并励式直流电机的励磁绕组和电枢绕组并联，如图 6-2（b）所示。其励磁绕组端电压与电枢绕组的端电压相同。串励式直流电机的励磁绕组和电枢绕组串联，如图 6-2（c）所示。其励磁绕组的电流与电枢绕组的电流相同。复励直流电机的主磁极铁芯上有两个励磁绕组，一个是和电枢并联的并励绕组，另一个是和电枢串联的串励绕组，如图 6-2（d）所示。直流电机励磁消耗的功率不大，一般占电机额定功率的 1%～3%。

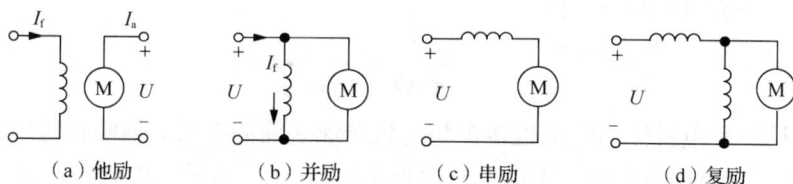

（a）他励　　　　　（b）并励　　　　　（c）串励　　　　　　（d）复励

图 6-2　直流电机的励磁方式

　　直流电机运行时，如果按其设计时的额定值运行，可以保证其可靠地工作，并有良好的性能。直流电机的额定参数有额定功率 P_N（kW）、额定电压 U_N（V）、额定电流 I_N（A）、额定转速 n_N（r/min）和额定励磁电压（V）等参数。

　　电机的额定功率是指电机在额定运行时的输出功率。对于电机，额定输出功率为机械功率，$P_N=U_N I_N \eta_N$，η_N 为额定效率；对于发电机，额定输出功率为电功率，$P_N=U_N I_N$。额定电压为额定运行时电枢绕组的输入电压。

6.2.2　直流电机的动态方程与特性分析

　　为了对电机运行时的状态进行分析，可以通过建模的方法把电机运行时的电气关系进行电路等效。直流电机在稳态运行时（稳态运行指电机的电压、电流、转速不再发生变化），其电枢电路可以等效如图 6-3 所示的电路。直流电机的电枢电压方程如下。

$$U=E_a+I_aR_a \qquad (6\text{-}1)$$

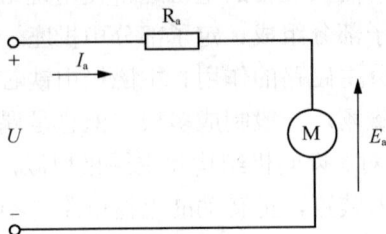

图 6-3　直流电机稳态运行等效电路

式中，U 为加在电枢回路两端的端电压（V）；E_a 为电枢绕组在磁场中旋转产生的感应电动势，称为电机的反电动势（V）；I_a 为电枢绕组的电流（A）；R_a 为电枢绕组的电阻（Ω）。

由电机理论可知直流电机的电枢电动势方程如下。

$$E_a=K_e\varPhi n \qquad (6\text{-}2)$$

式中，K_e 为电机的电动势常数，是一个取决于电机结构的常数；$\varPhi$ 为电机每极的磁通（Wb）；n 为电机的转速（r/min）。

由式（6-2）可知，电机的感应电动势与每极磁通成正比，与电机的转速成正比。

直流电机的电磁转矩可由式（6-3）得出：

$$T=K_T\varPhi I_a \qquad (6\text{-}3)$$

式中，T 为电机产生的电磁转矩（N·m）；K_T 为电机的转矩常数，也是一个取决于电机结构的常数，并且 $K_T=9.55K_e$。

由式（6-3）可知，电机的电磁转矩与每极磁通成正比，与电机的电枢电流成正比。

由式（6-1）～式（6-3）可得：

$$n=\frac{U}{K_e\varPhi}-\frac{R_a}{K_T\varPhi^2 K_e}T \qquad (6\text{-}4)$$

式（6-4）反映了电机输出的电磁转矩与电机转速之间的关系。他励直流电机的励磁电流 I_f 一定时，电机的磁通 $\varPhi$ 为常数。当电机的电枢端电压 U 一定时，电磁转矩 T 与转速 n 之间为一函数关系 $n=f（T）$。式（6-4）称为他励直流电机的机械特性方程，也叫作外特性方程。图 6-4 称为他励直流电机的机械特性曲线，也叫作外特性曲线。其中，$n_0=U/（K_e\varPhi）$ 为电机的空载转速。电机稳态运行时，电磁转矩 T 的大小将取决于负载转矩的大小。

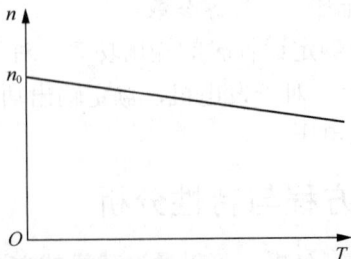

图 6-4　他励直流电机的机械特性曲线

电机运行的动态过渡过程如下：如果电机在稳态运行中，负载转矩突然增加，会导致电机减速运行，转速 n 将减小，由式（6-2）可知转速 n 减小会导致电机的反电动势 E_a 减小，由式（6-1）可得，电机的电枢电流 I_a 将增大，又由式（6-3）知，I_a 的增大会导致电机电磁转矩 T 的增大，电机又将加速运行。由于电枢电流的增加，将导致消耗在电机电枢电阻上的功率加大，故电机到达稳态时，电机的转速不能恢复到原来的数值，会有所下降。但由于电枢电阻 R_a 比较小，故电机到达稳态，其下降的速度并不大，表现为其机械特性呈一稍向下倾斜的直线。直线斜率越小，则机械特性越硬。

当电枢电压 U、励磁电流 I_f 都为额定值时的机械特性称为电机的固有机械特性，也称为自然机械特性。如果改变了电枢电压、励磁电流或电枢串接外电阻，那么这时的机械特性称为电机的人为机械特性。

他励直流电机的励磁电流与负载无关，而串励直流电机的励磁电流与电枢电流相同，它将随负载的变化而变化。电压方程的电阻除电枢电阻 R_a 外，还有串励绕组的电阻 R_f。串励直流电机的机械特性方程表达式仍为

$$n = \frac{U}{K_e\Phi} - \frac{R_a + R_f}{K_T\Phi^2 K_e}T \tag{6-5}$$

串励直流电机的机械特性曲线如图 6-5 所示，转速随电磁转矩下降较快，机械特性较软。当电流较大、磁路饱和、磁通不再随电流变化而变化时，其机械特性与他励直流电机机械特性十分接近，为一略微向下倾斜的直线。但因串励直流电机的电阻比他励直流电机的电阻大一个串励绕组电阻，所以串励直流电机的转速下降比他励直流电机稍大。

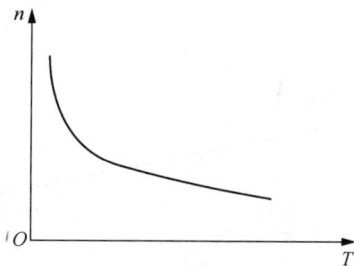

图 6-5　串励直流电机的机械特性曲线

串励直流电机由于机械特性较软，随着转矩的增大导致转速下降较快，所以不会引起由于负载过大导致的电机过载。但是由图 6-5 可知，负载转矩趋近零时，电机转速将趋近无穷大，故串励直流电机不允许空载运行，也不允许皮带传动，以免皮带脱落造成"飞车"现象。

串励直流电机启动时磁路没有达到完全饱和，串励直流电机的启动转矩虽然不能与 I_a^2 成正比，但是也比他励直流电机的启动转矩（与 I_a 成正比）大，故串励直流电机适用于启动困难且不空载运行的机械。新能源汽车需要的启动转矩大且不会空载，故串励直流电机在低速新能源汽车上有着很多的应用。

当电机的电磁转矩 T 方向改变时，电机就可以反向拖动运行。由直流电机的电磁转矩公式 $T = K_T\Phi I_a$ 可知，改变磁通 Φ 的方向或者改变电枢电流 I_a 的方向，都可以改变电磁转矩的方向，实现电机的反转。他励直流电机的励磁磁通 Φ 的方向由励磁电流 I_f 的方向决定，改变励磁电压 U_f 的方向就可以改变励磁电流 I_f 的方向。但是，他励直流电机的励磁绕组匝数比较多，

具有较大的电感，反向磁通建立过程较慢，故通常采用改变电枢电流 I_a 方向的方法实现电机的反转。

新能源汽车的制动分为机械制动和电气制动两种制动方法。机械制动方法与传统汽车方法相同，通过刹车片与制动盘之间的摩擦对汽车进行制动。对于电机来说，还可以使用电气制动的方法。电机在运行过程中，如果电磁转矩 T 与电机转速 n 方向一致，那么 T 为拖动转矩，电机运行在电动状态；如果电磁转矩 T 与电机转速 n 方向相反，那么 T 为制动转矩，电机就运行在制动状态。电机的电气制动分为能耗制动、反接制动和回馈制动三种方式。能耗制动时，切断供电电源，将电枢绕组两端接通（通常串入一个限流电阻）。因为电机转速不能突变，故电枢电动势 E_a 也不变，在电枢电动势 E_a 的作用下，电枢电流 I_a 反向，产生制动转矩；反接制动时，通过对供电电压的反接，产生反向的电枢电流进行制动；回馈制动时，设法使电枢电动势 E_a 大于电枢电压 U，迫使 I_a 反向，产生制动转矩，同时电机向电源馈电。汽车在行驶过程中，将会有大量的能量浪费在制动的损耗上，通过回馈制动，可以对一部分汽车动能进行回收利用，对增加新能源汽车的续驶里程具有一定的意义，回馈制动是目前新能源汽车电机技术研究的焦点之一。

如图 6-6 所示，电机正向运行时，电机电磁转矩 T 与转速 n 都为正方向，这时电机工作在转矩—转速坐标系的第一象限；电机反向运行时，电磁转矩 T 与转速 n 方向都为负，电机工作在第三象限；如果转速 n 方向为正，电磁转矩 T 方向为负，那么电机工作在正向运行的制动状态，这时电机工作在第二象限；如果转速 n 方向为负，电磁转矩 T 方向为正，那么电机工作在反向运行的制动状态，这时电机工作在第四象限。新能源汽车的电机要求能够在四象限内运行。

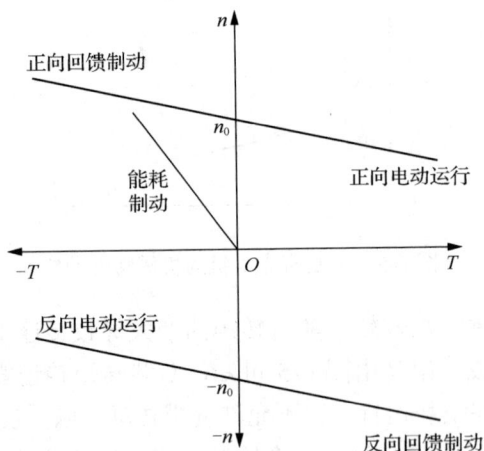

图 6-6　电机的四象限运行

6.2.3　直流电机的调速方法

由直流电机的自然机械特性曲线可知，电机的转速与电磁转矩存在着单值关系，而电机在稳态时的电磁转矩是由负载转矩所决定的，故直流电机工作在自然机械特性时的转速是无法控制的。由式（6-4）可知，如果改变电机的电枢电压 U、磁通 Φ 或电枢回路电阻 R_a，就可以改变电机的机械特性曲线，因此直流电机的调速方法分为电枢降电压调速、电枢回路串电阻调速和改变磁通调速。新能源汽车上通常采用电枢降电压调速和改变磁通调速。

由式（6-4）可知，如果改变了电机的电枢电压，就改变了电机的空载转速 n_0，而电机机械特性曲线的斜率不受影响。故电机工作在不同的电枢电压时，其机械特性曲线为一簇平行的直线。由于电机不能工作在额定电压之上，故只能降低电源电压进行额定转速 n_N 向下调速。其机械特性曲线如图 6-7 所示。

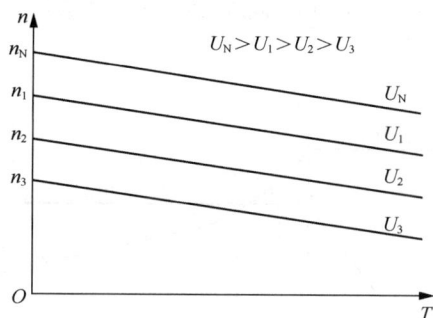

图 6-7　降低电源电压时的机械特性曲线

直流电机电枢电压不变时，改变电机的磁通，也可以改变电机的机械特性。由于电机的磁通不能超过其磁路饱和状态时的磁通，故只能减小磁通进行调速，由式（6-4）可知，如果降低了磁通 Φ，则其空载转速 n_0 将会增大，但机械特性曲线斜率也会发生改变。他励直流电机的弱磁调速机械特性曲线如图 6-8 所示，属于额定转速以上的向上调速。

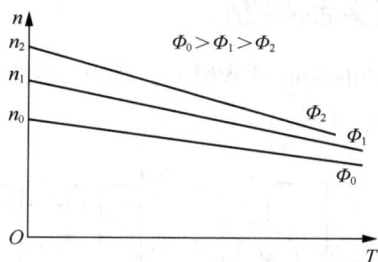

图 6-8　他励直流电机的弱磁调速机械特性曲线

随着电力电子技术及微控制器技术的发展，直流电机的降电压调速与弱磁调速都可以实现无级调速。把两者配合起来，可以实现双向调速，基速以下采用降压调速，基速以上采用弱磁调速。

电机调速时带负载的能力，可以用电机允许输出的转矩和允许输出的功率来表示。确定允许输出转矩和功率的大小时应考虑的前提条件是合理地使用电机。电机在不同转速下运行，电枢电流都等于额定值不变时，电机为最合理地使用。故用电机电枢电流 $I_a=I_N$ 不变时，电机允许输出的转矩和功率来表示电机带负载的能力。降低电源电压调速时，保持 $I_a=I_N$ 不变，电磁转矩 $T=K_T\Phi I_N=T_N$ 也基本保持不变，这种调速方式属于恒转矩调速。在恒转矩调速时，电机允许输出的转矩保持不变，与转速无关，这时允许输出的功率与转速成正比变化。在电机的弱磁调速时，保持 $I_a=I_N$ 不变，电机功率也基本保持不变，这种调速方式属于恒功率调速。在恒功率调速时，电机允许输出的功率保持不变，与转速无关。这时允许输出的转矩与转速成反比变化。图 6-9 显示了恒转矩调速与恒功率调速的配合方式。在基速以下时，采用降低电源电压的恒转矩调速方式，这时励磁磁通为额定状态；基速以上时采用降低磁场磁通的恒功率调速方式，这时电枢电压为额定值。需要指出的是，恒转矩调速方式与恒功率调速方式，都是用来表征电机采取某种调速方式时带负载的能力，并不是指电机的实际输出。在电机实际运行时，电磁转矩的大小取决于负载转矩的大小。恒转矩与恒功率的含义是若保持 $I_a=I_N$ 不变，则可以恒转矩输出和恒功率输出。

如果电机电流可以超过额定值运行，那么可以用 $I_a=I_{max}$ 时的转矩及功率来确定恒转矩曲线及恒功率曲线。

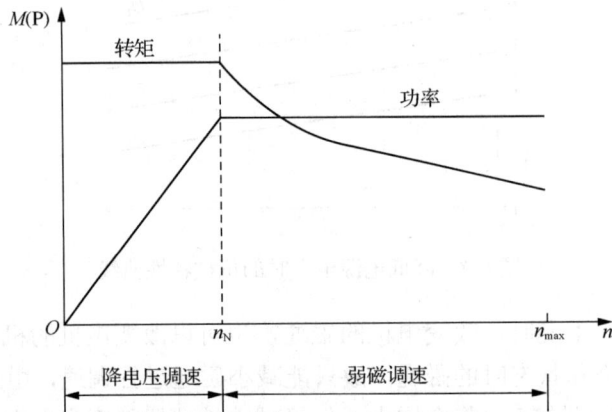

图 6-9　恒转矩调速与恒功率调速的配合方式

6.2.4　直流电机的脉宽调制控制

脉宽调制（Pulse width modulation，PWM）控制方法是目前控制电机电枢电压大小的主流控制方法。其控制原理如图 6-10 所示。

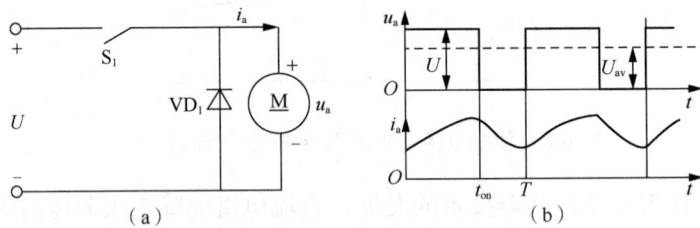

图 6-10　PWM 控制原理图

图 6-10（a）中，当开关 S_1 接通时，电源电压加到电机电枢两端，电机旋转，同时电枢电感储存能量；当开关 S_1 断开时，电源停止向电机提供能量，但电枢电感存储的能量通过与电机电枢反向并联的二极管续流，电流降为零之前，电机仍然能继续旋转，开关以极高的频率不停地关闭和断开（通常为 1～10kHz），电枢电压和电流如图 6-10（b）所示。电枢电压的平均值 U_{av} 为

$$U_{av}=\frac{1}{T}\int_0^T u_a\mathrm{d}t=\frac{1}{T}\int_0^t U\mathrm{d}t=\delta U \tag{6-6}$$

式中，δ 为占空比，为开关导通时间与导通周期的时间比。δ 的变化范围为 $0<\delta<1$。电枢电压的平均值 U_{av} 由电源电压和占空比所决定，这样，就可以通过控制占空比 δ 的大小来控制电

机的电枢电压，实现对电机的调压控制。

目前，在 PWM 控制中，通常使用定频调宽法来改变占空比的值，即保持周期 T（或频率）不变，改变开关导通时间 t_{on} 来改变占空比的大小。实际应用中，开关 S_1 为一个可控的开关管（通常使用 MOSFET 管或 IGBT 管），通过高频的 PWM 信号来控制其导通与关断，实现 PWM 控制。

新能源汽车的驱动电机通常需要进行四象限运行，通过采取图 6-11 所示的 H 桥式电路即可实现对直流电机的四象限运行控制及制动方式的控制。其中 $VT_1 \sim VT_4$ 为开关管，$VD_1 \sim VD_4$ 为续流二极管。

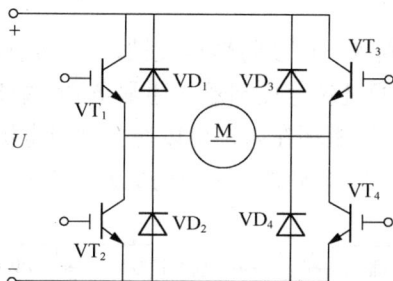

图 6-11　直流 PWM 控制 H 桥式电路

对于图 6-11 所示的 H 桥式电路，以电机正向旋转为例，可以控制电机工作在以下四种状态，并且不存在电流断续的状态。

① 电动状态。当 VT_1、VT_4 导通，VT_2、VT_3 关断时，电机电枢绕组通过正向电流，电机工作在正向电动运行状态。

② 电动续流状态。当处于电动状态时，若 VT_1 的 PWM 信号变为低电平时，则 VT_1 将关断，VT_4 继续导通。此时电机电枢的电压为零，由于电枢绕组存在感性，因此其电流不能突变，电枢绕组的自感电动势将克服反电动势 E_a 通过 VT_4 与 VD_2 进行续流，电机消耗存储在电感中的能量进入电动续流状态，此时电流将持续衰减。

③ 能耗制动状态。电机续流结束时，将 VT_2 打开，VT_4 关断，此时由于电机继续正向旋转，反电动势 E_a 方向不变，故电机在反电动势的作用下将通过 VT_2、VD_4 产生一个反向的电流，电机相当于工作在能耗制动的状态。

④ 再生制动状态。在能耗制动时，使 VD_2 关断，电流失去续流通路将会迅速减小，电流的减小会感生出与电源电动势方向相反的感生电动势，通过二极管 VD_1、VD_4 对电源馈电，实现再生制动。

同样，电机反向运行时也可以通过控制实现以上四种状态。

6.2.5　直流电机的转矩与转速控制

如果想对电机的运行进行精确控制，那么必须能够对电机的电磁转矩进行控制。因为作用在电机上的合转矩为电机电磁转矩与负载转矩之差，而转速为转矩的积分，位置为速度的积分，所以只要控制了电机的电磁转矩，就可以控制电机的速度或是位置，实现对电机动态特性的控制。直流电机的转矩在主磁极励磁磁通保持恒定的情况下与电枢电流呈线性关系，通过对电枢电流闭环控制就可以实现快速而准确的转矩控制。其控制系统框图如图 6-12 所示。由检测到

的电枢电流 I_a 求得电机的实际转矩 T，给定转矩 T^* 与实际转矩 T 做差后通过转矩控制器（通常是 PI 调节器）进行调节，得出电机电枢的给定电压 U，通过 PWM 控制后给电机供电。

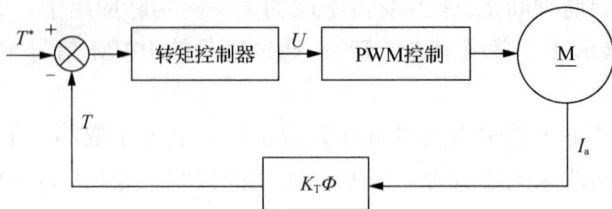

图 6-12　直流电机的转矩闭环控制系统框图

如果希望精确控制电机的转速，可以将转速反馈，在转矩环外面再加上转速闭环控制，给定转速 n^* 与实际转矩 n 做差后通过转速控制器（通常是 PI 调节器）进行调节得出电机电枢的给定转矩 T^*，如图 6-13 所示。转矩环在内，可以充分利用电机的过载能力以获得快速响应；转速环在外，可以实现转速的无静差调节，这种控制方法也称为直流电机的双闭环控制。

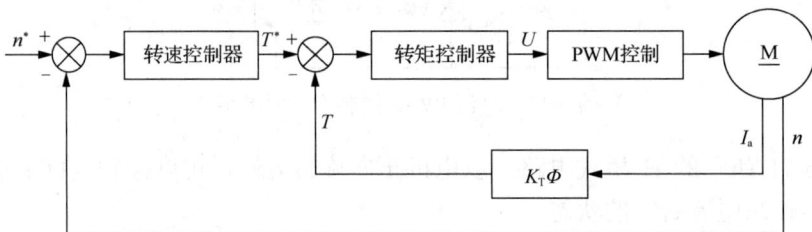

图 6-13　直流电机的转速、转矩闭环控制

6.2.6　直流电机的特点

由于直流电机的转矩与电枢电流成正比，故直流电机可以通过简单的控制方法获得良好的动态控制性能。通过对直流电机的电枢电压控制，实现基速以下调速，通过对励磁绕组电流的控制，实现电机的弱磁升速。直流电机可以快速地进行启动、制动、正反转，并且在低速时可以平滑地运转。他励、并励、串励、复励的直流电机在实际中都得到了应用，串励直流电机还具有低速时自动获得大转矩的优点，符合汽车所要求的转矩特性。

但是，由于直流电机需要通过电刷和换向器进行换向，容易造成电刷和换向器的磨损，换向不良时还会产生火花，因此，直流电机的可靠性较差，必须定期进行维护。另外，直流电机不适合进行高速运转，且同等功率下，直流电机体积、质量较大。现阶段，在大功率的新能源汽车中，直流电机已经逐步被更加坚固耐用的交流电机所取代，但是在小功率的新能源汽车中，直流电机由于价格低廉、控制简单、技术成熟，还将在一段时间内继续存在。

6.3　交流感应电机及其驱动系统

交流感应电机又称为交流异步电机，它有着结构简单、价格低廉、坚固耐用、运行可靠等特点，在大功率新能源汽车驱动电机上有着广泛的应用。

6.3.1　交流感应电机的工作原理

交流感应电机由定子和转子两大部分组成，定子主要由定子铁芯、定子绕组和机座 3 部分组成。定子铁芯为主磁路的一部分，由硅钢片叠压而成，在其内圆周上冲满槽，槽内安放三相对称绕组，三相绕组常按星形方式连接。转子由转子铁芯、转子绕组和轴承组成。转子铁芯也是主磁路的一部分，由硅钢片叠压而成。转子绕组分为笼型（见图 6-14）和绕线型（见图 6-15）两种。笼型绕组为自动闭合的对称多相绕组，它由插入每个转子槽中的导条和两端的端环构成，一根导条为一相绕组。由于笼型转子结构简单，制作方便，经久耐用，因此新能源汽车上的交流感应电机一般为笼型转子结构。

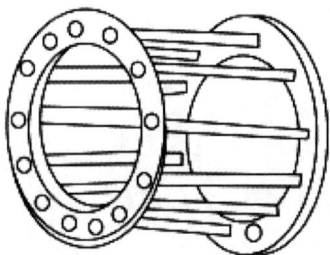

图 6-14　笼型转子绕组

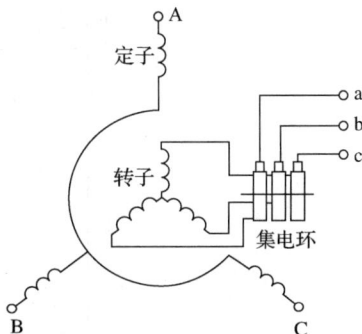

图 6-15　绕线型转子绕组

交流感应电机的工作原理如图 6-16 所示。三相对称的定子绕组通上三相交流电之后，将在气隙上产生一个旋转磁场，旋转磁场的转速 n_1 取决于电机的磁极对数 p 和三相交流电的频率 f，$n_1=60f/p$。这个旋转磁场切割转子的绕组，在转子绕组中感应出感生电动势，产生感生电流，该电流与旋转磁场相互作用，产生电磁转矩，使转子跟随旋转磁场同方向旋转。如果转子的转速 n 与旋转磁场转速相同，那么旋转磁场与转子绕组没有相互运动，旋转磁场不再切割转子绕组，就不能在转子中产生感生电动势，也就不能产生转子电流和电磁转矩。因此转子的转速 n 永远也赶不上旋转磁场的转速 n_1，不可能达到同步，这就是交流感应电机也被称为"异步电机"的原因。把 $\Delta n=n_1-n$ 称为转速差，$s=\Delta n/n_1$ 称为转差率。一般交流感应电机的转差率为 0.02～0.05。

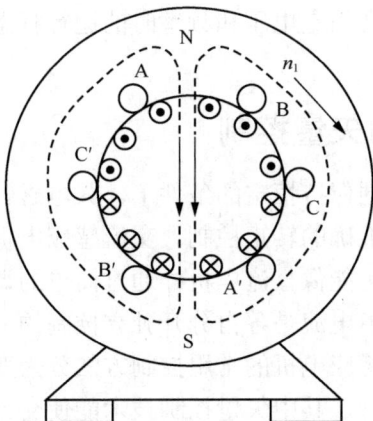

图 6-16　交流感应电机的工作原理

感应电机的额定值有额定功率 P_N（kW）、额定电压 U_N（V）、额定电流 I_N（A）、额定转速 n_N（r/min）和额定频率（Hz）等参数。其中额定功率指电机的输出功率，额定电压、额定电流是指额定运行时定子的线电压和线电流，额定转速指额定运行时的转子转速，额定频率指通入定子三相交流电的频率。

6.3.2　交流感应电机的特性分析

由电机理论可知，当通到交流感应电机三相交流电的电压、频率都为固定值时，其机械特性如图 6-17 所示。

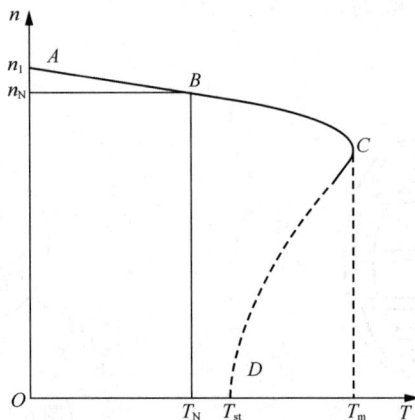

图 6-17　交流感应电机的机械特性

A 点为同步运行点，该点 $T=0$，$n=n_1$，此时电机不能进行能量转换。

B 点为额定运行点，此时电机为额定运行状态。

C 点为最大转矩点，该点时转矩达到最大值。此时所对应的转差率 s_m 为额定转差率。在 $0<s<s_m$ 时，转矩随着转速的增加而减小；$s>s_m$ 时，转矩随着转速的减小而减小，如果电机在此区域内工作，那么负载稍有扰动，就会造成电机运行状态的不稳定，故电机只能工作在区域 $0<s<s_m$ 区域内。

D 点为启动点，所对应的转矩为启动转矩。可知该点的转矩小于电机的最大转矩，这不符合汽车低速大转矩的要求。

综上所述，交流感应电机在固定电压和频率时的运行状态不适于汽车牵引的要求，必须加以控制来改变其特性。

6.3.3　交流感应电机的矢量控制

直流电机在主磁极励磁磁通保持恒定的条件下，其电磁转矩与电枢电流呈线性关系，通过电枢电流的控制就可以实现准确的转矩控制。交流感应电机的定子电流与电磁转矩之间具有复杂的非线性关系，因此不可能像直流电机样通过简单的调节电枢电流来控制电磁转矩。并且直流电机的励磁电流和电枢电流是各自分开独立控制的，而交流感应电机只能对定子进行控制，控制难度加大。交流感应电机的常用控制方法分为变压变频控制、转差频率控制、矢量控制和直接转矩控制等几种，其中矢量控制技术能使交流感应电机得到和直流电机一样的调速特性，目前已经成为较理想的高性能交流感应电机的控制方法。

德国学者提出了交流电机的矢量控制理论，它的主要控制思想就是把异步电机的转矩控制模拟成直流电机的转矩控制，通过对定子电流的解耦，把定子电流分成两个正交分量：一个用来产生转子磁通的励磁分量，相当于他励直流电机的励磁电流；另一个用来产生电磁转矩的转矩分量，它相当于直流电机的电枢电流，由此可以把交流感应电机的转矩控制模拟成直流电机的转矩控制。

根据矢量控制思想可得出交流感应电机的矢量控制系统结构图，如图 6-18 所示。

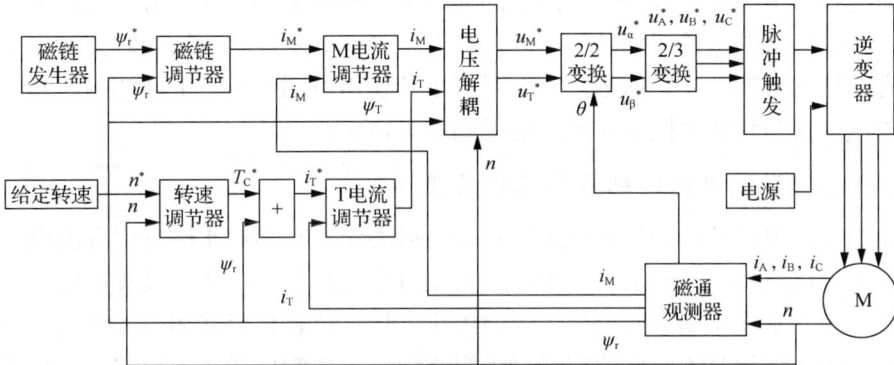

图 6-18 矢量控制系统结构图

首先由测得的交流感应电机定子三相电流和转子转速，通过磁通观测器（内含坐标变换）得出定子电流，再得 M—T 坐标系下的分量 i_M，i_T，转子磁通 ψ_r 和 ψ_r 与 α 轴的夹角 θ。给定转速和反馈的电机转速通过转速调节器后得出给定转矩 T_C^*，由 T_C^* 和 ψ_r 计算出给定的定子 T 轴电流 i_T^*，它和反馈的 i_T 进行闭环控制。磁链发生器给出转子磁链的额定值，和反馈的 ψ_r 闭环后得出给定的定子 M 轴电流。

6.3.4 交流感应电机的特点及应用

与直流电机相比，交流感应电机本身的结构简单、体积小、质量轻、寿命长，鼠笼型交流感应电机更加可靠耐用，甚至可以免维护。交流感应电机可以获得很高的转速，并有较高的调速范围。低速时可以获得大转矩，高速时效率高。从电机的控制性来看，交流感应电机的控制比较复杂，其控制性能一度比较差，但近年来随着电力电子技术和数字信号处理器技术的不断进步，以及各国学者对交流感应电机控制技术研究的不断深入，交流感应电机的控制性能得到了大幅度的提高，已经接近直流电机的控制性能，可以满足新能源汽车的动力性要求。从成本方面来看，交流感应电机本体的成本要比直流电机低，但其控制器的成本较高，随着电力电子技术的进步，其控制器的成本也在逐渐降低。在新能源汽车上，交流感应电机已经得到很多的应用，尤其是在高速大功率的新能源汽车上，交流感应电机有着很广阔的应用前景。

6.4 永磁同步电机及其驱动系统

永磁同步电机由于效率高、转矩响应快等特点得到了广泛应用。新能源汽车用的交流永磁电机根据其结构及控制方法主要分为两种，一种是通以方波电流的方波永磁同步电机，一种是通以正弦波电流的正弦波永磁同步电机。两种电机的结构基本相同，但控制方法有着很大的差别。由于方波永磁同步电机控制方法与直流有刷电机类似，因此习惯上把方波永磁同步电机称为永磁无刷直流电机，而把正弦波永磁同步电机称为永磁同步电机。

6.4.1 永磁无刷直流电机及其驱动系统

永磁无刷直流电机是从有刷直流电机的基础上发展而来的。对于有刷直流电机而言，由于存在电刷和换向器的机械接触结构，因此有着造价高、噪声大、换向时会产生火花、电磁干扰大、寿命短和可靠性差等问题，大大限制了其使用范围。基于上述弊端，20 世纪 60 年代研制出以电子换向代替机械换向的永磁无刷直流电机。

1. 永磁无刷直流电机的结构和工作原理

永磁无刷直流电机的结构与永磁有刷直流电机类似，只不过永磁有刷直流电机的永久磁体是在定子上，电枢绕组在转子上；而永磁无刷直流电机的电枢绕组设置在定子上，永久磁体设置在转子上。永磁无刷直流电机主要由电机本体、位置传感器和电子开关电路三部分组成。电机的定子绕组和交流电机的定子绕组很相似，一般制成多相，通常为三相或四相，多为星形连接且无中线引出。转子由一定极对数的永磁体镶嵌在铁芯表面或者嵌入铁芯内部构成。图 6-19 为四相永磁无刷直流电机的结构，其截面图如图 6-20 所示。

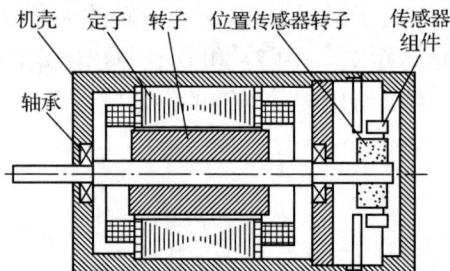

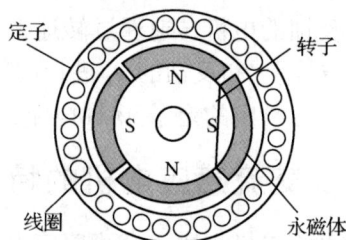

图 6-19　四相永磁无刷直流电机的结构　　　图 6-20　四相永磁无刷直流电机截面图

在有刷直流电机中，电机的电枢在转子上，定子的作用是产生固定不变的磁场。为了使电机能够旋转，需要通过换向器和电刷不断改变电枢绕组中的电流方向，使励磁磁场和电枢电流产生的磁场始终保持相互垂直，从而产生恒定的转矩驱动电机不断地旋转。如果永磁无刷直流电机的定子电枢通上不变的直流电，只会产生不变的磁场，而转子为极性固定的永久磁体，则电机无法进行旋转。为了让电机旋转起来，必须使定子绕组的电流随着永磁体的旋转而不断地换向。永磁无刷直流电机的换向是通过位置传感器和电子换向电路来实现的。实际中，常利用位置传感器实时地检测出转子磁极的位置，然后利用电子换向电路按照一定的逻辑驱动与电枢绕组相连的功率开关管，对定子绕组进行电流换向。电机在旋转过程中，从定子看来，在任一绕组下面的永磁体极性虽然 N、S 极不断地交替更换，但绕组中的电流也随着永磁体极性的更换而更换；从转子看来，在任一转子磁极下的定子绕组虽然不断地改变，但它们中通过的电流方向始终不变。这样就一直产生同方向的电磁转矩，电机就可以不停地进行旋转。这就是永磁无刷直流电机的电子换向原理。

永磁无刷直流电机的位置传感器起着检测转子磁极位置的作用，并为逻辑控制电路提供正确的换向信号。永磁无刷直流电机应用的位置传感器有电磁式、光电式和霍尔式几种，它们都将转子的磁极位置信号转换成电信号，反馈给控制器来控制定子绕组进行电流换向。目前永磁无刷直流电机中多使用体积小、使用方便且价格低廉的霍尔传感器。

　　下面以三相永磁无刷直流电机为例，来说明其工作过程。图 6-21 为三相永磁无刷直流电机的工作原理图，为了使分析简化，只选有一对磁极。电机的定子绕组分别为 A 相、B 相、C 相，每相在空间上间隔 120°的电角度，每相上放置一个位置传感器，每相电流的通断由一个电子开关管控制。

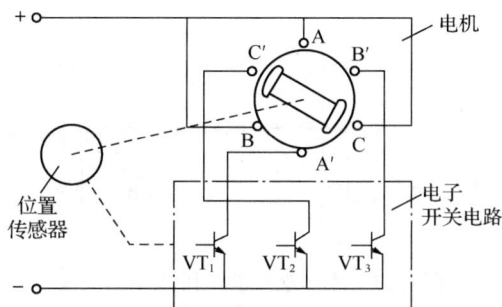

图 6-21　三相永磁无刷直流电机的工作原理图

　　永磁无刷直流电机的转子位置与通电绕组关系原理图如图 6-22 所示。当转子处于图 6-22（a）所示位置时，B 相的位置传感器发出感应信号送给电机控制器，控制系统输出控制信号将开关管 VT₁ 导通，A 相绕组通电，元件边 A 电流方向为垂直纸面向里，元件边 A′电流方向为垂直纸面向外，A 相绕组产生的磁场与转子永磁体相互作用，产生电磁转矩推动转子逆时针旋转；当转子转过 120°电角度到达图 6-22（b）所示位置时，C 相的位置传感器发出感应信号送给电机控制器，控制系统输出控制信号将开关管 VT₂ 导通，B 相绕组通电，继续产生逆时针方向的电磁转矩；当转子再转过 120°电角度到达图 6-22（c）所示位置时，A 相的位置传感器发出感应信号，开关管 VT₃ 导通，C 相绕组通电，依旧产生逆时针方向的电磁转矩，推动转子旋转至图 6-22（d）所示位置，这样就又回到原来的状态，如此循环，电机就可以不停地旋转。

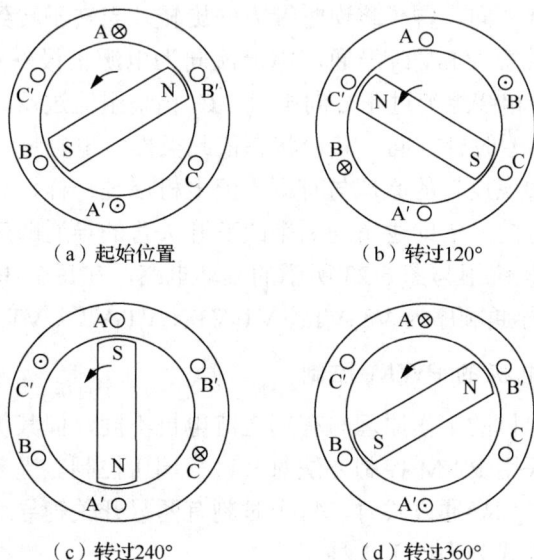

（a）起始位置　　（b）转过120°

（c）转过240°　　（d）转过360°

图 6-22　永磁无刷直流电机的转子位置与通电绕组关系原理图

2. 永磁无刷直流电机的驱动电路

永磁无刷直流电机的驱动电路可分为半桥式和全桥式两种，每种方式又分为星形连接和三角形连接两种。在现代工业中，星形连接的全桥式驱动电路得到广泛应用，其电路如图 6-23 所示。

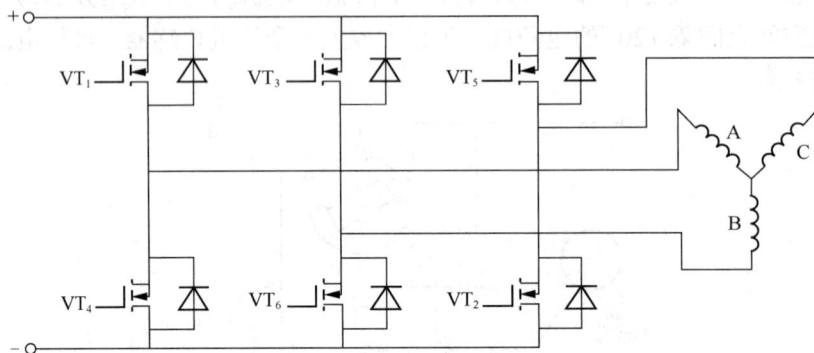

图 6-23　星形连接的全桥式驱动电路

$VT_1 \sim VT_6$ 为 6 个可控开关管，分为 VT_1VT_4、VT_3VT_6、VT_5VT_2 三组，VT_1、VT_3、VT_5 称为上桥臂管，VT_4、VT_6、VT_2 称为下桥臂管，每个开关管反向并联一个续流二极管。它有多种逻辑导通方式，下面以最常用的二二导通方式为例，来说明换向过程。二二导通方式就是每次使两个开关管同时导通，由图 6-23 所示，在每个 360° 电角度周期内，开关管导通顺序为 VT_1VT_2、VT_2VT_3、VT_3VT_4、VT_4VT_5、VT_5VT_6、VT_6VT_1，一共有 6 种导通状态，每种导通状态持续 60° 电角度，每个开关管持续导通 120° 电角度，每更换一种状态更换一个导通的开关管。以 A 相绕组元件边 A 位置为 0° 角度，逆时针为正，当转子 N 极处于图 6-22 转子磁极 0°～60° 位置时（A～C'间），令 VT_1VT_2 导通，电流流向为电源正极→VT_1→A 相绕组→C 相绕组→VT_2→电源负极，A 相绕组流过正方向电流，C 相绕组流过反方向电流。参照图 6-22，绕组 A、C'电流为垂直纸面向里，绕组 A'、C 电流为垂直纸面向外，合成磁场方向为 B'—B 可判断合成转矩为逆时针方向，转子将逆时针方向旋转。当转子转到 60°～120° 位置时（转子 N 极正对 C），将开关管 VT_2VT_3 导通，电流流向为电源正极→VT_3→B 相绕组→C 相绕组→VT_2→电源负极，B 相绕组流过正方向电流，C 相绕组流过反方向电流，合成磁场方向为 A'—A，合成转矩仍为逆时针方向。其他状态依此类推，电机将一直进行旋转。

永磁无刷直流电机实现反转的原理与有刷直流电机原理一样，只要改变电枢电流的方向就可以改变电磁转矩的方向。借助逻辑判断来改变开关管的导通顺序，就可以实现电机的反转。如图 6-22 所示的电机绕组与图 6-23 所示的驱动电路，在每个 360° 电角度周期内（顺时针为正），反转时开关管导通顺序为 VT_3VT_4、VT_2VT_3、VT_1VT_2、VT_1VT_6、VT_5VT_6、VT_4VT_5。

3. 永磁无刷直流电机的 PWM 控制

虽然永磁无刷直流电机的工作原理与有刷直流电机不同，但其机械特性曲线和有刷直流电机非常相似，也可以采用 PWM 控制方法对其进行调压控制。当三相全桥驱动星形连接的永磁无刷直流电机采用二二导通方式时，每个时刻有两只开关管导通，并且一只在上桥臂，一只在下桥臂，其控制方式分为以下 5 种。

① PWM ON 方式：每只开关管导通的 120° 电角度区间内，前 60° 进行 PWM 控制，后

60°保持常开。

② ON PWM 方式：每只开关管导通的 120°电角度区间内，前 60°保持常开，后 60°进行 PWM 控制。

③ H_PWM-LON 方式：任一导通区间内，上桥开关管始终进行 PWM 控制，下桥开关管保持常开。

④ L_PWM-HN 方式：任一导通区间内，下桥开关管始终进行 PWM 控制，上桥开关管保持常开。

⑤ H_PWM-LPWM 方式：任一导通区间内，上桥开关管和下桥开关管始终进行 PWM 控制。

对于永磁无刷直流电机的 PWM 控制方式，比较一致的观点认为，从换向的开关损耗、散热方面和换向过程中的转矩脉动方面来看，PWMON 方式要优于其他的方式。

永磁无刷直流电机也可以使用电流闭环的方式实现转矩控制，还可以进一步对转速闭环实现转速控制，其控制的原理与有刷直流电机相同。

4. 永磁无刷直流电机的特点及应用

永磁无刷直流电机不仅继承了直流电机调速性能好的优点，还具有交流电机结构简单、运行可靠、维护方便的优点。此外，永磁无刷直流电机由于采用了永磁体的励磁方式，没有励磁的功率损耗，因此具有很高的效率。永磁无刷直流电机的永磁体具有非常高的磁通密度，在相同的条件下，永磁无刷直流电机体积小并且质量轻。

由于永磁无刷直流电机在运行过程中，定子通电产生的磁场为在空间上跳跃式旋转的磁场，因此，永磁无刷直流电机在运行中存在着较大的转矩脉动影响电机的控制性能。很长时间以来，国内外的研究人员对永磁无刷直流电机的转矩脉动问题做了大量的研究，提出了一些削弱和补偿的方法，但是还不能从根本上消除转矩的脉动问题及由转矩脉动带来的噪声问题。取决于转子磁轭与永磁体之间安装的机械强度，表面贴装式的永磁无刷直流电机的转速受到影响，不能进行高速运行。永磁直流无刷电机受其结构及控制方式的影响，很难进行弱磁升速控制。

目前在微型、小型的新能源汽车中永磁无刷直流电机已经得到了广泛的应用，有着较好的应用前景。

6.4.2　正弦波永磁同步电机及其驱动系统

正弦波永磁同步电机（Permanent Magnet Synchronous Motor，PMSM）由于其效率高、控制精度高、转矩密度大等特点被广泛地应用为新能源汽车的驱动电机。

1. 正弦波永磁同步电机的结构和工作原理

正弦波永磁同步电机由定子和转子两大部分组成。定子由铁芯、电枢绕组机座、端盖等几部分组成，铁芯由硅钢片叠制而成，电枢绕组为三相对称绕组，其结构与交流感应电机定子结构基本相同。转子为永久磁体，多采用稀土材料制作而成。其工作原理如图 6-24 所示，电机的定子三相对称绕组通上三相对称的交流电之后，会流过三相对称的电流，它将会产生一个圆形的旋转磁场(用一旋转的永磁体代替)，这个旋转磁场与转子永磁体的磁场相互作用，将会拖动转子旋转。与交流感应电机不同，旋转磁场的转速与电机转子的转速定是相同的，不可能有转速差。因为如果存在着转速差，则旋转磁场和转子磁极的位置就会不断地发生改变，一段时间内，旋转磁场和转子磁场 N、S 极相对旋转磁场拖动电机旋转，过一段时间，旋转磁场和转子磁场 N、N 极相对，旋转磁场阻碍电机旋转，这样交替运行，会使电机所受平均力矩为零，电机不能运转。因此，正弦波永磁同步电机工作时转子转速必须与旋转磁场转速相同，二者的空间相对位置保持不变，这样转子磁场才能有稳定的磁拉力，形成固定的电磁转矩。这也是其被称为"同步电机"的原因。

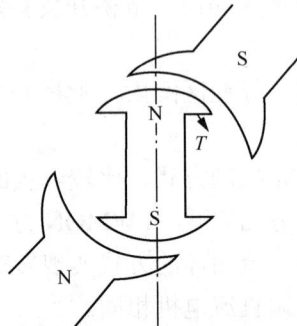

图 6-24　正弦波永磁同步电机的工作原理

　　为了充分利用和发挥永磁材料的特性，通常采用具有矩形截面的条形永磁体并将其粘贴在转子铁芯表面或镶嵌在转子铁芯中。图 6-25（a）为面装式（也称为凸装式）永磁体转子结构的剖面图，图 6-25（b）为插入式永磁体转子结构的剖面图，图 6-25（c）为径向充磁的内装式永磁体转子结构的剖面图，图 6-25（d）为横向充磁的内装式永磁体转子结构的剖面图。不同结构的转子具有不同的特性，插入式和内装式永磁体转子具有凸极效应，漏磁系数比较大，气隙磁通相对小一些，转子结构比较坚固，允许在比较高的速度下运行；面装式永磁体转子基本没有凸极效应，漏磁系数比较小，气隙磁通相对大一些，为了提高其结构强度，可以采用非磁性材料绑扎在转子外表面，以便适应高速运行的情况。

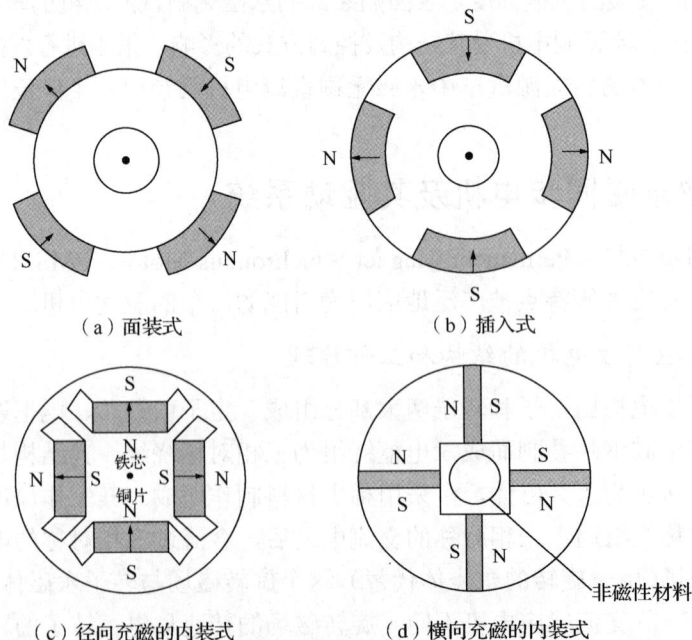

（a）面装式　　　　　　　（b）插入式

（c）径向充磁的内装式　　　（d）横向充磁的内装式

图 6-25　正弦波永磁同步电机转子结构

2. 正弦波永磁同步电机的矢量控制

正弦波永磁同步电机三相对称定子绕组通上三相对称交流电之后，在定子中感应出的电动势为正弦波，因此正弦波永磁同步电机也可以采用矢量控制算法进行控制。

具体实现正弦波永磁同步电机的矢量控制有很多种方案，图 6-26 为面装式正弦波永磁同步电机矢量控制原理图。通过光电编码器或分解器检测出电机转子位置 θ_r，由电流传感器检测出定子三相电流（由于电机没有零序电流，实际检测两项就够了）。通过 Clarke 变换和 Park 变换求出 i_d、i_q，电机的当前实际转矩 T。电机期望转速 ω_r^* 与反馈回来的电机实际转速 ω_r 比较做差后，通过转速控制器输出电机现在的期望转矩 T^*。T^* 与 T 比较做差后，通过转矩控制器输出电机的期望 q 轴电流 i_q^*。令电机 i_d^*=0，通过坐标逆变换得到定子的三相电流期望值 i_A、i_B、i_C。由求得的 i_A、i_B、i_C 控制电流型逆变器向电机三相绕组通电，由此，可以实现正弦波永磁同步电机转速、转矩的控制。

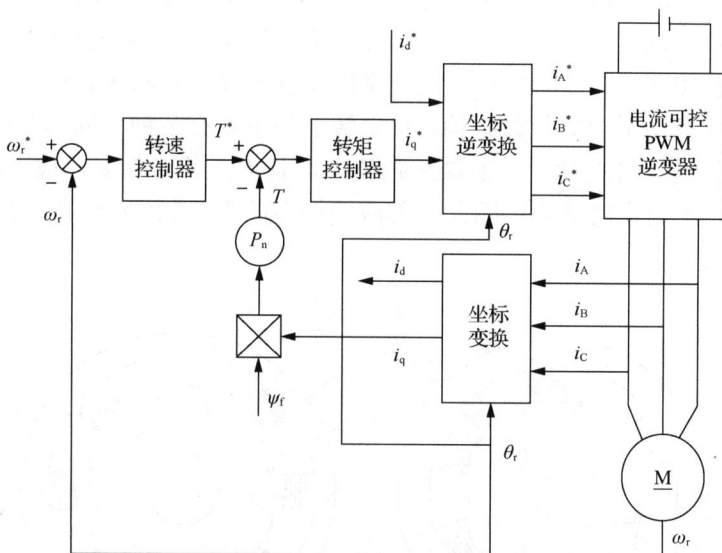

图 6-26 面装式正弦波永磁同步电机矢量控制原理图

3. 正弦波永磁同步电机的特点及应用

在新能源汽车驱动电机里，正弦波永磁同步电机具有很多的优点。正弦波永磁同步电机的功率密度大，使得其具有体积小、质量轻的优点；与交流感应电机相比，正弦波永磁同步电机不需要励磁电流，可以显著地提高功率因数，减少定子铜耗，而且，正弦波永磁同步电机在 25%～120% 额定负载范围内均可保持较高的效率和功率因数，使轻载运行时节能效果更为显著；正弦波永磁同步电机磁通密度高、动态响应快。高永磁磁通密度、轻转子质量，带来高转矩惯量比，有效提高了正弦波永磁同步电机的动态响应能力；与直流电机和电励磁同步电机相比，正弦波永磁同步电机的可靠性高；通过矢量控制，正弦波永磁同步电机具有精确的可控制性。

正弦波永磁同步电机也有着一些缺点，由于采取永久磁体的励磁方式，失去了励磁调节的灵活性，因此可能会出现退磁效应；大容量永磁体制作困难，故正弦波永磁同步电机现在还只能在中小功率的汽车中使用；另外，永磁体的价格偏高，制约了它的使用范围。

6.5　开关磁阻电机及其驱动系统

开关磁阻电机诞生之初，被认为是一种性能不高的电机，然而通过近 20 年的研究及改进，其性能已经得到了很大的提高。由于其结构简单、价格便宜，启动及低速时转矩大、电流小；高速恒功率区范围宽、性能好，在宽转速范围内都具有高输出和高效率以及控制简单，因此在家用电器、伺服与调速系统、牵引电机、高转速电机、新能源汽车、航空航天等领域得到了应用。

6.5.1　开关磁阻电机的结构和工作原理

开关磁阻电机驱动系统由开关磁阻电机本体、位置传感器、功率变换器以及控制器组成。定子、转子都为硅钢片叠压而成，均为凸极结构，定子上缠绕着集中绕组，转子上没有绕组，装有位置传感器。径向相对的两个绕组串联形成一对磁极，称为"一相"。开关磁阻电机可以设计成多种不同的相数结构，且定转子的极数有多种不同的搭配。其相数越多，步距角越小，利于减小转矩脉动，但结构越复杂，且主开关器件多，成本高。由于三相以下的开关磁阻电机无自启动能力，因此目前应用较多的是三相（6/4）结构及四相（8/6）结构，如图 6-27 所示。

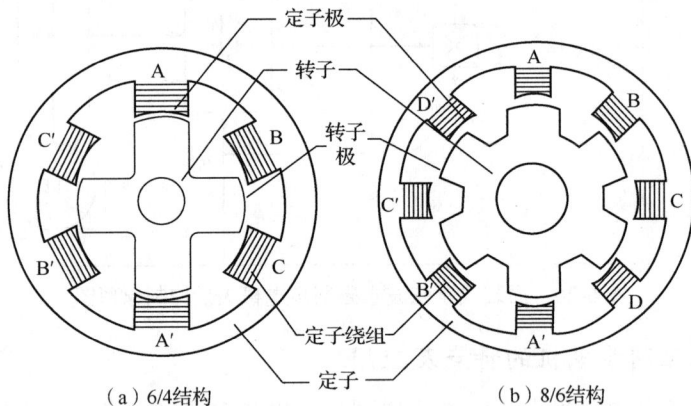

（a）6/4结构　　　　（b）8/6结构

图 6-27　开关磁阻电机的结构

开关磁阻电机的结构和工作原理与传统的交、直流电机存在着根本的区别，它不像传统电机那样依靠定、转子绕组电流产生磁场间的相互作用形成转矩，而是遵循磁阻最小原理——磁通总要沿着磁阻最小的路径闭合的原理工作的。图 6-28 为四相（8/6）开关磁阻电机的工作原理图，其供电电路只画出了一相。

当转子在图 6-28 所示的位置时，定子 A 相齿极轴线 A—A′ 与转子齿极 1 的轴线 1—1′ 不重合，应使功率变换器中控制 A 相绕组的开关元件 S_1 和 S_2 导通，A 相绕组通电，而 B、C 和 D 三相绕组都不通电。这时电机内建立起以 A—A′ 为轴线的磁场，磁通通过气隙的磁感应线是弯曲的。此时，磁路的磁阻大于定、转子齿极轴线 A—A′ 与 1—1′ 重合时的磁阻，转子受到气隙中弯曲磁感应线的切向磁拉力所产生转矩的作用，使转子逆时针方向转动，转子齿极

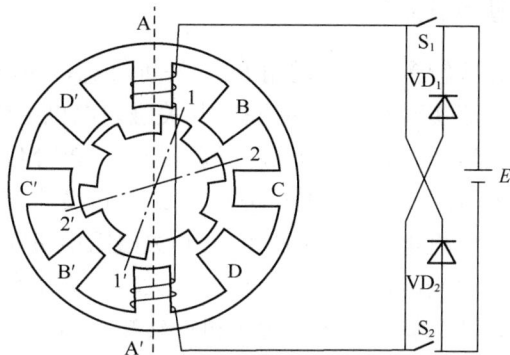

图 6-28　四相（8/6）开关磁阻电机的工作原理

1 的轴线 1—1'向定子齿极 A—A'趋近。当轴线 1—1'和轴线 A—A'重合，即 A 相定、转子齿对齐时，切线方向的磁拉力消失，转子停止转动，此时称转子达到稳定平衡位置。这时，B 相定子齿极轴线 B—B'与转子齿极轴线 2—2'的相对位置与图 6-28 中 A 相的情况相同。控制器根据位置传感器提供的位置信息，断开 A 相开关 S_1 和 S_2，并合上对应的 B 相开关，使 A 相绕组断开的同时 B 相绕组通电，依然产生逆时针方向的切向磁拉力，转子仍然逆时针方向旋转。如此类推，当定子绕组按 A—B—C—D 的顺序轮换导电一周时，转子逆时针方向转过一个转子极距。若连续不断地按 A—B—C—D 的顺序周期性地接通各相定子绕组，则转子将不断地进行旋转。每相开关导通时所对应的时间角度称为开通角 θ_{on}，关断时所对应的时间角度称为关断角 θ_{off}。改变定子绕组的通电顺序，即可改变电机的转向。显然，改变通电相电流的方向并不影响转子的旋转方向。

　　开关磁阻电机的功率变换器连接电源和电机绕组的开关部件。开关磁阻电机的功率变换器主电路的结构形式与供电电压、电机相数及主开关器件的种类有关。在整个控制系统成本中，功率变换器占有很大的比重，合理选择和设计功率变换器是提高开关磁阻电机控制系统性能价格比的关键之一，图 6-29 为三相开关磁阻电机的一种常用的功率变换器主电路。其中 A、B、C 为电机相绕组，$VT_1 \sim VT_6$ 为各相的可控开关管，$VD_1 \sim VD_6$ 为续流二极管。

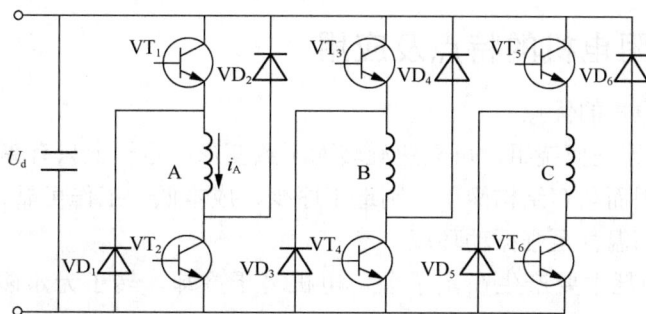

图 6-29　三相开关磁阻电机的一种常用的功率变换器主电路

　　控制器通过位置传感器检测的转子位置信息，速度、电流等反馈信息和转速等给定信息，通过分析处理，向功率变换器发出命令，实现对电机运行状态的控制。

6.5.2 开关磁阻电机的控制

开关磁阻电机的控制参数较多，如开通角 θ_{on}、关断角 θ_{off}、相平均电压、斩波占空比等，但实质都是通过调节励磁电流实现对电机的控制。开关磁阻电机主要有三种基本的控制方式，即角度位置控制方式、电流斩波控制方式和脉宽调制控制（PWM）方式。

角度位置控制方式改变开通角 θ_{on} 和关断角 θ_{off}，通过改变主开关的触发导通时间，从而调节相电流波形，达到调控电机电磁转矩的目的。开关磁阻电机在高速运行时比较适合采用角度位置控制方式，此时转速较高，电机反电动势较大，电流不易上升，调节开通角 θ_{on} 和关断角 θ_{off} 即可调节电流，从而调节开关磁阻电机的转矩。角度位置控制方式有较大的灵活性，是目前应用最多的一种控制方式，但其主要问题在于不能在低速区工作，必须配合其他的方法。

电机在低速工作特别是启动时，反电动势小，相电流上升快，多采用电流斩波控制，以限制电流峰值，取得恒转矩机械特性。通过反馈的电机电流采取对电流的 bang-bang 控制：低于电流设定下限时，将开关管导通，高于电流设定上限时，将开关管关闭。其可以实现电流的波形平整控制，但缺点是开关管的开关频率不受控制器的直接控制。为增强主开关管的可控性，可以采用给定电流上限 I_{max} 与恒定关断时间间隔 ΔT 来进行控制。即在导通区间[θ_{on}, θ_{off}]内，当相电流上升至 I_{max} 时，检测电路发出信号，控制器接到过流信号就立刻关断功率主开关管，电流迅速下降，ΔT 时间间隔后开通功率主开关管，实现相绕组的限流控制。因为恒定关断时间 ΔT 是设定的，所以功率主开关管的开关频率受到控制器的直接控制，有利于功率器件安全、可靠地工作。当转速较高时，相电流周期很短，运动电势比较大，阻止了相电流的快速上升，导致其峰值不会很大，每相电流形成单脉冲状态，此时，电流斩波控制起不到调节作用。

脉宽调制控制方式（PWM）即对变换器主开关采用固定的 θ_{on} 和 θ_{off} 通断角触发，并用 PWM 信号复合调制功率主开关相控信号，通过调整占空比调节加在相绕组上的相电压，绕组电流随电压的调节做相应变化，从而实现了对转速和转矩的调节。PWM 方式既能用于低速运行，也可用于高速运行，适合于转速调节系统，并且抗负载扰动的动态响应快。其缺点是低速运行时转矩脉动较大；功率开关元件的工作频率较高，会引起开关损耗较大。

6.5.3 开关磁阻电机的特点及应用

（1）开关磁阻电机的优点

① 电机转子上无任何绕组，可高速旋转而不致变形；定子上只有集中绕组，端部较短，没有相间跨接线；因而具有结构简单、制造工序少、成本低、工作可靠、维修量小等优点，适用于各种恶劣、高温甚至强振动环境。

② 电机功率损耗主要产生在定子上，电机易于冷却，转子无永磁体，可允许有较高的温升。

③ 转矩方向与电流方向无关，从而可最大限度地简化功率变换器，降低系统成本。

④ 功率变换器不会出现直通故障，可靠性高。

⑤ 启动转矩大，无感应电机在启动时所出现的冲击电流现象。

⑥ 调速范围宽，控制灵活，易于实现各种特殊要求的转矩—速度特性。

⑦ 在宽广的转速和功率范围内都具有高效率。

⑧ 可以进行四象限运行，具有较强的再生制动能力。

（2）开关磁阻电机的不足

① 转矩波动大。

② 噪声与振动大。开关磁阻电机的主要问题在于噪声与振动大，如果解决了噪声和振动的问题，其在新能源汽车的车用电机里会得到较广泛的应用。

本章主要介绍了直流电机、交流感应电机、永磁无刷直流电机、正弦波永磁同步电机和开关磁阻电机，它们在新能源汽车的驱动系统里都得到了实际的应用。直流电机在早期的新能源汽车中应用较多，现在，交流感应电机和永磁同步电机成为主流。总体来说，新能源汽车用电机要比一般工业生产所使用的电机要求严格，上述任何一种电机都没有满足理想新能源汽车驱动电机的要求。

表 6-1 比较了现在使用的各种新能源汽车用驱动电机的性能。

表 6-1　各种新能源汽车用驱动电机性能比较

性能	直流电机	交流感应电机	永磁无刷直流电机	正弦波永磁同步电机	开关磁阻电机
效率	一般	较高	高	高	较高
功率密度	一般	较高	高	高	较高
最高转速	一般	高	较高	较高	高
可控制性	好	较好	好	好	一般
可靠性	一般	好	较好	较好	好
耐用性	一般	好	好	好	好
体积/质量	一般	较好	好	好	好
低速时平滑性	好	较好	一般	较好	一般
技术成熟性	好	好	一般	较好	一般

与工业电机一样，新能源汽车用电机也已经从直流逐渐过渡到交流，直流电机的使用越来越少。在日本、欧洲，永磁同步电机被广泛地应用在新能源汽车中。而在美国，更多地使用交流感应电机。大功率的永磁无刷直流电机技术还不是很成熟。开关磁阻电机也由于振动、噪声、转矩波动大等问题还未大规模地使用。

练习与实训

一、名词解释

1. 直流电机

2. 脉宽调制控制

3．转速控制

4．转矩控制

5．交流感应电机

二、填空题

1．电机控制器是驱动电机系统的_____，又称_____，以 I GBT（绝缘栅双极型晶体管）模块为核心，辅以_____和_____。

2．稳态运行指电机的_____、_____、_____不再发生变化。

3．他励直流电机的_____与_____无关，而串励直流电机的_____与_____相同，它将随_____的变化而变化。

4．控制电机工作在_____状态，并且不存在_____断续的状态。

5．直流电机在_____励磁磁通保持恒定的条件下，电磁_____与电枢_____呈线性关系，通过电枢电流的控制就可以实现准确的_____控制。

三、选择题

1．不属于新能源汽车驱动电机的是（　　　）。
    A．发动机用启动电机　　　　　　　　B．直流电机
    C．交流电机　　　　　　　　　　　　D．永磁电机

2．不属于交流电机矢量控制内容的是（　　　）。
    A．电流　　　　　　B．电压　　　　　　C．制动　　　　　　D．转速

3．不属于永磁无刷直流电机特性的是（　　　）。
    A．无滑动接触　　　B．噪声低　　　　　C．无换向火花　　　D．高开关频率

4．不属于永磁同步电机驱动控制内容的是（　　　）。
    A．制动信号　　　　　　　　　　　　B．接收位置传感器信号
    C．正反转信号　　　　　　　　　　　D．产生旋转磁场

5．不属于开关磁阻电机控制内容的是（　　　）。
    A．交流电转换成直流电　　　　　　　B．电流
    C．电压　　　　　　　　　　　　　　D．转速

四、问答题

1．新能源汽车的电机控制需要满足的条件有哪些？

2．直流电机的调速方法有哪些？

3．交流感应电机的矢量控制的特点有哪些？

4．永磁无刷直流电机控制的特点有哪些？

5．开关磁阻电机控制的特点有哪些？

五、实训题

针对一辆具体的电动汽车的一种电机控制器，完成以下工作。

1．定义该电机的工作模式。

2．写出该工作模式下的控制流程。

实训报告

实训题目	电动汽车工作模式的控制流程				
学生姓名		班级		学号	
实训地点		学时		日期	
实训结果					
电机参数					
控制流程					
说明其含义					
实训心得					
指导教师			成绩		

第 7 章
动力电池及管理系统

动力电池是新能源汽车的核心总成，关系到新能源汽车的安全性、动力性、经济性、续驶里程寿命与充放电等。

电池管理系统（BMS）是在使用过程中检测电池能量的消耗量并预测电池剩余电量的综合性电子控制系统。此外，它还具备故障诊断、短路保护、显示报警及实时监测电池运行状态参数等功能，并且越来越完善。具体功能如下。

（1）电池组参数检测。总电压、总电流、电池包温度作为电池状态估算与热管理的重要数据来源，是整个系统的底层基础支撑。

（2）电池状态估算。其主要包括荷电状态（State of Charge, SOC）、健康状态（State of Health, SOH）和功能状态（State of Power, SOP）。SOC 指电池剩余电量。SOH 指电池的健康状态，它包括两部分：安时容量和功率的变化。SOP 有两个作用，一个是限制功率、保护电池，使电池永远工作在给定的工作区间；另一个是充分发挥电池的潜力。

（3）故障诊断。其主要是指故障检测及故障定位。故障检测指通过采集到的传感器信号以及微处理器的识别判断，进行故障预警。BMS 系统识别的故障有充放电控制继电器故障与充电机 CAN 总线通信故障以及其他各种软硬件故障等。

（4）电池安全与报警。电池安全指电池组或单体电池的电压是否在安全的范围内，电池的热环境是否有效控制。电池报警主要有电池组过压报警、单体过压报警、电池组欠压报警、单体欠压报警、高压漏电报警、电池高温报警、均衡报警等。

（5）充电控制。通过与充电机的通信，实现对电池的安全充电。

（6）充放电继电器控制。电池包内继电器一般有主正、主负、预充继电器和充电继电器，通过 BMS 实现对继电器的顺序开断。在电池包外还有独立的配电盒对整个电流分配做更细致的保护。

（7）热管理。当因电池使用过程中产生较多热量使电池包温度较高时，通过风冷或液冷进行快速降温；当外部处于低温环境时（如-20℃），通过加热器使电池温度升高，使电池达到较好的放电温度。

（8）CAN 总线通信。其主要是指 BMS 与整车控制器通信，以及内部 CAN 总线通信等。

（9）信息存储。其对电池电压、温度、SOC、SOH、SOP、故障码等重要数据实时存储。

本章内容及要点

7.1 数据采集方法

7.1.1 单体电压检测方法

电池单体电压采集模块是动力电池组管理系统中的重要一环，其性能好坏或精度高低决定了系统对电池状态信息判断的准确程度，并进一步影响后续的控制策略能否有效实施。常用的单体电压检测方法有以下 5 种。

1. 继电器阵列法

图 7-1 所示为基于继电器阵列法的电池电压采集电路原理框图，其由继电器阵列、A/D 转换芯片、光耦合器、单片机等组成。如果需要测量 n 块串联成组电池的端电压，就要将 $n+1$ 根导线引入电池组中各节点。

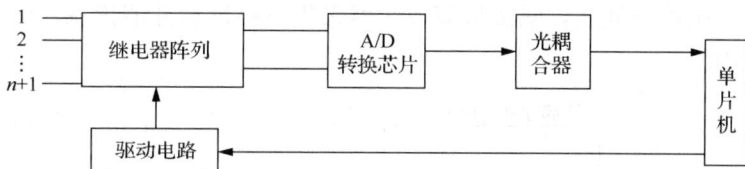

图 7-1　基于继电器阵列法的电池电压采集电路原理框图

当测量第 m 块电池的端电压时，单片机发出相应的控制信号，通过多路模拟开关、光耦合器和驱动电路选通相应的继电器，将第 m 根和第 $m+1$ 根导线引到 A/D 转换芯片。通常开关器件的电阻都比较小，配合分压电路之后由于开关器件的电阻所引起的误差几乎可以忽略，而且整个电路结构简单，只有分压电阻、A/D 转换芯片以及电压基准的精度能够影响最终结果的精度，故通常电阻和芯片的误差都可以做得很小。因此，在所需要测量的电池单体电压较高而且对精度要求也较高的场合最适合使用继电器阵列法。

2. 恒流源法

恒流源法进行电池电压采集的基本原理是在不使用转换电阻的前提下，将电池端电压转化为与之呈线性变化关系的电流信号，以此提高系统的抗干扰能力。在串联电池组中，由于电池端电压就是电池组相邻两节点间的电压差，故要求恒流源电路具有较好的共模抑制能力，一般在设计过程中多选用集成运算放大器来达到此目的。出于设计思路和应用场合的不同，恒流源法会有多种不同形式，图 7-2 所示就是其中一种，它是由运算放大器和绝缘栅型场效应晶体管组合构成的减法运算恒流源法电路。

3. 隔离运算放大采集法

隔离运算放大器是一种能够对模拟信号进行电气隔离的电子元件，广泛用作工业过程控制中的隔离器和各种电源设备中的隔离介质。其一般由输入和输出两部分组成，二者单独供电，并以隔离层划分，信号经输入部分调制处理后经过隔离层，再由输出部分解调复现。隔离运算放大器非常适合应用于电池单体电压采集电路中，它能将输入的电池端电压信号与电路隔离，从而避免外界干扰而使系统采集精度提高，可靠性增强。下面以一个典型应用实例来进行说明。

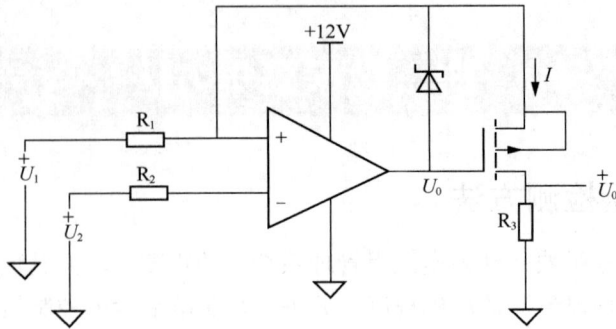

图 7-2　减法运算恒流源法电路

图 7-3 所示为隔离运算放大器在 600V 动力电池组管理系统中的应用，其中共有 50 块标定电压为 12V 的水平铅蓄电池，其端电压被隔离运算放大器电路逐一采集。从图 7-3 中不难发现，ISO122 的输入部分电源就取自动力电池组，输出部分电源则出自电路板上的供电模块，电池端电压经两个高精密电阻分压后输入运算放大器，与之呈线性关系的输出信号经多路复用器后交单片机控制电路处理。隔离运算放大器采集电路虽然性能优越，但是较高的成本限制了它的应用范围。

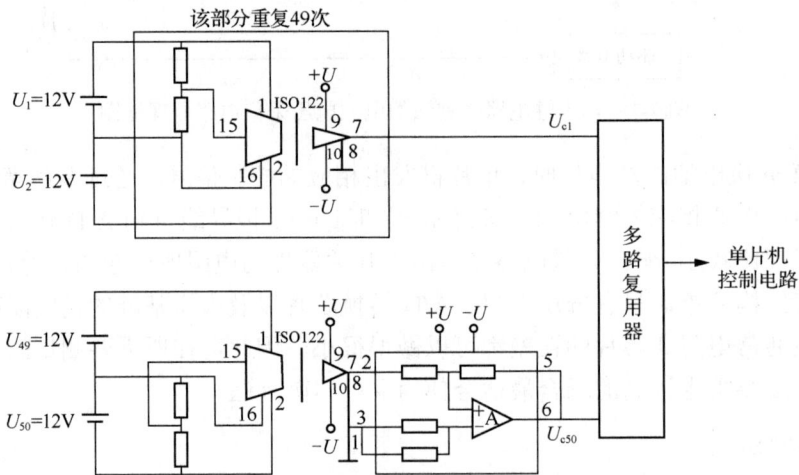

图 7-3　隔离运算放大器在 600V 动力电池组管理系统中的应用

4. 压/频转换电路采集法

当利用压/频（V/F）转换电路实现电池单体电压采集功能时，压频变换器的应用是关键，它是把电压信号转换为频率信号的元件，具有良好的精度、线性度和积分输入等特点。LM331 是美国 FS 公司生产的高性价比集成 V/F 芯片，采用了新的温度补偿带隙基准电路，在整个工作温度范围内和 4V 电源电压以上都有极高的精度。

图 7-4 所示为 LM331 高精度压/频转换电路原理图，电压信号直接被转换为频率信号，即可进入单片机的计数器端口进行处理，而无须 A/D 转换。此外，为了配合压/频转换电路在电池单体电压采集系统中的应用，相应选通电路和运算放大电路也需加以设计，以实现多路采集的功能。这种方法涉及的元件比较少，但是压控振荡器中含有电容器，而电容器的相对误差一般都比较大，而且电容越大相对误差也越大。

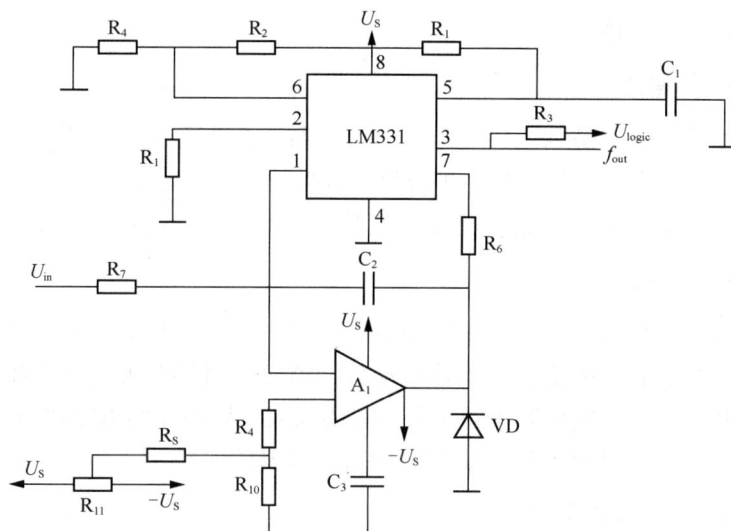

图 7-4　LM331 高精度压/频转换电路原理图

5. 线性光耦合放大电路采集法

基于线性光耦合器件的电池单体电压采集电路实现了信号采集端和处理端之间的隔离，从而提高了电路的稳定性与抗干扰能力。从图 7-5 中不难看出，电池单体电压值（即 U_1 与 U_2 之差）经运算放大器 A_1 后被转化为电流信号并流过线性光耦合器 TIL300，经光耦隔离后输出与之呈线性关系的电流，再由运算放大器 A_2 转化为电压值得以进行 A/D 转换并完成采集。值得注意的是，线性光耦合器两端需要使用不同的独立电源，在图中分别标示为+12V 和±12V。可见，线性光耦合器放大电路不仅具有很强的隔离能力和抗干扰能力，还使模拟信号在传输过程中保持了较好的线性度，因此可以与继电器阵列或选通电路配合应用于多路采集系统中。但其电路相对较复杂，影响精度的因素较多。

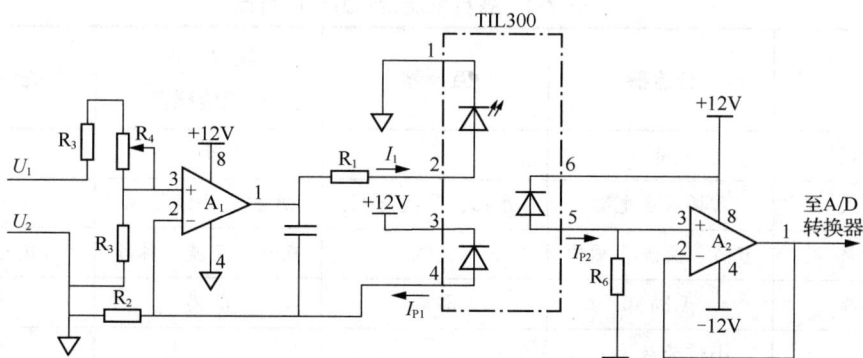

图 7-5　基于线性光耦合器 TIL300 的电池单体电压采集电路原理图

7.1.2　电池温度采集方法

电池的工作温度不仅影响电池的性能，而且直接关系到新能源汽车使用的安全问题，因此准确采集温度参数显得尤为重要。采集温度并不难，关键是如何选择合适的温度传感器。

目前，使用的温度传感器有很多，如热敏电阻、热电偶、集成温度传感器、热敏晶体管等采集法，下面介绍其中的三种。

1. 热敏电阻采集法

热敏电阻采集法的原理是利用热敏电阻阻值随温度变化而变化的特性，用定值电阻和热敏电阻串联起来构成一个分压器，从而把温度的高低转化为电压信号，再通过 A/D 转换得到温度的数字信息。热敏电阻成本低，但线性度不好，而且制造误差一般比较大。

2. 热电偶采集法

热电偶的作用原理是双金属体在不同温度下会产生不同的热电动势，通过采集这个电动势的值就可以查表得到温度的值。由于热电动势的值仅与材料有关，所以热电偶的准确度很高。但是由于热电动势都是毫伏等级的信号，需要放大，故其外部电路比较复杂。一般来说，金属的熔点都比较高，所以热电偶采集法一般用于高温的测量。

3. 集成温度传感器采集法

由于温度的测量在日常生产生活中用得越来越多，所以半导体生产商们都推出了很多集成温度传感器。这些温度传感器虽然很多是基于热敏电阻式的，但都在生产的过程中进行了校正，所以精度可以媲美热电偶，而且直接输出数字量，很适合在数字系统中使用。

7.1.3 电池工作电流采集方法

常用的电流检测方法有分流器、互感器、霍尔元件电流传感器和光纤传感器 4 种，各方法的特点见表 7-1。其中，光纤传感器昂贵的价格影响了其在控制领域的应用；分流器成本低、频响应好，但使用麻烦，必须接入电流回路；互感器只能用于交流测量；霍尔元件电流传感器性能好，使用方便。目前，在新能源汽车动力电池管理系统电流采集与监测方面应用较多的是分流器和霍尔元件电流传感器。

表 7-1　各种电流检测方法的特点

项目	分流器	互感器	霍尔元件 电流传感器	光纤传感器
插入损耗	有	无	无	无
布置形式	需插入主电路	开孔、导线传入	开孔、导线传入	——
测量对象	直流、交流、脉冲	交流	直流、交流、脉冲	直流、交流
电气隔离	无隔离	隔离	隔离	隔离
使用方便性	小信号放大、 需隔离处理	使用较简单	使用简单	——
使用场合	小电流、控制测量	交流测量、 电网监控	控制测量	高压测量，电力 系统常用
价格	较低	低	较高	高
普及程度	普及	普及	较普及	未普及

7.2　电量管理系统

电量管理系统是电池管理的核心内容之一，对于整个电池状态的控制及新能源汽车续驶里程的预测具有重要的意义。SOC 估计常用算法有开路电压法、容量积分法、电池内阻法、模糊逻辑推理和神经网络法、卡尔曼滤波法。

1. 开路电压法

开路电压法是最简单的测量方法，主要根据电池组开路电压判断 SOC 的大小。由电池的工作特性可知，电池组的开路电压和电池的剩余容量存在一定的对应关系。某动力电池组的电压与容量的对应关系如图 7-6 所示，随着电池放电容量的增加，电池的开路电压降低。由此，可以根据一定的充放电倍率时电池组的开路电压和 SOC 的对应曲线，通过测量电池组开路电压的大小，估算出电池的 SOC 值。

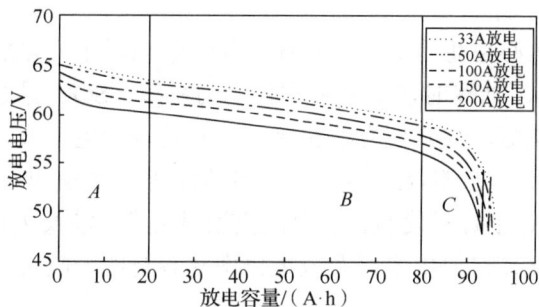

图 7-6　某动力电池组的电压与容量的对应关系

2. 容量积分法

容量积分法通过对单位时间内流入流出电池组的电流进行累积，从而获得电池组每一轮放电能够放出的电量，确定电池 SOC 的变化。

3. 电池内阻法

电池内阻有交流内阻（常称交流阻抗）和直流内阻之分，它们都与 SOC 有密切关系。电池交流阻抗为电池电压与电流之间的传递函数，是一个复数变量，表示电池对交流电的反抗能力，要用交流阻抗仪来测量。电池交流阻抗受温度影响较大，目前对电池处于静置后的开路状态和对电池在充放电过程中进行交流阻抗测量还存在争议，所以很少在实车测量中使用。直流内阻表示电池对直流电的反抗能力，等于在同一很短的时间段内，电池电压变化量与电流变化量的比值。实际测量中，将电池从开路状态开始恒流充电或放电，相同时间里负载电压和开路电压的差值除以电流值就是直流内阻。直流内阻的大小受计算时间段影响，若时间段短于 10ms，则只有欧姆内阻能够检测到；若时间段较长，则内阻将变得复杂。准确测量电池单体内阻比较困难，这是直流内阻法的缺点。在某些电池管理系统中，将内阻法与安时计量法组合使以提高 SOC 的估算精度。

4. 模糊逻辑推理和神经网络法

模糊逻辑推理和神经网络是人工智能领域的两个分支,模糊逻辑接近人的形象思维方式,擅长定性分析和推理,具有较强的自然语言处理能力;神经网络采用分布式存储信息,具有很好的自组织、自学习能力。它们共同的特点是均采用并行处理结构,可从系统的输入、输出样本中获得系统输入、输出关系。电池是高度非线性的系统,可利用模糊推理和神经网络的并行结构和学习能力估算 SOC,如图 7-7 所示。

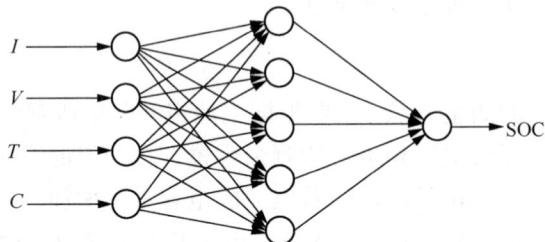

图 7-7　估算 SOC 神经网络结构

5. 卡尔曼滤波法

卡尔曼滤波理论的核心思想是对动力系统的状态做出最小方差意义上的最优估算。卡尔曼滤波法应用于电池 SOC 估算时,电池被称作动力系统,SOC 是系统的一个内部状态。卡尔曼滤波法适用于各种电池,与其他方法相比,尤其适合于电流波动比较剧烈的混合动力新能源汽车电池 SOC 的估计,它不仅给出了 SOC 的估计值,还给出了 SOC 的估计误差。该方法的缺点是要求电池 SOC 估计精度越高,电池模型越复杂,涉及大量矩阵计算,工程上难以实现,且该方法对于温度、自放电率以及放电倍率对容量的影响考虑得不够全面。

7.3　均衡管理系统

随着动力电池在新能源汽车动力系统中的广泛应用,逐渐暴露出一系列诸如耐久性、可靠性和安全性等方面的问题。电池成组后单体之间的不一致是引起这些系列问题的主要原因之一。由于新能源汽车类型和使用条件限制,对电池组功率、电压等级和额定容量的要求存在差别,故电池组中单体电池数量存在很大的差异。即使参数要求相似,由于电池类型不同,所需的电池数量也会存在较大的差别。总体看来,单体数量越多,电池一致性差别越大,对电池组性能的影响也越明显。车载动力锂离子电池成组后,电池单体性能的不一致严重影响了电池组的使用效果,减少了电池组的使用寿命。造成单体电池间差异的因素主要有以下几个方面。

① 电池制作工艺限制,即使同一批次的电池也会出现不一致。

② 电池组中单体电池的自放电率不一致。

③ 电池组使用过程中,温度、放电效率、保护电路等对电池组的影响会导致差异的放大。

因此,均衡管理系统是车载动力锂电池组管理系统的关键技术。从电池集成和管理方面来看,主要可以从两个方面来缓解电池不一致带来的影响,一是成组前动力电池的分选,二是成组后基于电池组不一致产生的表现形式和参数的电池采用均衡技术。然而,成组前电池单体的分选技术在保证电池组均衡能力方面是有限的,其无法消除电池组在使用过程中产生的不均衡。所以，基于电池组不一致的表现形式和参数的电池均衡技术是保证电池组正常工作、延长电池寿命的必要模块和技术。

串联蓄电池组均衡策略，按照均衡过程中能量的流动和变换形式，可以分为被动均衡和主动均衡两大类。被动均衡策略的典型代表为电阻分流均衡策略，其均衡过程是将串联蓄电池组中能量较高的单体蓄电池中的能量通过电阻转化成热能，最终实现串联蓄电池组中各单体蓄电池能量的一致，如图 7-8 所示。该方法在均衡过程中耗散一定的电池能量，故而现在已经较少使用。

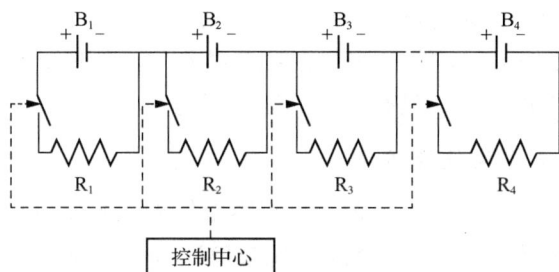

图 7-8　电阻分流的被动均衡策略

7.3.1　均衡变量的选择

1. 以开路电压作为均衡变量

目前多数均衡系统以开路电压作为均衡变量，因为开路电压为直接观测，容易测量，并且开路电压与 SOC 之间存在一定的关系。开路电压达到一致时电池组 SOC 一致性也较好，充放电电流一定时，SOC 与工作电压也存在类似正相关关系，开路电压较高的电池，SOC 较高，充放电时该电池电压仍会高于其他电池，因此在电池组处于搁置状态时以开路电压作为均衡变量可以在一定程度上改善电池组不一致性状态。但是以开路电压作为均衡变量使得均衡管理系统只能工作于电池组搁置状态，降低了系统工作效率，故均衡控制过程中某些参数需要重新标定。此外，开路电压本身变化范围很小，要求均衡管理系统采集模块具有较高的采集精度。

2. 以工作电压作为均衡变量

工作电压与开路电压一样都是可以直接测量的参数，而且工作电压相比于开路电压变化范围更大，采集精度上更容易满足要求。以工作电压作为均衡变量的均衡管理系统工作于电池组充放电阶段，由于目前纯电动汽车上的动力锂离子电池组充放电截止条件就是以工作电压来判定的，以工作电压作为均衡变量可以保证在不过充放电的前提下尽可能地提高电池组的容量利用率。对于老化程度较深、内阻较大的电池，在非满放的情况下，以工作电压一致作为均衡目标可以保证其工作过程中 SOC 波动范围小于其他电池，可减缓该电池的老化速度，延长整组电池的使用寿命。以工作电压作为均衡变量的缺点在于其受干路电流的影响波动幅度特别大，特别是在纯电动汽车实际运行工况下，工作电压可能会出现剧烈波动，使得均衡管理系统启闭频繁，开关损耗增加。在电池 SOC 较高和较低时工作电压变化比较剧烈，对均衡管理系统均衡能力要求较高，而 SOC 处于中间阶段时单体间工作电压差距可能会很小，需要保证均衡管理系统的采样精度。

3. 以 SOC 作为均衡变量

SOC 表征当前电池剩余容量占最大可用容量的比例，以 SOC 作为均衡变量时，可以忽略电池组内单体电池间最大可用容量的差异，使所有单体电池同时达到充放电截止电压，使得电池组容量得到有效利用。同时，SOC 保持一致意味着所有单体均工作于相同的放电深度，避免了由于放电深度不同而导致的电池老化速度的差异。只有所有单体电池任意时刻 SOC 值保持一致时，电池组 SOC 值才能真实反映整个电池组的剩余容量状态。以 SOC 作为均衡变量最大的问题在于 SOC 的估算精度以及实时性问题，在充放电初期 SOC 差异较小，如果不能识别的话，到后期差异较大时均衡系统压力就会比较大，甚至无法完成均衡，均衡电流本身也会对 SOC 估算造成影响。此外，高精度 SOC 估算算法一般计算量较大，对电池组内每节电池进行实时估算要求均衡系统具有足够的运算能力。

4. 以剩余可用容量作为均衡变量

与 SOC 作为均衡变量类似，以当前剩余可用容量作为均衡变量也是从容量角度对电池组进行均衡，同样能够避免低容量电池导致的"短板效应"，充分发挥电池组的能力。在组内电池老化程度差异不大的情况下两者是一致的，如果组内电池老化程度不同，某一时刻 SOC 达到一致后，由于不同电池 SOC 变化速率不同，下一时刻又会出现不一致，但若以剩余可用容量为均衡目标，则后续不致性问题就不会出现。以剩余可用容量作为均衡变量的主要问题在于在线实时估算电池当前最大可用容量，目前的估算方法大多只能做到离线估算，并且估算精度难以保证。

7.3.2 主动均衡方案

对于锂离子动力电池而言，要改善单体电池之间的不一致性，均衡管理系统是电池管理系统设计工作的核心。没有均衡管理模块，动力电池组的稳定性就没有保证。从均衡子系统的元器件来分，电阻均衡、储能元器件均衡是目前锂离子电池比较常用的均衡方法。所有的均衡子系统，从均衡结构的拓扑形式来分有独立均衡和集中均衡，从均衡的能量回收角度来分有主动均衡和被动均衡，从能量流向角度来分有单向均衡和双向均衡。电池均衡结构如图 7-9 所示。

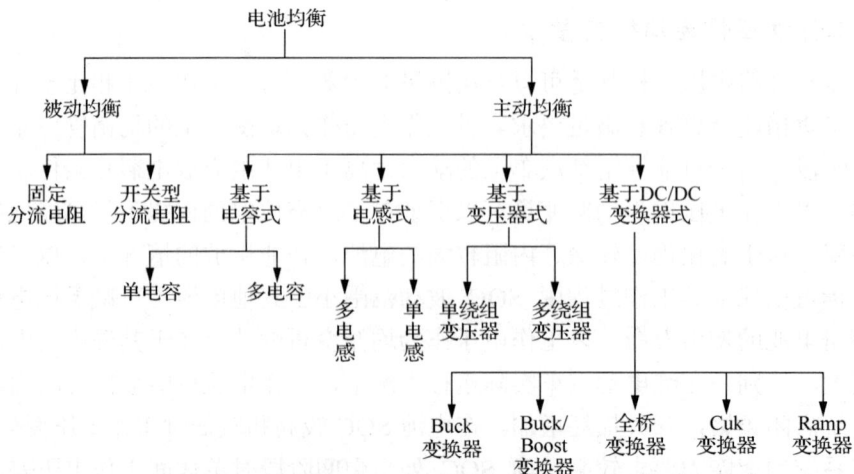

图 7-9 电池均衡结构

1. 基于电容式均衡结构

在基于电容式均衡结构中，最基本的结构有两种，分别如图 7-10 和图 7-11 所示，二者的主要差别在于均衡过程中参与均衡的电容数量以及均衡电路的控制方式。

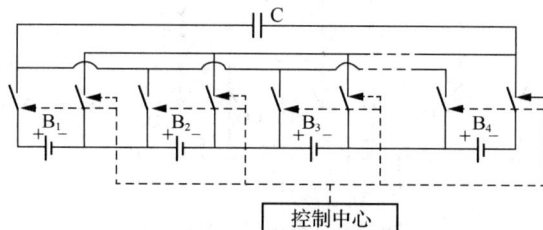

图 7-10　单电容均衡结构

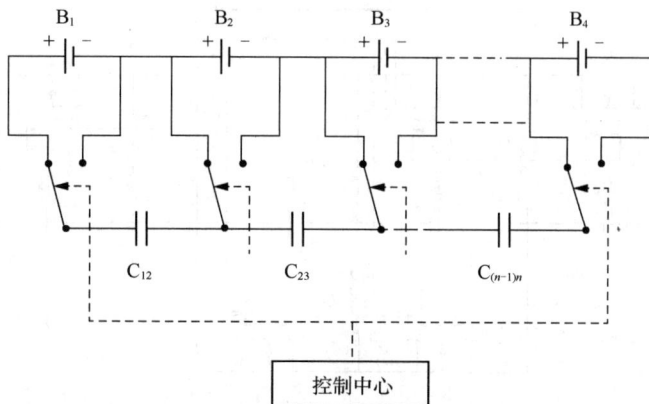

图 7-11　多电容均衡结构

（1）基于单电容均衡结构：在图 7-10 所示的单电容均衡结构中，只需要一个电容作为能量转移的载体，其均衡过程还需要电压检测电路的参与。其工作流程为：控制中心从串联蓄电池组中检测能量过高的单体蓄电池，控制其两端开关闭合将能量传递给电容，电容充电之后将断开电压过高的单体电池，闭合电压过低的单体与电容的连接，电容器给低压单体充电，经过若干周期将电荷转移至能量过低的单体蓄电池中。该结构相对复杂，但是均衡电路体积小，均衡速度快。

（2）基于多电容均衡结构：对于多电容均衡电路，一组电容器在串联电池组相邻电池之间传递电荷。其工作原理是：所有开关同时动作，在上、下触点之间轮流接通，通过这种简单的动作，电荷在两相邻电池单体之间转移，最终电荷由高压单元传递到低压单元，经过开关的反复切换即可实现均衡。所用的单刀双掷开关可以用一个变压器耦合的 MOSFET 装置来实现，因此其开关频率可以高达上百千赫兹，所需平衡电容容量要求较小。理论上该方法不需要单体电池的电压检测模块，但为了避免开关一直处于动作状态，也可以加入电压检测单元，在出现单体电压差异时控制单元发出信号驱动开关的动作。

2. 基于电感式均衡结构

基于电感式均衡结构以电感作为能量转移的载体，实现各单体蓄电池之间能量的均衡。

按照电感的耦合形式，又可分为单电感均衡结构和多电感均衡结构，其均衡结构分别如图 7-12、图 7-13 所示。

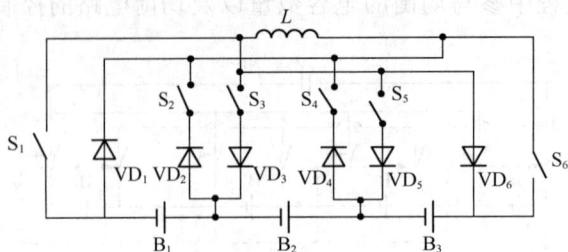

图 7-12　单电感均衡结构

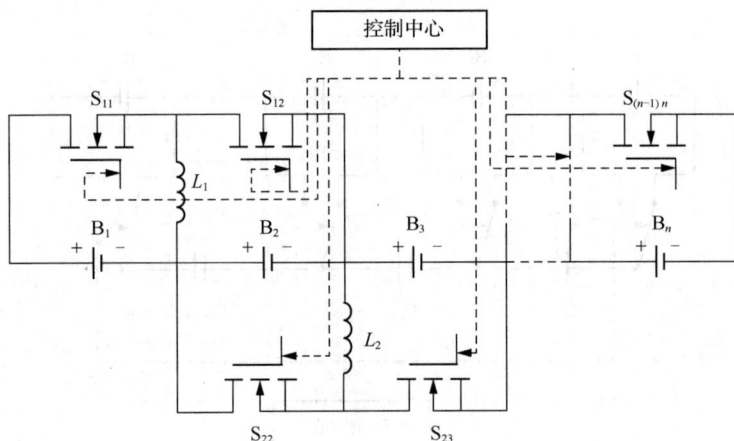

图 7-13　多电感均衡结构

（1）基于单电感均衡结构：单电感均衡结构中每个单体电池两端通过开关连通两条单向路径，分别连向中间储能元件电感 L 的两端，通过控制开关阵列使能量能在任意两节单体之间进行转移，如图 7-12 所示，实现能量的削峰填谷。该结构通过开关阵列选通使电池组内任意两单体之间可以进行能量转换，加快了均衡速度，减少了均衡过程中的能量损失。但是，由于同一时刻只有两节单体参与能量转移，所以开关控制相对复杂，而且单电感式主动均衡的能量转移效率相较于变压器式均衡仍然较低。

（2）基于多电感均衡结构：多电感均衡结构在每相邻两单体电池之间放置一个电感，如图 7-13 所示，通过开关通断时间配合储能电感实现能量在相邻两单体之间转移，该均衡方案扩展性好，均衡电流大，但当需要均衡的单体电池相隔较远时需要经过多次中间传输，降低了均衡速度，同时也会增加能量损失。

3. 基于变压器式均衡结构

（1）基于单绕组变压器的均衡结构：图 7-14 所示为单绕组变压器均衡结构，其为每个单体蓄电池配备一个变压器和一个整流二极管。当控制中心发出均衡信号时，均衡开关 S_1 以一定频率开始动作，为初级线圈充电进而激发次级线圈输出电压，匝数比将保证输出电压是各单体电压的平均值，并且自动为电压最低的单体电池充电，保证各单体蓄电池电压一致。串联蓄电池组中的能量将自动在各个单体蓄电池中进行均匀分配，从而完成能量的均衡过程。

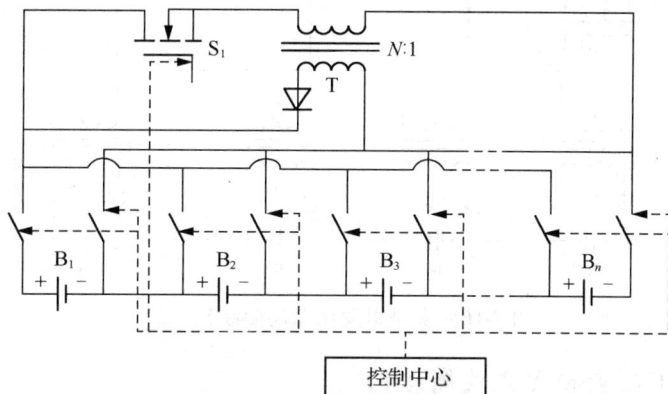

图 7-14　单绕组变压器均衡结构

（2）基于多绕组变压器的均衡结构：多绕组变压器均衡结构如图 7-15 所示，工作在 DCM（断续模式）下，主要有单铁芯和多铁芯的多绕组变压器。该结构能量转移对象为单体和电池组，因此不涉及相互转移的问题，只需要判定单体电池的能量与电池组平均能量的差值是否在一定范围内，若单体电池能量低于电池组平均能量，则控制与电池组相连的变压器原边导通，由整组给能量较低的单体补充能量；若单体电池能量高于电池组平均能量，则控制与该单体相连的副边绕组导通，由单体电池向电池组转移多余的能量，因此控制策略简单、容易操作。变压器式主动均衡的扩展性差，单体电池数量改变时变压器必须重新绕制，而且副边的一致性难以保证，易出现磁饱和。

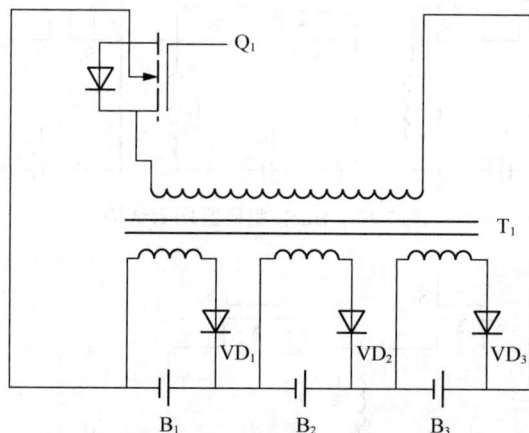

图 7-15　多绕组变压器均衡结构（1）

如图 7-16 所示，多铁芯变压器式主动均衡结构增加了变压器式均衡结构的扩展性，每个单体对应一个小变压器，当单体数量发生变化时，只需要相应增加变压器数量即可。该结构需要的变压器数量较多，成本高，占用空间大且难以布置。

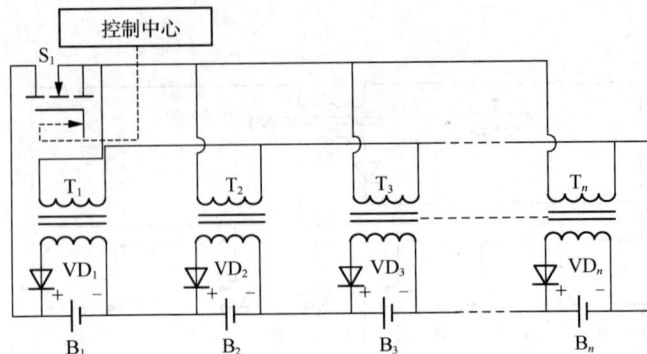

图 7-16　多绕组变压器均衡结构（2）

4. 基于 DC/DC 变换器式均衡结构

基于 DC/DC 变换器式均衡结构是指利用 DC/DC 变换电路，如各式直流变换器，实现串联蓄电池组中能量的转移和均衡。其中典型的包括基于 Buck 变换器、Buck/Boost 变换器、Cuk 变换器等结构，结构如图 7-17、图 7-18 和图 7-19 所示。严格来说，这三种结构只是 DC/DC 变换器设计中的几种转换技术，与上面所述结构相比并未用到新的电气元件，下面主要介绍这三种结构。

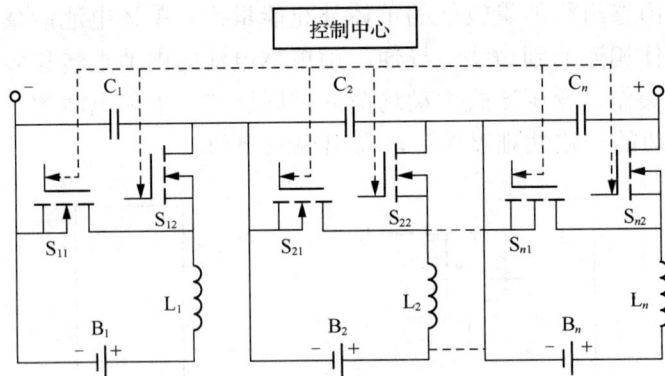

图 7-17　Buck 变换器均衡结构

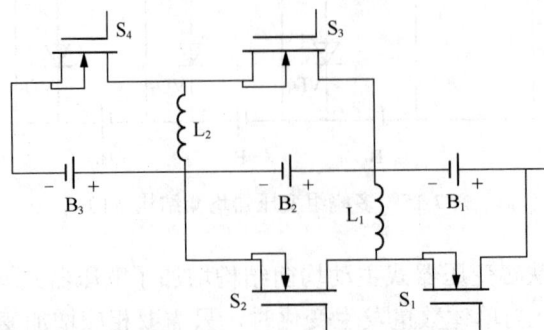

图 7-18　Buck/Boost 变换器均衡结构

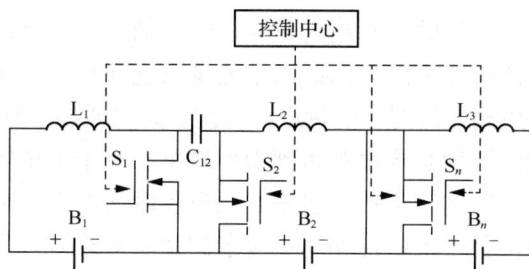

图 7-19 Cuk 变换器均衡结构

（1）基于 Buck 变换器均衡结构：Buck 变换器属于降压型 DC/DC 变换器结构，如图 7-17 所示，其输出电压等于或小于输入电压的单管非隔离直流变换器。根据电感电流 I 是否连续，Buck 变换器有 3 种工作模式：连续导电模式、不连续导电模式和临界导电模式。连续导电模式为线性系统，控制比较方便、简单；而不连续导电模式为非线性系统，不好控制。

（2）基于 Buck/Boost 变换器均衡结构：Buck/Boost 变换器是升降压型 DC/DC 变换器结构，每两个单体之间形成一个变换器，通过电容或者电感等储能元件转移单体能量，实现能量在相邻单体间单向或者双向流动。事实上，多电感均衡结构就是 Buck/Boost 变换器结构组成的升降压型均衡电路。此方案的基本思路，就是将高电压单体中的电能取出再进行合理地分配，从而实现均衡。其结构相对简单，应用的器件数目也较少，是一种比较不错的均衡方案。需要注意的是，当多个单体同时放电再分配时，会出现支路电流叠加的情况，需仔细设计相关参数以保证系统稳定。

（3）基于 Cuk 变换器均衡结构：Cuk 变换器又叫 Buck/Boost 串联变换器，它是针对 Buck/Boost 升降压变换器存在输入电流和输出电流脉动值较大的缺点而提出的一种非隔离式单管 DC/DC 升降压反极性变换器。与 Buck/Boost 变换器一样，Cuk 结构也具有升降压功能，也能工作在电流连续、断续和临界连续三种工作方式。Cuk 型均衡结构与前者的区别在于在整个均衡周期内，无论开关闭合或者断开，能量一直通过电容和电感传递给相邻电池。

变换器型结构存在的主要问题是能量只能在相邻电池间传递，如果电池节数较多，则均衡效率将大受影响，另外对开关控制精度要求较高且元器件较多，特别是 Cuk 型结构，成本较高。

5. 主动均衡结构比较

现有的电池均衡电路有很多，在均衡能力和性能上各有不同，在选择均衡电路的过程中要充分考虑其稳定性和经济性，并针对不同的工作环境进行选择。由分析可知，虽然现有的基本均衡技术在均衡领域具有各自的优势，但也存在一些未能跨越的技术障碍，导致均衡能力不能达到要求。

基于多绕组变压器均衡结构中，n 个次级绕组只能对应 n 个电池单体，单体数目增加则需要重新设计绕制整个变压器，而且随着单体数目的增加，磁性器件的存在不仅增大成本和均衡器的体积，而且变压器的漏感会导致均衡偏差的出现，尤其变压器的设计目前没有一种精确的设计方法，难以实现多输出绕组的精确匹配，另外，同轴铁芯结构会导致均衡器可移植性变差。基于多电容和多电阻的均衡结构也存在一定的问题，隔离型均衡器随着单体数量的增加，磁性器件会造成体积过大的问题；由于能量只能在相邻单体之间传递，因此当高电压单体和低电压单体之间距离较远时，能量逐级传递，大大增加了均衡时间，在实际使用中，充电时间要尽可能短，故而这种结构很难达到均衡效果。基于多电容和多电感均衡结构是一种不需要依赖电压检测精度的均衡结构，但是开关电容网络的布线复杂，如果利用电容的优势通过开关控制实现均衡，会带来软件编写中复杂的控制策略难以准确实现的问题；最重要的是关断时电流回路中巨大的尖峰电流和浪涌电流会给电路中的电容器带来巨大的冲击，缩短电容器寿命甚至损坏电容器；另外，虽然均衡原理决定了电压检测电路可以省略，在一定程度上减小了工作量和误差率，但是由于均衡期间缺乏对电池状态中电压指标的监控，在电池发生异常时没有了故障警报和处理机制，因此安全性有所下降。均衡拓扑结构对比如表 7-2 所示。

表 7-2 均衡拓扑结构对比

方案	优点	缺点
单电容	开关较少，均衡速率快	需电压检测模块，达到快速均衡
多电容	无须电压检测，控制策略简单	相邻单体间能量转换、均衡速度慢，能量损失较多
单电感	结构简单，均衡速度快	开关瞬间有能量损失，开关频率高，需滤波电容
多电感	可实现任意两单体的能量传递，实现充电均衡和静态均衡，扩展性好，均衡电流大	开关瞬间有大的能量损失，开关频率高，需滤波电容；当需要均衡的单体电池相隔较远时，需经多次中间传输，增加了能量损失
单绕组变压器	均衡速度快，低磁损失少	控制复杂，成本高，铁芯和绕组根据电池组电压和单体电压而定，通用性差
多绕组变压器	均衡速度快，效率高，可用于充电和放电时的均衡	电路设计难度大，结构复杂，铁芯和绕组根据电池组电压和单体电压而定
Buck 变换器	直流电压输出稳定，结构简单	输出电压等于或小于输入电压，仅用于单向均衡
Buck/Boost 变换器	均衡速度快，便于模块化设计，双向升压均衡，对于电池数量多的系统易于实施	成本较高，需智能控制，能量损耗较大，结构较复杂
Cuk 变换器	能量可双向流动，均衡速度快，效率高	控制复杂，电压检测精度要求高

6. 均衡策略选择

适当的均衡策略是对硬件电路设计的补偿。依据均衡结构的原理，目前主要有三种均衡策略。

（1）最大值均衡策略：这种策略以串联电池组中单体电压值最高的单体为均衡对象，通过开关阵列选通电压最高的单体对电压最低的单体放电，直至达到均衡设定指标。设 V_{max} 为串联电池组中电压最高的单体电压值，V_{min} 为串联电池组中电压最低的单体电压值。β 为均衡开启阈值，若 $V_{max}-V_{min}>\beta$（根据相关国家标准，单体电压差值超过 36mV 视为不均衡），则将电压最高的电池能量释放给串联电池组或者电压最低的单体，直到 $V_{\max}-V_{\min}\leqslant\beta$，均衡终止。此策略在电池组中大多数单体均衡度较高，部分单体电压过高或过低的情况下能够快速均衡，而在电池组内单体间一致性差时，会导致控制逻辑混乱，反而降低系统的均衡效率。

（2）平均值及差值比较均衡策略：这种策略适合以串联电池组中所有单体电压的平均值作为参考对象，通过比较单体的电压值与电池组的平均电压值，进而对电压较高的单体放电；或者比较相邻单体的电压，对电压较高的单体进行放电。此策略方便实现，但是在相邻单体之间转移的硬件结构下，若单体之间距离较远，则需要通过多个单体的传递，会造成能量的浪费和热失衡的状况。

（3）模糊控制策略：锂离子电池的模型建立是一个非常复杂的非线性过程，其容量随充电循环次数逐渐下降，充放电特性随着充放电倍率和环境温度发生较大的变化，其 SOC 与内阻会随着使用时间的增加发生不规律的变化。智能型控制理论—模糊逻辑控制（Fuzzy Logic Control，FLC）非常适合这样的非线性系统，它主要包括以下 3 个步骤。

① 根据隶属函数和模糊规则设计离线计算查询表。
② 将模糊控制离线查询表存入单片机。
③ 检测单体状态，查表确定 PWM 以驱动均衡电路。

模糊逻辑控制具有鲁棒性强、实时性好、控制参数简单的优势，可以动态地调整均衡电流，是目前数字控制的发展方向。但是目前模糊控制规则的设计完全依靠专家经验，针对不同的电池单体需建立不同的规则，因此可移植性较差。

7．动力电池组均衡技术

电容均衡结构的核心器件是电容，电感均衡结构的核心器件是电感。由电容和电感的特性可知，电容两端电压不能突变，而流过电感的电流不能突变。在电容均衡结构中，当系统开启均衡时，电容将会不断地在相邻两节电池间切换，这就导致均衡电容的电压值不断波动，因此，电池电压也就受到电容两端电压值波动的影响而发生一定幅度的波动，这种现象对电池管理系统的电压采集产生非常大的影响，导致数据采集精度变低。对于电感均衡结构来说，由于其均衡回路电感的存在，均衡回路电流不会发生突变，因此电池电压不会发生较大的波动现象。电容作为系统的均衡器件，其特性使均衡回路电流一直处于跳变状态，且幅值非常大，所以每个均衡电容需要串联一个限流电阻（串联的限流电阻为 0.01Ω），电阻过大会使均衡速度下降，电阻过小又会使均衡电流过大，而在均衡过程中限流电阻必然消耗能量，这就导致了均衡效率的降低。从以上的分析可知，在均衡控制电路组成结构上，电感均衡方案要优于电容均衡方案。

电感式均衡结构复杂度较高，成本较大，但其均衡效率较好，扩展性较好。基于变压器的均衡结构工作时均衡电流较大，复杂度较高，软件设计难度大，扩展性较差。但这种结构的均衡效果较好，能量损耗较少。基于以上的分析，在动力电池组的均衡设计时选择基于电感或基于变压器结构的均衡硬件电路效果较好。

对于均衡变量的选取，目前大部分电池管理系统的均衡模块选取工作电压作为均衡依据，技术较为成熟。理论上说，以电池单体 SOC 为均衡变量的均衡效果会更好，单体电池的 SOC 一致性也是均衡系统工作的最终目的。但目前 SOC 的估计精度不是很高，以此为均衡变量将加大均衡误差，同时软件设计较复杂。

综上所述，选择基于电感或基于变压器结构的均衡硬件电路，结合最大值均衡法控制策略的均衡管理系统可达到一个相对较好的均衡效果。在实际设计均衡管理系统时，还应综合考虑工作环境、项目需求、成本等多方面因素选取合适的均衡结构，这样才能增加电池模块的工作可靠性和使用寿命。

7.4 热管理系统

由于过高或过低的温度都将直接影响动力电池的使用寿命和性能，并有可能导致电池系统的安全问题，同时电池箱内温度场的长久不均匀分布将造成各电池模块、单体间性能的不均衡，因此，电池热管理系统对于新能源汽车动力电池系统而言是必需的。可靠、高效的热管理系统对于新能源汽车的可靠安全应用意义重大。电池组热管理系统有 5 项主要功能：电池温度的准确测量和监控、电池组温度过高时的有效散热和通风、低温条件下的快速加热、有害气体产生时的有效通风、保证电池组温度场的均匀分布。

1. 空冷系统

不使用任何外部辅助能量，直接利用汽车行驶形成的自然风将电池的热量带走，该方法简单易行，成本低。日本丰田公司的混合动力新能源汽车 Pius、本田公司的 Insight 以及以丰田 RAV-4 电动汽车的电池包都采用了空冷的方式。目前空冷的方式一般有串行和并行两种。空冷方式的主要优点是：结构简单，质量相对较小，没有发生液体泄漏的可能，有害气体产生时能有效通风，成本较低。缺点在于空气与电池表面之间换热系数低，冷却和加热速度慢。

2. 液冷系统

液冷系统利用液体相对于空气有较高的换热系数，可将电池产生的热量快速带走，达到有效降低电池温度的目的。

液体冷却主要分为直接接触和非直接接触两种方式。非直接接触式液冷系统必须将套筒等换热设施与电池组进行整合设计才能达到冷却的效果，这在一定程度上降低了换热效率，增加了热管理系统设计和维护的复杂性。对于直接接触式的液冷系统，通常采用不导电且换热系数较高的换热工质，常用的有矿物油、乙二醇等。对于非直接接触式的液冷系统，可以采用水、防冻液等作为换热工质。

随着纳米技术的发展，新型传热介质纳米流体得到了很大关注，纳米流体是以一定的方式和比例将纳米级金属或非金属氧化物粒子添加到流体中而形成的。研究表明，在液体中添加纳米粒子，可以显著提高液体的导热系数，提高热交换系统的传热性能。因此将纳米流体应用于电池热管理技术将会是一个新的研究发展方向，值得广泛的关注。

3. 相变材料（PCM）冷却

PCM 冷却系统如图 7-20 所示，是一种将相变储能材料与电池模块进行整合，利用其相变潜热来实现电池热管理的被动式冷却系统。

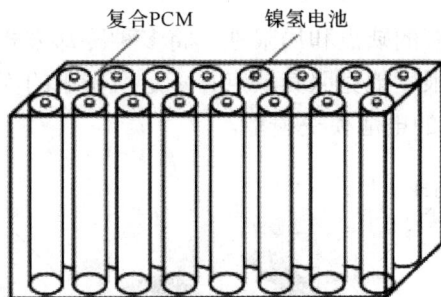

图 7-20　PCM 冷却系统

　　石蜡具有相变温度接近电池最佳工作温度，有较高的相变潜热和成本低廉等特点，但不足之处是热导率很低。因此，许多研究者开展了旨在克服其低热导率缺陷的实验研究，通过在石蜡中添加热导率高的物质制成复合 PCM，有助于提高材料的综合性能。采用添加金属填料、金属阵列结构、金属翅片管、铝切削片来提高石蜡的热导率多有报道。研究表明，在 PCM 中添加碳纤维，或将碳纳米管分散在 PCM 中心，可以在很大程度上提高 PCM 复合材料的热导率。

　　PCM 冷却系统具有降低整个电池系统体积、减小运动部件、不需要耗费电池额外能量的优点，理论分析和实验数据表明该技术有着良好的产业前景，值得引起国内业界高度重视。

4.　热管冷却系统

　　根据热管的散热原理，蒸发端将电池所产生的热量以相变热的形式储存于工质中，借助工质的输运能力把热量传递到冷凝端。工质可以进行连续不断的循环将电池产生的热量源源不断地传递到环境空气中，从而实现小温差下大热流的传输，使电池温度迅速降低。如图 7-21 所示，该系统具有换热效率高、冷却效果显著和寿命长等特点，与风冷、液体冷却方案相比，该系统具有技术含量较高，工艺和制造相对复杂，不易进行系统维护等缺点。

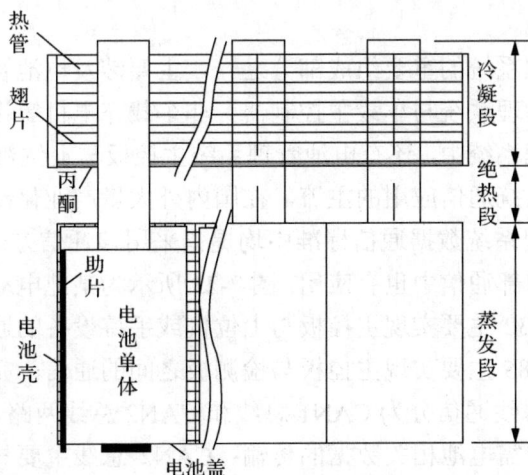

图 7-21　热管冷却系统

5. 多种冷却方式复合系统

单一的冷却方式有其固有的缺点和局限性，将多种冷却方式复合使用可以更好地利用不同冷却方式的优点，并最大限度地克服其缺点与不足所带来的不利影响。将 PCM 与空气冷却结合设计了如图 7-22 所示的电池模块模型。

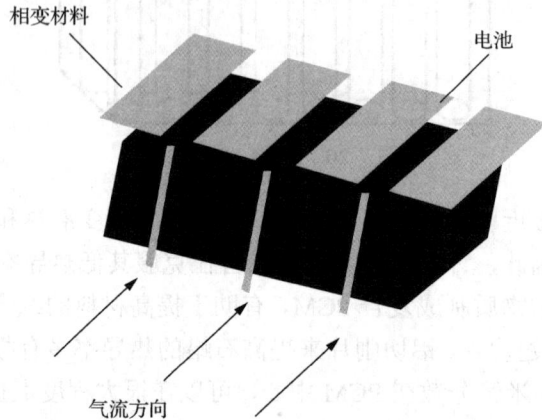

图 7-22　PCM 与空气冷却复合系统的电池模块模型

实验研究发现，这种复合式散热系统对电池热管理有着很好的效果。翅片有良好的导热性能且与热管之间有很好的热耦合，将热管加铝翅片再插入电池中，热管的冷凝段再加入冷却风扇，构成了一个多种冷却方式的复合散热系统，显著降低了锂离子电池的温度并保障了电池单体间的温度均匀性。

随着人们对动力电池温度控制的要求越来越高，多种冷却方式复合散热系统将成为动力电池热管理的重要研究内容。

7.5　数据通信系统

数据通信是电池管理系统的重要组成部分之一，主要涉及电池管理系统内部主控板与检测板之间的通信，电池管理系统与车载主控制器、非车载充电机等设备之间的通信等。在有参数设定功能的电池管理系统中，还有电池管理系统主控板与上位机的通信。CAN 总线通信方式是现阶段电池管理系统通信应用的主流，在国内外大量产业化新能源汽车电池管理系统以及国内外关于电池管理系统数据通信标准中均提倡采用该通信方式。RS232、RS485 总线等方式在电池管理系统内部通信中也有应用。图 7-23 所示为某纯电动客车电池管理系统通信方式示意图。其中，RS232 主要实现主控板与上位机或手持设备的通信，完成主控板、检测板各种参数的设定；RS485 主要实现主控板与检测板之间的通信，完成主控板电池数据、检测板参数的传输。CAN 总线通信分为 CAN1 总线和 CAN2 总线两路，CAN1 总线主要与车辆控制器通信，完成整车所需电池相关数据的传输；CAN2 总线主要与车载仪表、非车载充电机通信，实现电池数据的共享，并为充电控制提供数据依据。

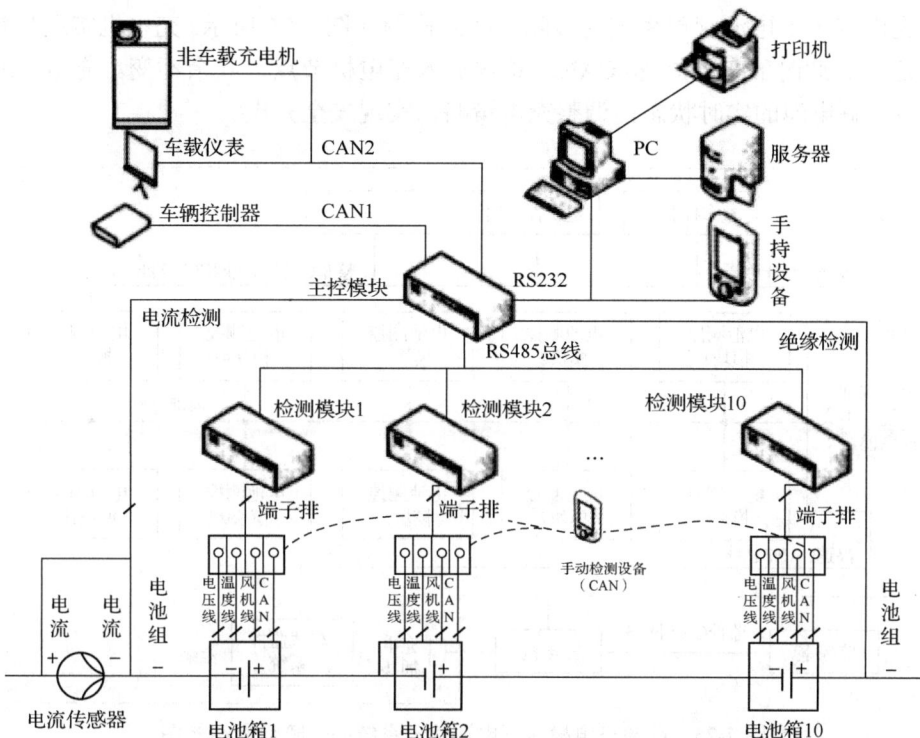

图 7-23 某纯电动客车电池管理系统通信方式示意图

车载运行模式下电池管理系统的结构如图 7-24 所示。电池管理系统中央控制模块通过
CAN1 总线将实时的、必要的电池状态告知整车控制器以及电机控制器等设备，以便采用更
加合理的控制策略，既能有效地完成运营任务，又能延长电池使用寿命。同时，电池管理系
统（中央控制模块）通过高速 CAN2 总线将电池组的详细信息告知车载监控系统，完成电池
状态数据的显示和故障报警等功能，为电池的维护和更换提供依据。

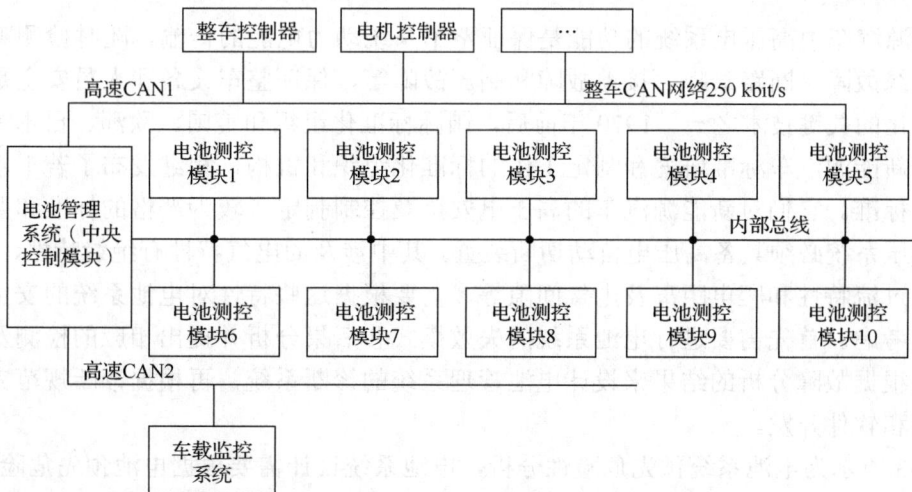

图 7-24 车载运行模式下电池管理系统的结构

应急充电模式下电池管理系统的故障诊断结构图如图 7-25 所示。充电机实现与新能源汽车的物理连接。此时的车载高速 CAN2 总线加入充电机节点，其余不变。充电机通过高速 CAN2 总线了解电池的实时状态，调整充电策略，实现安全充电。

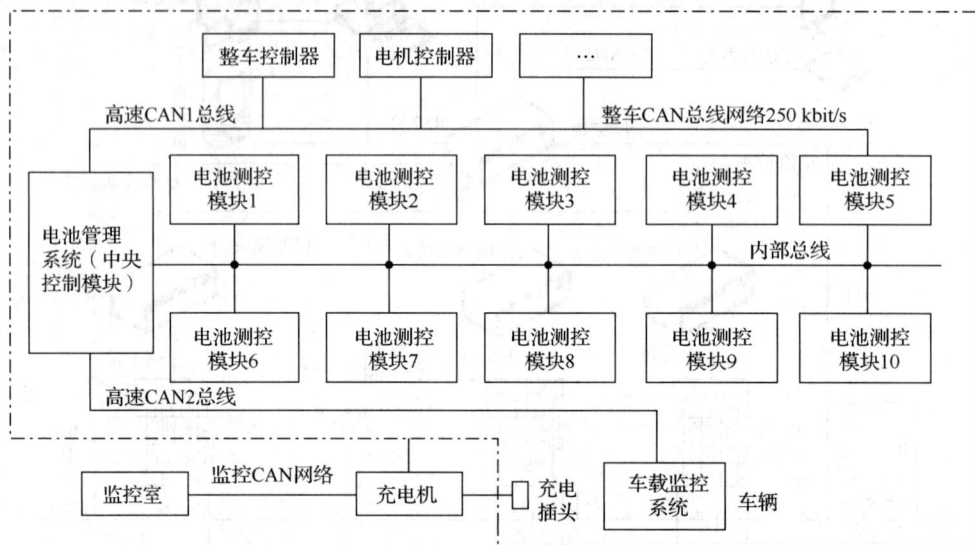

图 7-25　应急充电模式下电池管理系统的故障诊断结构图

7.5.1　电池管理系统故障分析

新能源汽车的主要部件电池系统属于高压部件，其设计好坏直接影响整车安全性和可靠性。在电池系统中，从故障发生的部位看，有传感器故障、执行器故障（接触器故障）和元器件故障（电芯故障）等。这些故障在新能源汽车系统中一旦发生，轻者造成系统性能下降，重则引起事故，造成人员和财产的巨大损失，因此对电池系统故障诊断及容错控制问题的研究显得十分必要。

新能源汽车中高压电系统的功能是保证整车系统动力电能的传输，随时检测整个高压系统的绝缘故障、断路故障、接地故障和高压故障等，保证整车设备和人员安全是新能源汽车产业化的关键技术之一。1970 年前后，国际标准化组织和美国、欧洲、日本等先后成立了开展新能源汽车标准研究和制定工作的标准化组织和机构，相继发布了若干新能源汽车的技术标准。它们对新能源汽车的高压电安全及控制制定了较为严格的标准和要求，并规定了高压系统必须具备高压电自动切断装置。其中涉及的电气特性有绝缘特性、漏电流、充电器的过流特性和爬电距离及电气间隙等，需要根据这些特性对电池系统的安全问题进行周全的考虑。首先需要进行电池系统的失效模式和后果分析并提出相应的检测及处理方式；然后根据故障分析的结果来设计电池管理系统的诊断系统，再根据诊断规范完成故障诊断策略和软件开发。

表 7-3 所示为电池系统预先危险性分析，电池系统设计需要根据电池预先危险性分析，对每个可能的危害源采取针对性的故障检测及处理设计，确保电池系统运行安全、可靠、高效。

表 7-3　电池系统预先危险性分析

电池危害	可能的危害	可采取的措施
电池爆炸或破裂	电池过充	监控电池电压和电流
	电池过放	
	线束故障	检测线束异常及保护措施
	电池短路	监控电池电流及保险丝设计
	电池内部过热	监控电芯温度及热管理
	接触器控制异常	监控接触器状态及控制
	通过电分解水产生氢气和氧气，氧气在空气中浓度达到4%时会爆炸	电池气体检测及电池包排气设计
高压触电	高压线束连接错误	检测高压线束异常及预充电设计
	高压绝缘低	高压绝缘检测及控制

新能源汽车存在着特有的高压电动力安全性隐患，如新能源汽车的动力电压远远超过了人体的安全电压，电池发生短路或电解液泄漏可能引起剧烈的爆炸和燃烧，电池化学反应产生的有害物质会对司乘人员造成潜在的危害等。这些都将影响新能源汽车的应用前景。由于电池是新能源汽车高压源，因此，电池管理系统需要确保整车高压系统安全可靠，这可以通过包括高压绝缘检测、高压互锁电路、碰撞安全开关、手动维修开关及电池各部件诊断设计等实现。当检测到高压系统故障时，系统可及时做出响应并采取措施，以确保高压动力安全性及整车碰撞安全性等。

当电池系统出现严重故障时，高压接触器必须快速切断以保护电池和确保整车高压安全，因此接触器的诊断尤为重要。

BMS 系统负责整车高压系统的安全，需要定期测量高压母线对地的绝缘电阻，并将绝缘状态和电阻值通过 CAN 总线上报以通知整车其他控制器。当检测到电池组绝缘电阻异常时，可采取分级报警的策略确保高压安全。

由于新能源汽车中安装了高能量高压蓄电池组，因此在遇到紧急情况，尤其是严重的碰撞时，将会使车内的蓄电池单元、高压用电器等与车身固定件发生碰撞挤压等情况，造成潜在的脱落、短路等瞬间绝缘性能的快速下降或高压主回路电路的短接等非常危险的情况。为适应这种被动控制的需求，在新能源汽车上设置了一个加速度传感器的信号输入电路接入BMS 系统。当诊断出一个被动安全碰撞信号时，将及时通过总线与整车控制器通信，并快速切断动力电池的高压回路，以防止高压触电。

7.5.2　动力电池故障诊断策略

动力电池故障诊断策略开发主要包括三个方面的内容：故障检测、故障数据管理和诊断服务接口。故障检测需要根据每个部件的失效模式分析，并配合相应的硬件设计，具备该部件的故障检测功能。故障数据管理是动力电池故障诊断系统的核心，它执行主要的故障诊断与处理的算法。诊断服务接口提供根据 ISO 标准定义的电控单元与外部诊断设备通信的底层驱动以及协议。外部诊断仪是车辆在检修时维修人员使用的满足 ISO 标准的外部工具，可以读取存储的故障码，便于合理高效地进行维修。

软件架构应该包含应用层软件、核心层软件和底层驱动软件。应用层软件主要进行电池系统故障检测、电池状态数据的读取及电池系统关键控制变量的控制。核心层软件是整个故障诊断的中枢，包括故障码的管理、诊断服务接口和故障码的存储/擦除管理。底层驱动软件包括一些单片机 AD、I/O 等的状态读取及控制，以及符合 ISO 15765 诊断规范的 CAN 总线接口驱动程序。

故障数据管理是故障诊断系统的核心，它包括以下几个主要功能。

① 实现电池系统故障码的存储和管理。

② 存储和管理与故障相关的冻结帧信息，便于故障排查。

③ 提供与应用程序和诊断仪的诊断服务接口函数。

④ 电池系统故障灯的管理。

⑤ 故障处理机制的管理。

系统会定时执行故障诊断软件顺序巡检每个故障码的状态，并根据每个故障码对应的故障等级和故障状态标志位来设置每一个故障级别的故障计数器，再根据电池系统故障级别采取相应的故障处理措施，以确保电池和整车高压系统安全可靠。由于外界因素的干扰，信号可能偶尔会产生一些正常的跳变抖动，因此将一个信号识别为异常后，系统并不直接视其为故障，而是通过一定方式进行累积，只有当累积结果达到一定程度时，才最终将异常判断为故障。这样可以提高系统的容错性，避免由于过于敏感而导致无法使用。

练习与实训

一、名词解释

1. 锂离子动力电池

2. 电池组参数

3. SOC

4. SOP

5. SOH

二、填空题

1. 动力电池性能影响新能源汽车的各项使用指标，如＿＿＿、＿＿＿、＿＿＿、＿＿＿以及＿＿＿等。

2．电池管理系统是在使用过程中检测电池能量的_____并预测电池_____的综合性电子控制系统。此外，它还具备_____、_____、_____，及实时监测电池_____参数等功能，并且功能越来越完善。

3．充电控制通过与充电机的通信，实现对电池的_____。

4．燃料电池报警主要有_____、_____、_____、_____、_____、_____和_____等。

5．电池组参数检测将_____、_____、_____作为电池状态估算与热管理的重要数据来源，是整个系统的底层基础支撑，还需要_____。

三、选择题

1．不属于 BMS 管理的内容是（　　　）。
　　A．总电压　　　　　B．总电流　　　　　C．电池包温度　　　D．电机温度
2．不属于电池温度采集方法的是（　　　）。
　　A．热敏电阻采集法　　　　　　　　B．热电偶采集法
　　C．电解液温度测量仪　　　　　　　D．集成温度传感器采集法
3．不属于电量管理系统的是（　　　）。
　　A．开路电压法　　　B．容量积分法　　　C．电池内阻法　　　D．里程计
4．属于电池剩余容量英文字符的是（　　　）。
　　A．BMS　　　　　　B．SOC　　　　　　C．SOH　　　　　　D．LIP
5．不属于均衡管理系统的是（　　　）。
　　A．单体电池温度　　　　　　　　　B．单体电池放电效率
　　C．电池制作工艺差异　　　　　　　D．电机控制器温度

四、问答题

1．何为单绕组变压器的均衡电路？

2．均衡策略的选择有哪些？

3．电池组热管理系统有哪些？举一种电池组热管理系统的例子，试说明其工作原理。

4．何为车载运行模式下电池管理系统的结构？

5．电池管理系统的故障有几种？

五、实训题

针对一辆具体电动汽车的锂离子蓄电池包，完成以下工作。
1．测量锂离子蓄电池包的尺寸及质量。
2．列出电池包的基本组成。
3．写出该电池包的参数。
4．分析电池包的冷却方法。

实训报告

实训题目				锂离子蓄电池包		
学生姓名		班级			学号	
实训地点		学时			日期	
实训结果						

尺寸参数	长/m	宽/m	高/m	质量/kg		

电池包基本构成	
电池包参数	
电池包冷却方法	

实训心得

指导教师		成绩	

第8章
燃料电池电动汽车简介

燃料电池电动汽车（FCEV）是指以氢气、甲醇等为燃料，通过化学反应产生电流，依靠电机驱动的汽车。其电池的能量是通过燃料和氧气的化学作用而不是经过燃烧直接变成电能或动能的。燃料电池的化学反应过程不会产生有害物质。燃料电池的能量转换效率比内燃机要高2～3倍。单个的燃料电池必须组合成燃料电池组以便获得必需的动力，满足车辆使用的要求。

从能源的利用和环境保护角度而言燃料电池电动汽车是一种理想的车辆，所以，燃料电池电动汽车被认为是电动汽车发展的终极目标。

本章内容及要点

8.1 燃料电池电动汽车的类型及构成

燃料电池电动汽车与纯电动汽车相比，无须依赖蓄电池技术性能的完善，与内燃机汽车相比，则具有环保、节能的优势，因此，虽然燃料电池电动汽车的历史不长，但已成为新能源汽车开发的热点，而且各国已经不断地开发出不同结构的燃料电池电动汽车。

8.1.1 按有无蓄能装置分类

根据是否配备蓄能装置，可把燃料电池电动汽车分为纯燃料电池电动汽车和混合型燃料电池电动汽车两大类。

1. 纯燃料电池电动汽车

纯燃料电池电动汽车的燃料电池是电动汽车上电能的唯一来源，如图8-1所示，这种类型的燃料电池电动汽车要求燃料电池的功率大，并且无法回收汽车制动能量。因此，纯燃料电池电动汽车目前应用较少。

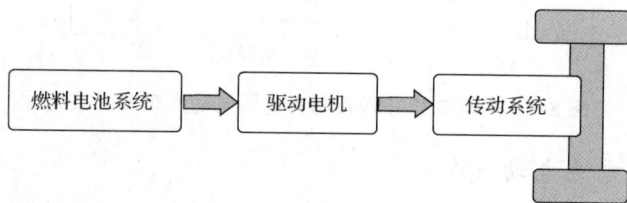

图 8-1 纯燃料电池电动汽车动力系统示意图

2. 混合型燃料电池电动汽车

混合型燃料电池电动汽车上除燃料电池外，还同时配备了蓄能装置（如蓄电池、超级电容等），如图 8-2 所示。由于蓄能装置可协助供电，因而可减小燃料电池的功率，且蓄能装置还可用于汽车制动时的能量回收，从而提高燃料电池电动汽车的能量利用率。因此，燃料电池电动汽车多采用混合型结构。

图 8-2　混合型燃料电池电动汽车动力系统示意图

8.1.2　按燃料电池与蓄电池的结构关系分类

根据混合型燃料电池电动汽车中燃料电池和蓄电池的电路结构，可将混合型燃料电池电动汽车分为串联式和并联式两种，如图 8-3 所示。

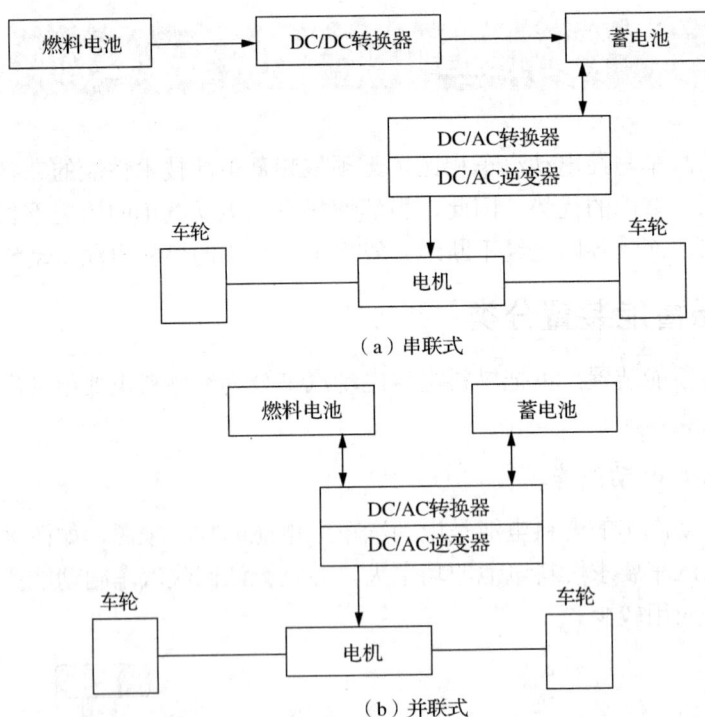

（a）串联式

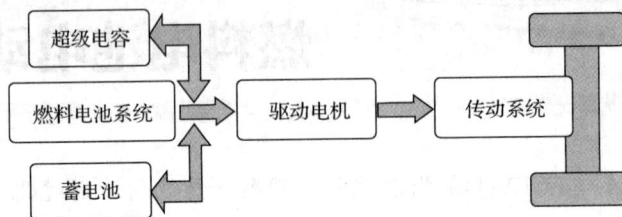

（b）并联式

图 8-3　串联式和并联式燃料电池电动汽车动力系统

1.　串联式燃料电池电动汽车

串联式燃料电池电动汽车动力系统如图 8-3（a）所示。其燃料电池相当于车载发电装置，通过 DC/DC 转换器进行电压变换后对蓄电池充电，再由蓄电池向电机提供驱动车辆的全部电力。串联式燃料电池电动汽车的特点与普通的串联混合动力电动汽车相似。其优点是可采用小功率的燃料电池，但要求蓄电池的容量和功率要足够大，且燃料电池发出的电能需要经过蓄电池的电化学转换过程，有能量的转换损失。目前，串联式燃料电池电动汽车较为少见。

2. 并联式燃料电池电动汽车

并联式燃料电池电动汽车动力系统如图 8-3（b）所示。它由燃料电池和蓄电池共同向电机提供动力。根据燃料电池与蓄电池能量大小的配置不同，又可将其分为大燃料电池型和小燃料电池型两种。大燃料电池电动汽车主要由燃料电池提供电力，蓄电池的容量较小，只是在电动汽车起步、加速、爬坡等行驶工况时协助供电，并在车辆减速与制动时进行能量回收。小燃料电池电动汽车则必须采用大容量的蓄电池，由蓄电池提供主要的电力，而燃料电池只是协助供电。并联式是目前燃料电池电动汽车采用较多的形式。

8.1.3　按提供的燃料不同分类

根据所提供的燃料不同，燃料电池电动汽车又可分为直接燃料电池电动汽车和重整燃料电池电动汽车两大类。

1. 直接燃料电池电动汽车

直接燃料电池电动汽车的燃料主要是纯氢，也可以使用甲醇等燃料。采用纯氢作燃料的燃料电池电动汽车，其纯氢的储存方式有压缩氢气、液态氢和合金（碳纳米管）吸附氢等几种。

2. 重整燃料电池电动汽车

重整燃料电池电动汽车的燃料主要有汽油、天然气、甲醇、甲烷、液化石油气等。重整燃料电池电动汽车的结构要比氢燃料电池电动汽车复杂得多。比如，甲醇重整燃料电池电动汽车需要对甲醇进行 200 ℃左右的加热以分解出氢，汽油重整燃料电池电动汽车也需要对汽油进行 1 000 ℃左右的加热以分解出氢。无论采用什么燃料，重整燃料电池电动汽车都需设置重整装置，将其他燃料转化为燃料电池所需的氢。直接以纯氢为燃料的燃料电池电动汽车对储氢装置的要求较高，但与重整燃料电池电动汽车相比，直接燃料电池电动汽车的结构简单、质量轻、能量效率高、成本低。因此，目前的燃料电池电动汽车采用重整技术的相对较少，大多以纯氢为燃料。

8.1.4　燃料电池电动汽车的构成

燃料电池电动汽车与普通燃油汽车相比，外形和内部空间几乎没有什么区别，不同之处在于动力系统。燃料电池电动汽车动力系统的基本组成部分有燃料电池系统、辅助蓄能装置、驱动电机及电子控制系统。图 8-4 所示为本田 FCX 燃料电池电动汽车的基本构成。

1. 燃料电池系统

燃料电池系统的核心是燃料电池电堆，此外还配备了氢气供给系统、氧气供给系统、水循环及反应物生成处理系统、气体加湿系统等，用以确保燃料电池堆正常工作，以氢气为燃料的燃料电池发电系统如图 8-5 所示。

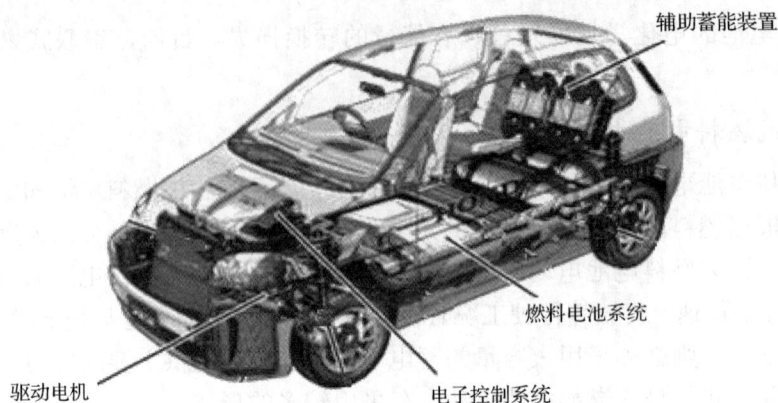

图 8-4　本田 FCX 燃料电池电动汽车的基本构成

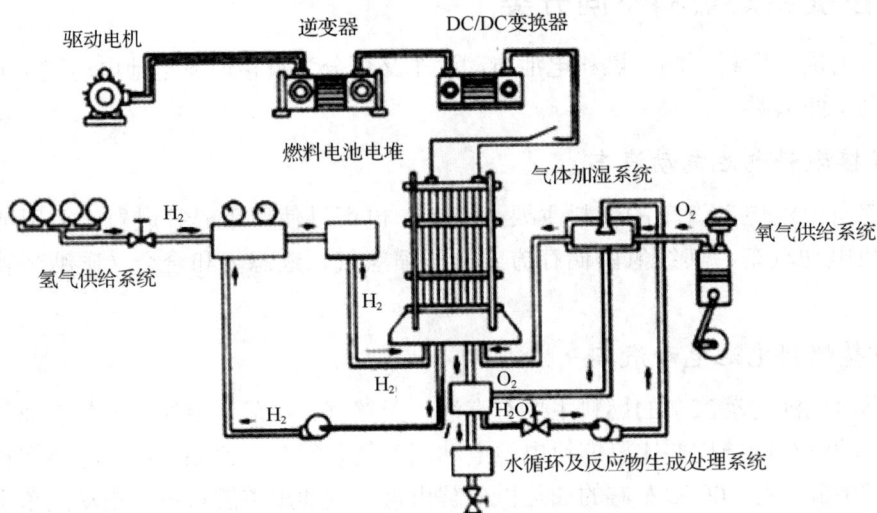

图 8-5　以氢为燃料的燃料电池发电系统

（1）燃料电池电堆

燃料电池电堆由多个单体电池以串联方式层叠组合构成。将双极板与膜电极交替叠合，各单体之间嵌入密封件，经前、后端板压紧后用螺杆紧固拴牢，即构成燃料电池电堆。

燃料电池电堆是发生电化学反应场所，燃料电池动力系统核心部分。电堆工作时，氢气和氧气分别由进口引入，经燃料电池电堆气体主通道分配至各单电池的双极板，经双极板导流均匀分配至电极，通过电极支撑体与催化剂接触进行电化学反应。

（2）氢气供给系统

氢气供给系统的功能包括氢的储存、管理和回收。由于气态氢需要采用高压的方式储存，故采用了储氢气瓶。储氢气瓶必须有较高的品质。储氢气瓶的容量决定了一次充氢的行驶里程。轿车一般采用 2~4 个高压储氢气瓶，大客车通常采用 5~10 个高压储氢气瓶来储存所需的氢气。

液态氢比气态氢需要更高的压力进行储存，且要保持低温。因此，在使用液态氢时对储氢气瓶的要求更高，还需要有较复杂的低温保温装置。

不同的储氢压力，需要采用相应的减压阀、调压阀、安全阀、压力表、流量表、热量交换器、传感器及管路等组成氢气供给系统。在从燃料电池堆排出的水中，含有少量的氢，可通过氢气循环器将其回收。

（3）氧气供给系统

氧气供给系统有纯氧和空气两种供给方式。当以纯氧方式供给时，需要用氧气罐；当从空气中获得氧气时，需要用压缩机来提高压力，以确保供氧量，增加燃料电池反应的速度。

空气供给系统除了需要有体积小、效率高的空气压缩机外，还需配备相应的空气阀、压力表、流量表及管路，并对空气进行加湿处理，以确保空气具有一定的湿度。

（4）水循环反应物生成处理系统

在燃料电池反应过程中，会产生水和热量，需要通过水循环系统中的凝缩器加以冷凝并进行气水分离处理，部分水可用于反应气体的加湿。水循环系统还用于燃料电池的冷却，以使燃料电池保持在正常的工作温度。

（5）气体加湿系统

空气和燃料氢在燃料电池入口处必须增湿。氢增湿是为确保电渗迁移避免阳极膜的干燥；阴极虽然有生成水，但一般要通入过量的干燥气体，因此，空气也必须增湿。

2. 辅助蓄能装置

混合式燃料电池电动汽车还配备辅助蓄能装置。辅助蓄能装置可采用蓄电池、超级电容和飞轮蓄电池中的一种，组成双电源的混合动力系统；或采用蓄电池+超级电容、蓄电池+飞轮电池的三电源系统。

燃料电池电动汽车配备辅助蓄能装置的作用有以下几点。

（1）在燃料电池电动汽车启动时，由辅助蓄能装置提供电能，带动燃料电池启动或带动车辆起步。

（2）在燃料电池电动汽车运行过程中，当燃料电池输出的电能大于车辆驱动所需的能量时，辅助蓄能装置可用于储存燃料电池剩余的电能。

（3）在燃料电池电动汽车加速和爬坡时，辅助蓄能装置可协助供电，以弥补燃料电池输出功率的不足，使电机获得足够的电能，产生满足车辆加速和爬坡所需的电磁转矩。

（4）向车辆的各种电子设备、电器提供工作所需的电能。

（5）在车辆制动时，将驱动电机转换为发电机工作状态，将车辆的动能转换为电能，并向辅助蓄能装置充电，以实现车辆制动时的能量回收。

3. 驱动电机

驱动电机用于将电源所提供的电能转换为电磁转矩，并通过传动装置驱动车辆行驶。与纯电动汽车和混合动力汽车一样，燃料电池电动汽车用驱动电机也可采用直流有刷电机、交流异步电机、交流同步电机、永磁无刷直流电机和开关磁阻电机等。不同类型的电机具有不同的性能特点。燃料电池电动汽车通常是结合整车的开发目标，综合考虑各种电机的结构与性能特点以及电机的驱动控制方式和控制器结构特点等，选择适宜的驱动电机。

4. 电子控制系统

燃料电池电动汽车的电子控制系统包括燃料电池系统控制器、DC/DC 转换器、辅助蓄能装置能量管理系统、电机驱动控制器及整车协调控制器等，各控制功能模块通过总线连接，如图 8-6 所示。

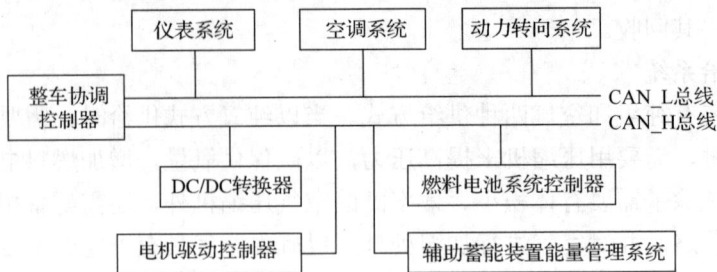

图 8-6　燃料电池电动汽车电子控制系统构成

（1）燃料电池系统控制器

燃料电池系统控制器用来控制燃料电池的燃料供给与循环系统、氧化剂供给系统、水热管理系统并协调各系统工作，以使燃料电池系统能持续向外供电。

（2）DC/DC 转换器

DC/DC 转换器通过电子控制器控制改变燃料电池的直流电压。电子控制器的作用是通过调节 DC/DC 转换器的输出电压，将燃料电池堆较低的电压上升至电机所需的电压。

DC/DC 转换器的作用不仅仅是升压和稳压，在工作时通过控制器的实时调节，还可使其输出电压与蓄电池的电压相匹配，协调燃料电池和蓄电池负荷，起到限制燃料电池最大输出电流和最大功率的作用，以避免燃料电池因过载而损坏。

（3）辅助蓄能装置能量管理系统

辅助蓄能装置能量管理系统对蓄电池的充电、放电、存电状态等进行监控，使辅助蓄能装置能正常地起作用，实现车辆在启动、加速、爬坡等工况下的协助供电，并在车辆运行时储存燃料电池的富余电能，实现汽车制动时的能量回馈。蓄电池能量管理系统通过对蓄电池电压、电流、温度等参数的监测，还可实现蓄电池的过充电、过放电控制，进行蓄电池荷电状态的估计与显示。

（4）电机驱动控制器

电机的类型不同，其控制器的电路结构和工作原理也有所不同。总体上，电机驱动控制器的主要控制功能有：电机的转速与转矩调节、电机工作模式控制（设有制动能量回馈的电动汽车）、电机过载保护控制等。

（5）整车协调控制器

整车协调控制器基于设定的控制策略对各控制功能模块进行协调控制。一方面，控制器根据加速踏板传感器、制动踏板传感器、挡位开关送入的电信号判断驾驶员的驾车意图，并输出控制信号，通过相关的控制功能模块实现车辆的行驶工况控制；另一方面，控制器根据相关传感器和开关输入的电信号获取车速、电机转速、是否制动、蓄电池和燃料电池的电压和电流等信息，判断车辆的实际行驶工况和动力系统的状况，并按设定的多电源控制策略输出相应的控制信号，通过相应的功能模块实现能量分配调节控制。此外，整车协调控制还包括整车故障自诊断功能。

8.1.5　燃料电池汽车的效率

氢气燃料电池的效率大约在 60%，甲醇燃料电池的效率是 8%～45%，而内燃机的效率仅为 30%～40%。图 8-7 所示为氢燃料电池发动机与喷射汽油发动机及柴油发动机的效率比较。

从图中可以看出，当前乘用车的负载率在 15%～20%，而公共汽车或卡车的效率在 30%左右。在这种负载率下，无论是喷射汽油发动机还是柴油发动机，其效率都在 25%～30%，而使用氢气的燃料电池发动机在这一负载范围内的效率高达 50%以上。

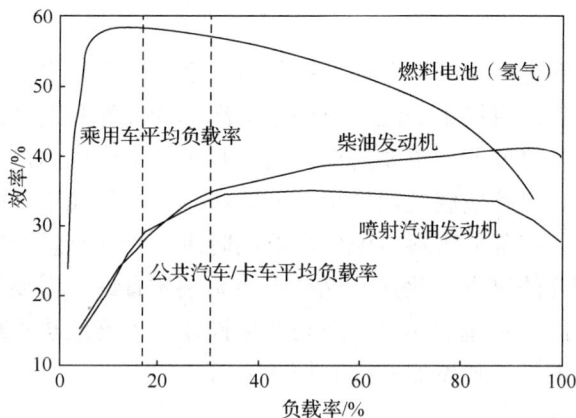

图 8-7　氢燃料电池发动机与喷射汽油发动机及柴油发动机的效率比较

图 8-8 所示为燃料电池车辆与传统内燃机车辆从油井到车轮的全效率（well-to-wheel efficiency）比较。从图中可以清楚地看到，无论燃料来自石油、天然气还是其他工业副产品，在扣除燃料重整改质、电力逆变以及电机传动等损失的情况下，燃料电池车辆的全效率仍有 20%～40%，比传统内燃机车辆高出许多。

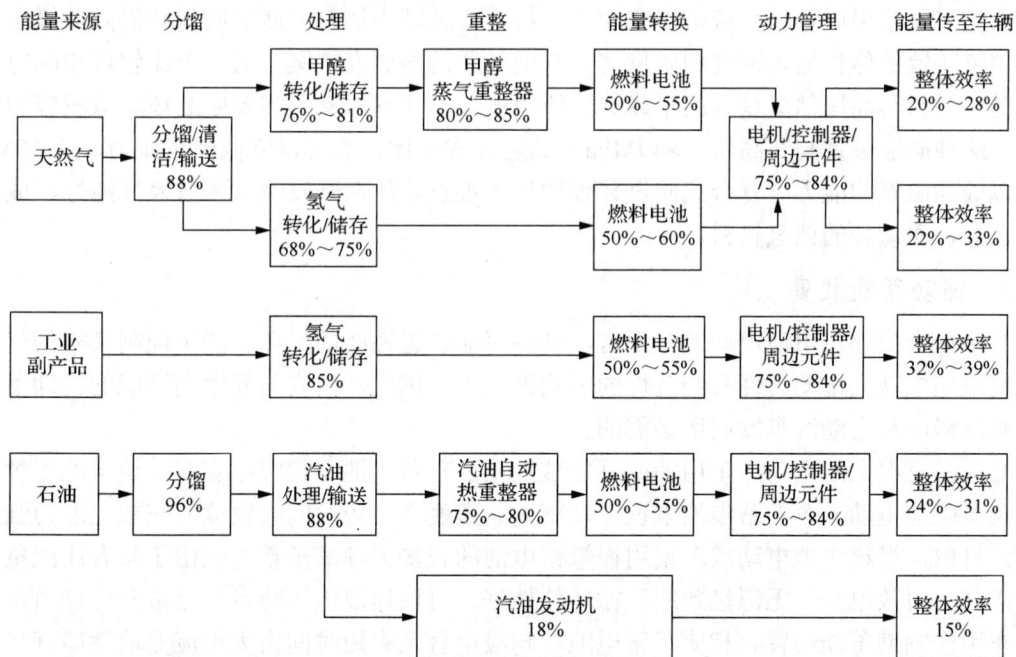

图 8-8　燃料电池车辆与传统内燃机车辆从油井到车轮的全效率比较

8.1.6　燃料电池电动汽车的性能与关键技术

对于燃料电池电动汽车而言，最被关注的性能指标主要有续驶里程、最高车速、最大爬坡度、最大转矩、功率及最大功率等。这些性能指标的高低，除了与燃料电池技术这一关键因素有关外，还与车载储氢技术、辅助蓄能装置、电机及其控制技术、系统管理策略与电子控制技术等有关。

1. 燃料电池技术

燃料电池技术是燃料电池电动汽车最关键的技术之一。燃料电池堆的净输出功率、耐久性、低温启动性及成本等，直接影响燃料电池电动汽车的性能和发展。目前，降低燃料电池成本是燃料电池电动汽车研究的最重要目标，而控制燃料电池成本最有效的手段则是减少燃料电池材料（电催化剂、电解质膜及双电极等）的成本，降低加工（膜电极制作、双电极加工和系统装配等）费用。在降低燃料电池成本的同时进一步提高燃料电池的性能，是目前燃料电池电动汽车技术研究的重点。此外，燃料电池系统还有许多需要攻克的工程技术难题，如系统的启动与关闭时间、系统的能量管理与变换操作、电堆水热管理模式以及低成本高性能的辅助装置（空气压缩机、传感器及控制模块）等。

2. 车载储氢技术

目前燃料电池电动汽车大都以纯氢为燃料。车载储氢技术对燃料电池电动汽车的动力性及续驶里程影响很大。如前所述，常见的车载储氢装置有高压储氢瓶、低温液氢瓶及金属氢化物储氢装置三种。除液态储氢方式外，目前的车载储氢装置的质量储氢密度和体积储氢密度均较低，而液态储氢需要很低的温度条件，其成本和能耗都很高。如何有效地提高体积储氢密度和质量储氢密度，是车载储氢技术研究的重点。

储氢气瓶采用质量轻、机械强度大的材料，通过减小储氢气瓶的质量和提高储氢压力来提高储氢装置的体积储氢密度和质量储氢密度是通常的研究方案。另一个比较理想的方案是采用储氢材料与高压储氢复合的车载储氢新模式，即在高压储氢容器中装填质量较轻的储氢材料。这种储氢装置与纯高压（>40MPa）储氢方式相比，既可以降低储氢压力（约10MPa）又可以提高储氢的能力。复合式储氢装置的技术难点是如何开发吸氢和放氢性能好、成形加工工艺好、质量轻的储氢材料。

3. 辅助蓄能装置

对于混合型燃料电池电动汽车而言，辅助蓄能装置性能的好坏、能量控制策略的优劣等对燃料电池电动汽车动力性和经济性的影响都很大。因此，研究与开发高性能的辅助蓄能装置也是燃料电池电动汽车发展所必需的。

目前，燃料电池电动汽车用辅助蓄能装置主要有蓄电池、超级电容和飞轮电池三种。对用于燃料电池电动汽车的蓄电池来说，功率大、密度高、短时间大电流的充放电能力强尤为重要。目前，燃料电池电动汽车采用镍氢蓄电池的较多。锂离子蓄电池由于具有比能量大、比功率高、自放电少、无记忆效应、循环特性好、可快速放电等特点，已被一些燃料电池电动汽车用作辅助蓄能装置。相比于蓄电池，超级电容具有短时间内大电流充放性能好（可达蓄电池的10倍）、充放电效率高、循环寿命长等许多优点。作为唯一的辅助蓄能装置或作为辅助蓄能装置之一，超级电容在燃料电池电动汽车上的应用将会逐渐增多。

4. 电机及其控制技术

电机用于产生驱动车轮转动的电磁转矩，其性能对燃料电池电动汽车的动力性和经济性影响极大。与工业用的电机相比，燃料电池电动汽车用驱动电机在最大功率、最高转矩、工作效率、调速性能等方面均有较高的要求。目前，燃料电池电动汽车上使用较多的主要是永磁无刷直流电机、交流异步电机、交流同步电机及开关磁阻电机等。研究与开发出功率更大、更加高效且体积小、质量轻的电机并配以更加先进可靠的电机控制技术，也是燃料电池电动汽车发展所需要解决的关键技术之一。

5．系统管理策略与电子控制技术

整车动力系统的优化设计、能量管理策略、整车热管理及整车电子控制（动力控制、能量管理、热管理及制动能量回馈等自动协调控制）等，对燃料电池电动汽车的动力性经济性也起到关键的作用。因此，整车动力系统参数的选择与最优化设计、多动力源的能量管理策略与最优化控制、整车热管理的最优化控制、整车各控制系统的协调控制等，均是燃料电池电动汽车发展必须面对的关键课题。

8.2　质子交换膜燃料电池

现代燃料电池电动汽车主要由燃料电池发动机来提供电能，燃料电池发动机以氢气为燃料，由单体燃料电池组成的燃料电池组（堆），以及气体供应系统、循环水系统、电能管理系统等辅助装备共同组成。当前常见的燃料电池组主要类型为质子交换膜燃料电池组。

8.2.1　质子交换膜燃料电池的基本性能

质子交换膜燃料电池（Proton Exchange Membrane Fuel Cell，PEMFC）又名固体高聚合物电解质燃料电池，其燃料有压缩氢气、液化氢、储氢合金储存的氢气、甲醇改质产生的氢气、汽油改质产生的氢气等。氧化物有氧化剂和空气。其工作温度一般在 80℃左右，电池也能够在-20℃时稳定工作。

质子交换膜燃料电池的能量转换效率理论上可达到 70%～80%，现在各国研发的质子交换膜燃料电池实际能量转换效率已达到 50%～60%。质子交换膜燃料电池用可传导质子的聚合膜作为电解质，这种聚合膜具有选择透过氢离子的功能，是质子交换膜燃料电池的关键技术。

质子交换膜燃料电池比能量可达 200Wh/kg 左右，燃料电池采用氢气作为燃料时，质量比功率不小于 150W/kg；采用甲醇改质的氢气作为燃料时，质量比功率小于 100W/kg。当前研发的燃料电池电动汽车对质子交换膜燃料组的电压要求达 350～400V、功率达 30～200kW。

质子交换膜燃料电池可以连续不断地工作，并适合部分负荷和满负荷输出特性的要求，可以得到与燃油发动机汽车相同的续驶里程、灵活性和机动性。这些优越的性能为其在燃料电池汽车上使用带来了很大便利。质子交换膜燃料电池是电动汽车较理想的一种车载发电电源。

质子交换膜燃料电池的基本单位为单体质子交换膜燃料电池，再由多个单体质子交换膜燃料电池组成质子交换膜燃料电池组。在质子交换膜燃料电池组上装备压缩机、加湿器等系统，共同组成燃料电池发动机（发电机）。

8.2.2 单体质子交换膜燃料电池

1. 单体质子交换膜燃料电池的构造

单体质子交换膜燃料电池的关键部件包括阴极（氢燃料极）、阳极（氧化极）、质子交换膜和催化剂等。它们的结构形式和理化特性是决定质子交换膜燃料电池性能的重要因素，单体质子交换膜燃料电池的结构如图8-9所示。

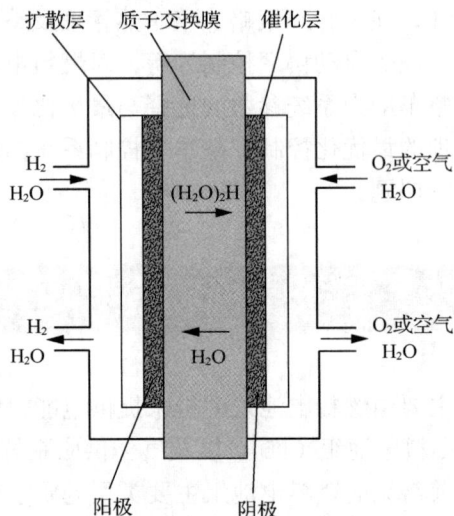

图8-9 单体质子交换膜燃料电池的结构

2. 单体质子交换膜燃料电池的工作原理

如图8-10所示，单体质子交换膜燃料电池的工作原理如下。

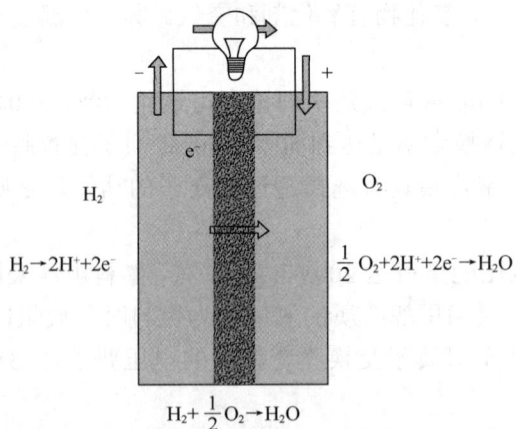

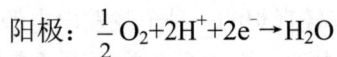

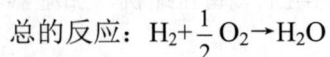

图8-10 单体质子交换膜燃料电池的工作原理

阳极：$\frac{1}{2}O_2+2H^++2e^-\rightarrow H_2O$

阴极：$H_2\rightarrow 2H^++2e^-$

总的反应：$H_2+\frac{1}{2}O_2\rightarrow H_2O$

单体质子交换膜燃料电池中氢离子 H 从负极以水合物作为载体向正极移动。因此，在单体质子交换膜燃料电池的正负极间，必须保持有 5.32kPa 压力的水汽。

在工作过程中要不断地补充水分，使得燃料气体流和氧化剂（空气等）气体流保持一定的湿润状态。在氢离子流过质子交换膜时，将水分附着在质子交换膜上，保持质子交换膜处于湿润状态来防止质子交换膜脱水，质子交换膜脱水时会使得燃料电池的内阻大幅度上升。

8.2.3　燃料电池组（堆）

1. 燃料电池组的构造

燃料电池组是由多个单体质子交换膜燃料电池串联组成的，单体质子交换膜燃料电池的电压为 0.7～1V，串联成燃料电池组的总电压可达 250～500V，以保证燃料电池汽车驱动电机所需要的工作电压和电流，如图 8-11 所示。

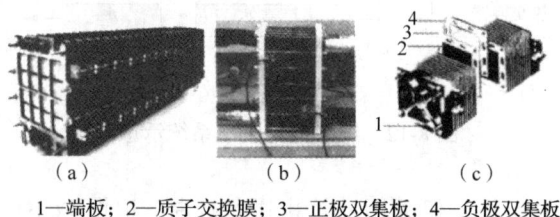

1—端板；2—质子交换膜；3—正极双集板；4—负极双集板

图 8-11　燃料电池组

2. 燃料电池组整体组装的要求

（1）使反应气体均匀分布。氢气、氧化剂的流场设计要求能够均匀通过每一个单体燃料电池中的流场表面，进入燃料电池组中的反应气体受到的阻力要小，保证各个单元燃料电池的电压一致性。

（2）控制每一个燃料电池单体之间反应气体相互隔离，不发生泄漏。

（3）冷却水在流场表面流过时，要求冷却均匀，不会因温度不均匀而使局部过热。

3. 燃料电池组的电路连接方式

多个单体燃料电池串联的燃料电池组中，每个单体燃料电池的负极板与相邻的单体燃料电池的正极板串联，电流在整个燃料电池组表面流过形成串联组合，然后由两端的单体电池的电极输出总的电压和电流。要求降低燃料电池组的内阻，并避免发生短路。

4. 燃料电池组的密封性

在模压成整体的质子交换膜燃料电池组中，各个单体电池之间的密封性要求很高。密封性不良的质子交换膜燃料电池会因为氢气泄漏而降低氢气的利用率，并使质子交换膜燃料电池的效率降低。

8.3　燃料电池发电系统与车载氢气安全措施

8.3.1　燃料电池发电系统

单独的燃料电池堆是不能发电并用于汽车的，它必须和燃料供给与循环系统、氧化剂供给系统、水/热管理系统和一个能使上述各系统协调工作的控制系统组成燃料电池发电系统（简称燃料电池系统）才能实际应用，燃料电池发电系统示意图如图 8-12 所示。

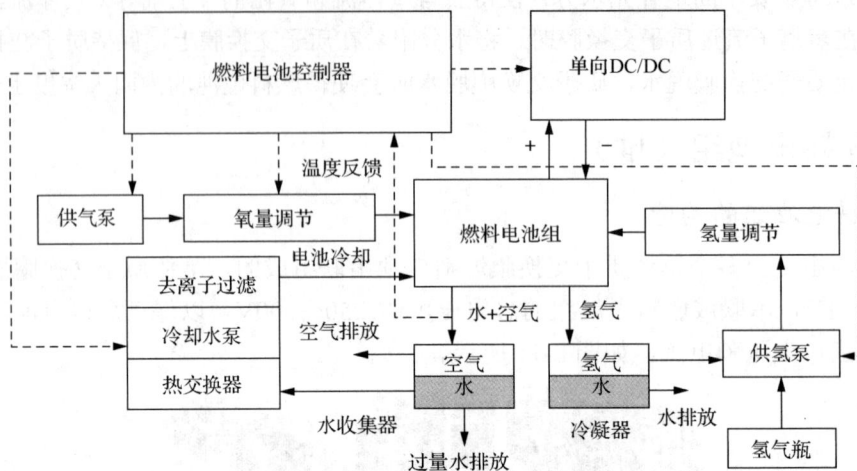

图 8-12　燃料电池发电系统示意图

　　燃料电池发电系统的运作一般采用计算机进行控制，根据 FCEV 的运行工况，通过 CAN 总线系统进行信息传递和反馈，并经过计算机的处理，以保证燃料电池正常运行。

　　燃料电池控制器根据外需的电功率，控制燃料电池组的燃料，调节电池的温度、湿度，从而控制发电功率，燃料电池组发电后经单向 DC/DC 输出。

　　氢燃料电池电动汽车 FCEV 是以燃料电池组为主要电源并以电机驱动为唯一驱动模式的电动汽车，目前，因受到燃料电池组启动较慢和燃料电池组不能用充电来储存电能的限制，在 FCEV 上还需要增加辅助电源，加速 FCEV 的启动所需要的电能和储存车辆制动反馈的能量。FCEV 上的关键装备为 DC/DC 变换器、驱动电机及传动系统、蓄电池等。

8.3.2　燃料电池的电源复合结构

　　纯燃料电池（PFC）只有燃料电池一个能量源。这种结构中燃料电池的额定功率大，成本高，对冷启动时间、耐启动循环次数、负荷变化的响应等提出了很高的要求。

　　为了提高燃料电池汽车的性能，采用了以下几种电源复合结构。

1. 燃料电池+辅助电池联合驱动（FC+B）结构

　　如图 8-13 所示，FC+B 结构中，有燃料电池和辅助动力装置（动力蓄电池组）两个动力源。通常燃料电池系统输出车辆常规速度行驶时所需的平均功率，而辅助动力装置用来提供峰值功率以补充车辆在加速或爬坡时燃料电池输出功率能力的不足，这样动力系统的动力性增强，运行状态比较稳定，因而总体运行效率得到提高。

2. 燃料电池+辅助电池+超级电容联合驱动（FC+B+C）结构

　　现代 FCEV 上采用了燃料电池+辅助电池+超级电容联合驱动。超级电容具有大电流的充电和放电特性，恰好弥补了蓄电池的不足，可以避免在回收制动反馈的能量时，电流过大造成的蓄电池的热失控和发生安全事故。

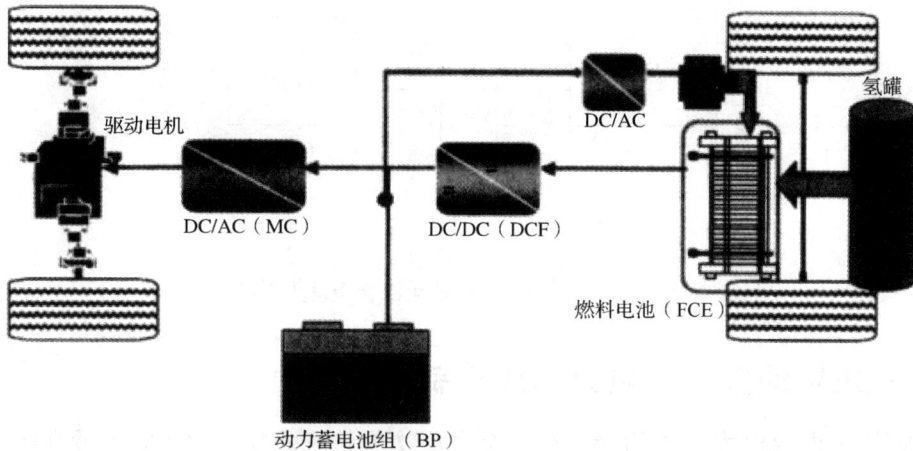

图 8-13　燃料电池+辅助电池联合驱动结构

（1）单、双向 DC/DC 燃料电池混合动力系统结构。燃料电池混合动力系统结构中采用的电力电子装置只有电机控制器，燃料电池和辅助动力装置都直接并接在电机控制器的入口，这种结构也称功率混合型动力系统，如图 8-14 所示。

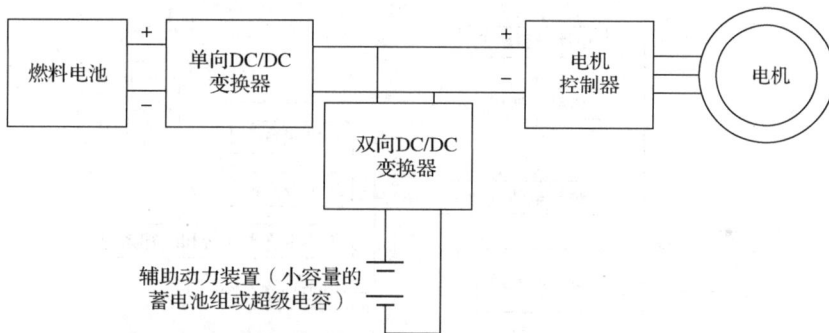

图 8-14　功率混合型动力系统

辅助动力装置扩充了动力系统总的能量容量，增加了车辆一次加氢后的续驶里程；扩大了系统的功率范围，减轻了燃料电池承担的功率负荷。许多插电混合的燃料电池汽车也经常采用这样的构架，有效地减少了氢燃料的消耗。另外，辅助动力装置蓄的存在使得系统具备了回收制动能量的能力，并且增加了系统运行的可靠性。

在系统设计中，可以在辅助动力装置和动力系统直流母线之间添加了一个双向 DC/DC 变换器，使得对辅助动力装置充放电的控制更加灵活、易于实现。由于双向 DC/DC 变换器可以较好地控制辅助动力装置的电压或电流，因此它还是系统控制策略的执行部件。燃料电池和辅助动力装置之间对负载功率的合理分配还可以提高燃料电池的总体运行效率，双向 DC/DC 工作可使电机的工作电压维持在高压，提高电机的效率。

（2）单向 DC/DC 燃料电池混合动力系统结构。这种结构通常在燃料电池和电机控制器之间安装了一个单向 DC/DC 变换器，燃料电池的端电压通过单向 DC/DC 变换器的升压或降压来与系统直流母线的电压等级进行匹配。尽管系统直流母线的电压与燃料电池功率输出能力之间不再有耦合关系，但单向 DC/DC 变换器必须将系统直流母线的电压维持在最适宜电机系统工作的电压点（或范围）。单向 DC/DC 能量混合型动力系统如图 8-15 所示。

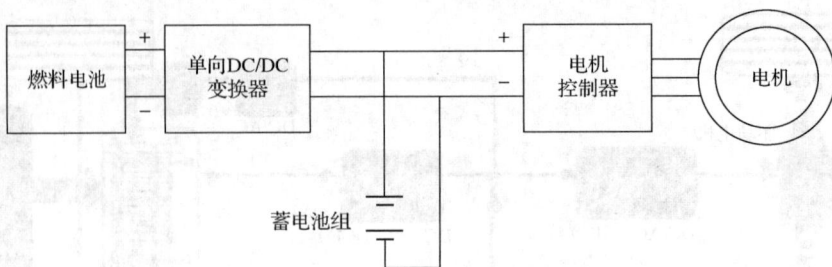

图 8-15 单向 DC/DC 能量混合型动力系统

8.3.3 FCEV 的多电源电力总成控制策略

FCEV 的多电源电力总成的管理是一个多层次的管理系统。FCEV 上最高层次的管理是整车管理，整车管理策略以整车性能、节能、环保等方面管理为核心，以控制多电源电力的匹配和电流的流向为基本方法。单体燃料电池、燃料电池组、DC/DC 变换器、燃料电池发动机、驱动电机以及电动车辆底盘等，属于第二层次的子管理系统。传动系统、转向系统和制动系统等属于第三层次的子管理系统。FCEV 的电力系统和驱动系统的基本组成如图 8-16 所示。

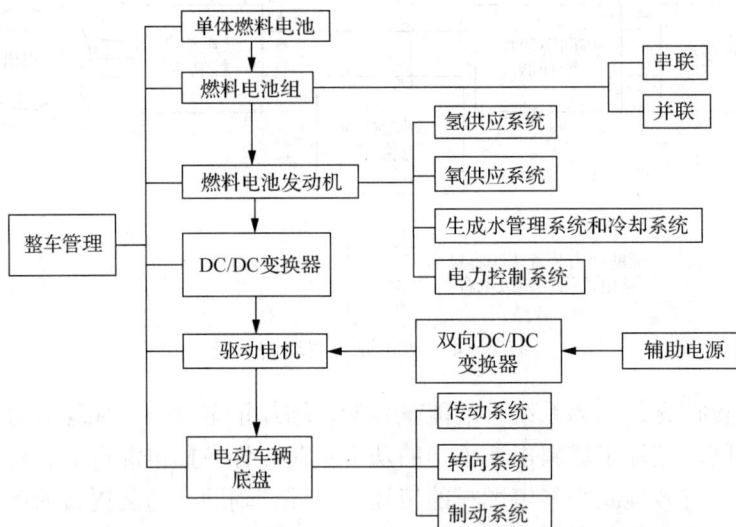

图 8-16 FCEV 的电力系统和驱动系统的基本组成

燃料电池的特点是冷启动的性能较差，输出功率在 20%～60% 是系统效率最高区域，随着输出功率增大，效率逐渐降低。为了弥补以上缺点，在 FCEV 上采用辅助电源，在 FCEV 启动时，辅助电源可以加速燃料电池的启动，为压缩机和加热等装置提供所需要的功率；在 FCEV 加速或爬坡时提供辅助电力，调整燃料电池的输出峰值功率，保持燃料电池在经济区域内运行。燃料电池是不可以充电的电池，因此，在 FCEV 上还需要装置辅助电源来回收制动反馈的能量。

8.3.4 车载氢气系统安全措施

氢气很容易从小孔中泄漏，对于透过薄膜的扩散，氢气的扩散速度是天然气的 3.8 倍。

另外，氢气在空气中的体积浓度很低时即可燃烧。因此，应有压力过高安全报警等措施，不允许发生诸如下游压力升高的现象。燃料电池电动汽车燃料系统中应设有低压保护装置，当储氢罐内部压力低于要求的压力时，其防护装置应能够及时切断燃料的输出，在启动、行车、停车、关闭等常规操作中，应保证在释放、吹扫和其他溢出等情况下，跟氢气有关的危害不会发生。汽车排气时，不能导致汽车周围、乘员舱及其他舱中的氢气浓度超过限制。当发生故障或意外事故时，燃料系统需要通风放气。气体流动的方位、方向应远离人、电、点火源。放气装置应安装在汽车的高处，且应防止排出的氢气对人员造成危害，避免流向汽车的电气端子、电气开关器件或点火源等部件。在可能发生泄漏的部位，都应合理地安装氢气泄漏探测器。燃料电池系统部件的导体外壳应同电平台连接，确保在氢气泄漏时，不会因静电而引燃氢气。所有的燃料系统应安装牢固，避免因汽车振动而导致损坏、泄漏等故障。燃料系统的部件都要采取适当的保护措施，且不应放置在汽车的最外端，压力释放装置（PRD）和排气管除外。

总的来说，车载氢气系统安全措施应从预防与监控两方面着手。图 8-17 所示是从预防的角度给出的车载氢气安全实例。

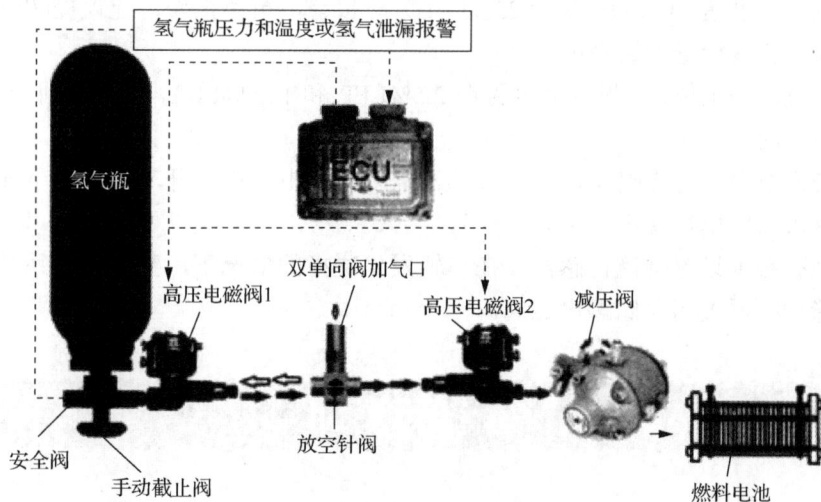

图 8-17　车载氢气安全实例

选择合适的储罐材料，可以有效地解决氢气泄漏问题。例如，用塑料内胆和铝内胆碳纤维缠绕的高压储氢罐因其质量小、单位质量储氢密度高，与钢制容器相比很好地解决了氢脆问题，同时也大大降低了成本。

目前高压氢罐一般工作压力为 3.5MPa。工作压力可高达 70MPa 的高压氢罐也已经通过了相应的试验。储氢罐应使用符合国家相关标准规定的车用储氢压力容器，在无国家标准之前，可参考相关的国际标准执行。储氢系统应有反映储氢罐内温度的传感器以反映罐内气体温度。

汽车燃料应包含能够保证燃料加注时切断向燃料电池系统供应燃料的功能。燃料加注口应具有能够防止灰尘、液体和污染物等进入的防尘盖。防尘盖旁边应注明燃料加注口的最大加注压力。燃料加注口应设置在汽车侧面，有消除汽车静电的措施，能够承受来自任意方向的 670N 的载荷，不应影响到燃料系统气密性。

氢气泄漏传感器由于测量原理不同，其测量灵敏度及测量范围有所区别，主要有半导体式、催化燃烧式、电化学式以及光化学式等传感器。根据传感器的量程不同，又可以分为低量程传感器和高量程传感器，灵敏度上低量程的传感器反应比较快，并且两种传感器在低浓度时反应比较明显。传感器可以等效于两个电阻，一个是可变电阻，另一个是固定电阻。可变电阻的阻值随着氢气浓度、湿度、温度变化而变化，其中氢气浓度和湿度对它的影响比较大。传感器的可变电阻阻值随着浓度变大而变小（即信号端的输出电压也变大）。固定电阻是用来加热的。根据不同的要求，在车上对氢气传感器类型、数量以及布置的位置均有一定的要求。一般来说，出于对安全性能的考虑，氢能汽车总共要求安装 4 个氢气传感器，所有传感器信号需直接传送到仪表盘的醒目位置，及时通知驾驶员。

一般在后备厢布置 2 个氢气泄漏报警仪，报警值设置为三级。

一级：氢气浓度达到 $1\,000 \times 10^{-6}$（2.5%LEL）时报警，系统自动切断氢气供应，由驾驶员将车辆移至指定的安全区域由专人检查整个系统。

二级：氢气浓度达到 50×10^{-6}（12.5%LEL）时报警，红色报警，建议驾驶员切断氢气供应，将车辆移至指定的安全区域由专人检查整个系统。

三级：氢气浓度达 $10\,000 \times 10^{-6}$（25%LEL）时报警，黄色报警，建议提醒驾驶员及时停机，用氢气检漏工具检查供氢系统。

在车内布置两个报警仪，报警值设置在 2.5%LEL 和 12.5%LEL，报警级别为一级和二级，分别安装在后座的左右两侧。

报警系统需要自带有蜂鸣器，氢气传感器需要常供电，在不开车的情况下如果测到氢气泄漏，蜂鸣器可以发出报警声。

另外，系统必须设置碰撞传感器。在车辆发生碰撞的情况下，整车控制系统应能通过车上安装的碰撞传感器关闭存储罐电磁阀。

练习与实训

一、名词解释

1. 燃料电池电动汽车

2. 氢气供给系统

3. 氧气供给系统

4. 水循环系统

5. PEMFC

二、填空题

1. 对于燃料电池电动汽车而言，最被关注的性能指标主要是_____、_____、_____、

_____、_____以及_____等。

2. 燃料电池堆的_____、_____、_____以及_____等，直接影响燃料电池电动汽车的性能和发展。

3. 常见的车载储氢装置有_____、_____以及_____装置三种。

4. 燃料电池汽车的动力控制、能量管理、热管理及制动能量回馈等自动协调控制等，对燃料电池电动汽车的_____、_____起到了关键的作用。

5. 质子交换膜燃料电池的基本单位为_____，再由多个单体质子交换膜燃料电池组成_____膜燃料电池组。

三、选择题

1. 不属于混合型燃料电池电动汽车的部件是（　　　）。
　　A．蓄能装置　　　　B．燃料电池　　　　C．锂电池包　　　　D．电机

2. 不属于重整燃料电池电动汽车燃料的是（　　　）。
　　A．汽油　　　　　　B．甲醇　　　　　　C．液化石油气　　　D．柴油

3. 不属于氢气供给系统的是（　　　）。
　　A．储氢气瓶　　　　B．热量交换器　　　C．减压阀　　　　　D．里程计

4. 不属于氧气供给系统的是（　　　）。
　　A．氧气罐　　　　　B．压缩机　　　　　C．空气阀　　　　　D．储氢气瓶

5. 不属于直接燃料电池电动汽车电子控制系统的是（　　　）。
　　A．燃料电池系统控制器　　　　　　　B．DC/DC 转换器
　　C．辅助蓄能装置　　　　　　　　　　D．永磁无刷直流电机

四、问答题

1. 纯燃料电池电动汽车包括多少种？

2. 燃料电池组（堆）的构造是什么？

3. 单体质子交换膜燃料电池的工作原理是什么？

4. 并联式燃料电池电动汽车包括多少种？

5. 重整燃料电池电动汽车？

五、实训题

针对一辆具体的燃料电池电动汽车，完成以下工作。

1. 测量该车的尺寸参数。

2. 画出氢气供给系统原理图，并说明其含义。

3. 画出氧气供给系统，并说明其含义。

4. 写出该车的驱动电机参数。

实训报告

实训题目	氢气供给系统识别					
学生姓名		班级		学号		
实训地点		学时		日期		

实训结果

尺寸参数	车长/m	车宽/m	车高/m	轴距/m	轮距/m	前悬/m	后悬/m

仪表盘图标及含义	图标1	图标2	图标3	图标4	图标5

氢气供给系统主要元件	
氧气供给系统主要元件	
电机规格	

实训心得

指导教师		成绩	

第 9 章
新能源汽车的整车容错控制技术

本章以混合动力汽车为例，介绍新能源汽车的整车容错控制技术。因为混合动力汽车有两个动力源，故其控制较单一能源汽车复杂，理论上讲，混合动力汽车整车控制系统发生故障的概率也较单一能源汽车要大。

混合动力汽车行驶的过程中会出现各种各样的故障，如执行部件电机、发动机或控制系统的故障等，随着混合动力汽车对安全可靠性能要求的提高，如何避免这些故障的发生或让混合动力汽车能在故障状态下安全运行到维修地点就十分重要。

在设计混合动力汽车控制策略的方法上更加趋向于模块化设计，这有利于控制系统管理分工明确，在出现故障时可以针对某一模块采取措施而不会影响其他模块的正常工作，这样混合动力汽车系统在故障时还可以完成大部分功能，实现容错运行。

混合动力汽车系统进行容错控制最主要的方法就是对故障模块采取冗余处理，尽量保留系统正常功能或在丧失一部分动力性能后，实现系统性能的保留，使混合动力汽车能够返回安全地点进行维修。

本章内容及要点

9.1 容错控制的概念

容错这一概念最先是在计算机领域中被提出来的，后来被应用到控制系统中。所谓的容错控制就是当控制系统中的某一个部件发生故障时，系统能迅速地检测到故障发生的位置，并通过控制系统自身合理有效的控制应对故障，使控制系统统能在故障存在的情况下实现基本功能并安全地运行。

容错控制的分类方法主要有两种：第一种是按照故障在系统中发生的位置分类，如分为传感器故障、执行部件故障、控制器自身故障等容错控制；第二种是按照系统应对故障时所做出的处理故障的方式分类，分为被动容错控制和主动容错控制。下面主要介绍被动容错控制和主动容错控制。

1. 被动容错控制

被动容错控制方法是指在对故障进行容错时，保持控制系统的结构和参数不变，通过整个系统自身具有的鲁棒性实现容错控制，也就是说是控制系统对故障并不进行控制策略上的调整而是产生不敏感性，这样在故障发生后整个闭环系统会忽略这些不敏感的故障，使整个系统仍能继续工作。

被动容错控制有以下几个特点。

（1）易于实现性。被动容错控制在实际操作上是比较便捷、条理清晰的。这是因为被动容错控制在系统故障发生前后，控制策略并不需要改变。在操作上只要控制系统的鲁棒性允许，就可以在设计系统控制策略的同时将故障时控制器参数的变化考虑进去。而且在实际控制上也比较易于实现。

（2）存在冗余性。被动容错控制的可能性是建立在控制系统中存在冗余设计的基础上的，系统中故障模块应用冗余容错也是被动容错最常用的手段。冗余容错设计的好处在于，容错控制与控制系统的结构参数没有任何关系，利用的是控制系统本身的鲁棒性。冗余设计也不会影响控制系统原来的控制策略，发生故障时并不会对原来的控制策略重构或者重组。所以说系统存在冗余性是被动容错控制的一个必要条件，如果系统缺少冗余的条件则被动容错很难实现。

（3）应用局限性。被动容错控制存在很多局限性。被动容错控制要求控制系统必须有冗余的可能，对于那些难于做冗余处理的系统，被动容错就不再适用；另外，从目前控制系统的发展来看，结构越来越复杂，被动容错在这样的环境下已经不能满足系统容错的要求了。

2. 主动容错控制

主动容错控制方法即在故障发生后，通过对整个系统各个模块的参数进行调整或者重新构造控制器的结构来实现对故障的消除、规避，使整个系统仍能安全工作从而实现容错的功能。主动容错控制是和控制系统的故障诊断模块 FDD 模块密不可分的，因为其在容错过程中需要以系统中的动态信息来作为容错控制的主要依据。

主动容错控制有以下几个特点。

（1）实时在线性。主动容错控制最主要的特点就是能对系统出现的故障进行实时在线处理。这个特点也是和控制器的迅速发展分不开的，如今控制器在线处理数据的能力越来越强，即使控制系统的复杂程度相应提高，也能满足主动容错控制的要求。

（2）应用广泛性。主动容错控制的主动性使得其可以应用的领域十分广泛。只要是控制系统的空间容量允许，都可以在控制系统中增加主动容错模块，针对不同的故障进行特殊设计实现容错的可能。

（3）跨学科性。主动容错控制可以独立于控制系统的主控制路线，因此可选择的容错方法比较灵活，手段也比较多。比如说模糊控制、自适应控制、神经网络控制等控制方法就可以与主动容错结合。这样就使主动容错会涉及不同学科的知识。

9.2　混合动力汽车控制系统容错故障树

混合动力汽车整车控制器（Hybrid Control Unit，HCU）是混合动力汽车系统的核心，主要的功能是接受来自驾驶员的加速、制动等驱动信息，通过控制策略的良好调配，向发动机和电机发送驱动指令信号，完成对整车系统的能量分配。

混合动力汽车最大的安全隐患就是电池组的高压电安全问题。混合动力汽车的高压电最高可达 300 V，由此所带来的电池组电压限制、电流监测以及车辆绝缘处理就显得十分必要。因此，要对混合动力汽车配备良好的高压安全保护模块，以提高混合动力汽车的安全性。

　　整车有电机和发动机两个动力源，转矩耦合装置后置，电机和发动机在不同的驱动轴上。这样，可以更好地发挥单一动力源的自由度。

　　混合动力汽车的控制策略主要有规则控制法和动态参数控制两种方法。选择逻辑门限值控制策略是基于规则的控制方法，也是最常见的整车控制策略。其设计目标主要是让发动机工作在燃油经济性较好的高效区域，达到节油的目的；电机作为混合动力汽车的辅助动力源配合发动机工作，在驱动转矩很小时，电机工作得多一些，在转矩不够时电机和发动机共同输出。混合动力汽车基本结构如图 9-1 所示。

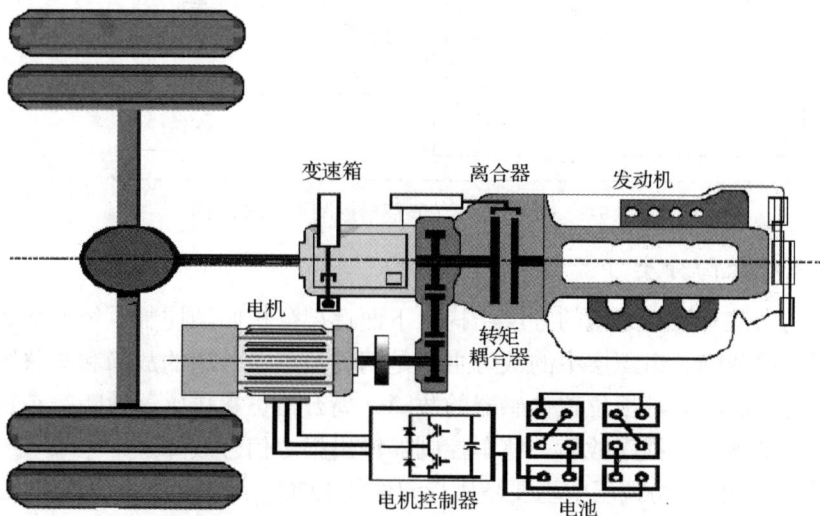

图 9-1　混合动力汽车基本结构

1.　控制系统的分层结构

　　混合动力汽车控制系统根据分层系统的概念可以分为图 9-2 所示的三个层次：组织层、协调层和执行层。

　　（1）组织层。混合动力汽车控制系统的最上层是组织层，这一层是整车控制系统的核心，混合动力汽车控制策略和容错模块的策略都嵌入在这一层次的整车控制器的程序当中。组织层将驾驶员的输入信号，如加速踏板信号、制动踏板信号、车速信号、变速器和离合器信号等驾驶信息进行分析，并输出相应动力源的指令信号。

　　（2）协调层。协调层是整车控制系统的第二层，由各个子模块的控制单元组成的次级控制系统，如发动机（ECU）、电机（MCU）、电池管理单元（BMS）等都在这层中。这些子模块控制单元是协调主控制器的指令信息和执行模块的纽带，并实时向整车控制器通报子模块的运行状态和故障状态。

　　（3）执行层。最底层的是控制系统的执行单元，由发动机、电机、离合器、减速器和车轮等部件组成，车辆的直接故障都来自于这些装置。

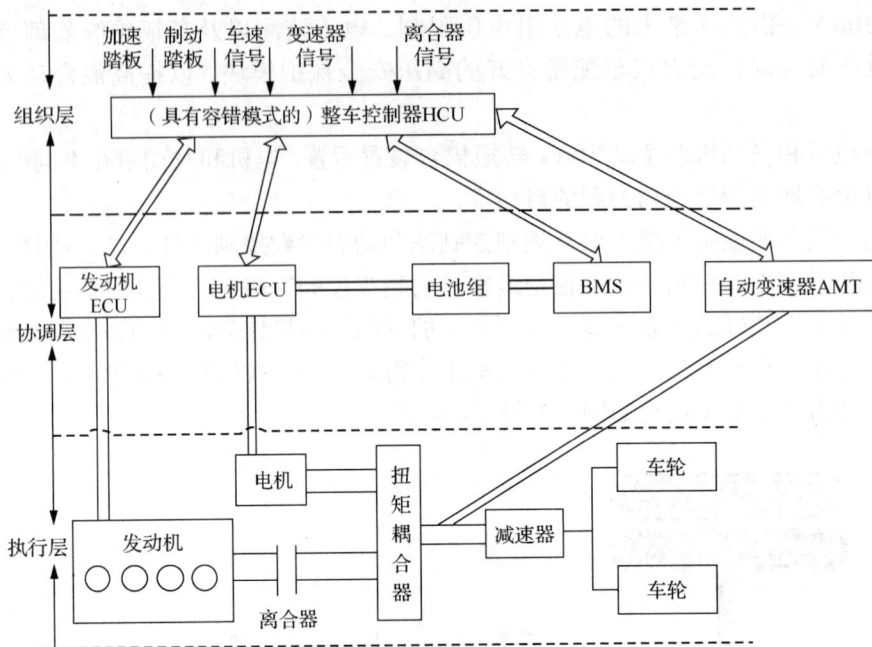

图 9-2　混合动力汽车整车控制系统分层图

2.　控制系统故障分类

根据混合动力汽车控制系统的分层结构，下面逐层分析归纳控制系统的故障。

（1）组织层的故障。组织层中的故障主要是驾驶员信息传递的故障和与整车控制器有关的故障，如加速（制动）踏板位置传感器的故障、离合器位置传感器故障、车速传感器无信号故障、整车控制器自身程序故障、整车控制器输出指令信号故障等。

（2）协调层的故障。协调层中主要是执行元件的 ECU，因此通常会出现 ECU 自身程序故障，传感器检测故障，ECU 输出控制信号的失效等故障，如发动机（ECU）的转速信号检测失效、自身程序跑飞、油门开度控制不灵敏，电机的电机转速位置传感器故障、电机矢量控制程序故障、PWM 驱动信号混乱故障，机械式自动变速器（AMT）的换挡控制失效、自身程序故障，电池管理系统（BMS）监测失效、控制高压电池继电器开关切换故障等。

（3）执行层的故障。执行层中的故障主要是执行元件发动机、电机和电池组的自身故障。发动机故障有启动困难、检测到功率下降、瞬时转速波动、噪声异常等，电机故障有电机转矩异常、电机转速异常、电机振动异常、电机温升超标故障、电机连续功率不能达到正常值等，电池故障有电池温度急剧升高、电池电压超出正常范围、电池电流超出正常值、电池组绝缘故障等。

（4）通信故障。CAN 总线是联系上述三层结构的纽带，将混合动力汽车运行过程中的状态信息实时地传递给整车控制器和故障容错模块，CAN 总线通信故障将引起整车控制系统的瘫痪。CAN 总线故障从整车控制系统的运行过程上分可以分为汽车启动自检时的 CAN 总线故障、汽车运行中状态改变（加速、减速、制动等）CAN 总线报文故障和实时监测周期性的故障状态信息故障。

3.　控制系统容错故障树

混合动力汽车的故障有很多，为了更加系统地归纳故障的类型和产生的原因，用故障树的形式来分析记录。所谓的故障树就是将系统可能出现故障的部件作为树干的分支，再逐一分析每条枝干上的故障产生的原因，以此类推就可以将系统故障原因的所有可能排列出来，以便于更好地分析和诊断故障。

（1）以控制系统组织层故障为顶事件的容错故障树

组织层发生的故障作为故障树的起始端主要由驾驶员操作信息和整车控制器的故障作为故障主干，如图 9-3 所示，前两个级别是具体的故障类，最底层是解决故障的容错方式。

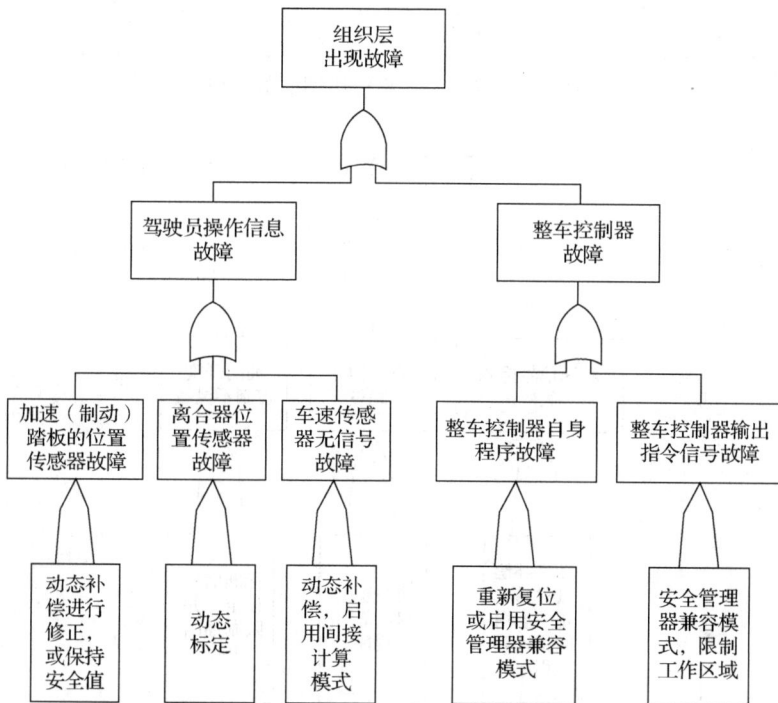

图 9-3　整车控制系统组织层容错故障树

加速（制动）踏板的位置传感器故障，可能是由于传感器信号的电压超出或不在应有的范围内所造成的，因此，可以采用动态补偿技术对故障信号进行修正，或者将信号的电压值保持在安全范围内。离合器位置传感器故障是由于车辆行驶中的振动影响了传感器基准值而造成的，因此，可以记录正常模式下的基准值，在故障状态下用这一数据进行动态标定。车速传感器无信号故障时，如果车辆其他状况良好，可以启动间接计算模式用发动机功率和输出转矩估算其转速。

整车控制器自身程序故障可能是程序跑飞造成的，可以重新复位，若仍不正常，可以启用安全管理器的兼容模式，这样就起到了双 HCU 的功能，为整车控制策略做冗余。整车控制器输出指令信号主要是电机发动机驱动指令，若出现故障信号可以先限制指令输出范围，若不行再利用安全管理器的冗余。

（2）以控制系统协调层故障为顶事件的容错故障树

以协调层出现故障的故障树起始端，如图 9-4 所示，分为发动机（ECU），电机（MCU），电池管理单元（BMS），AMT 单元四个主干。图 9-5～图 9-8 分别是上述四个单元建立的次级容错故障树。

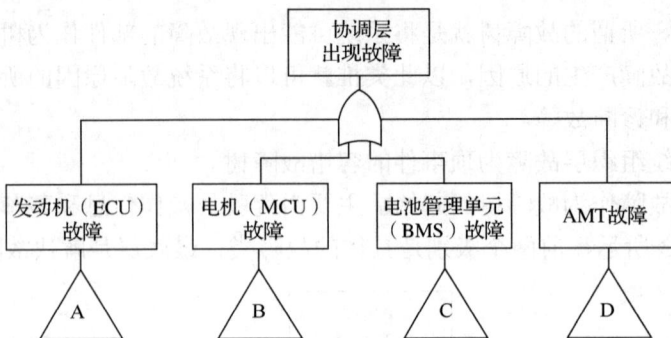

图 9-4　整车控制系统协调层故障树

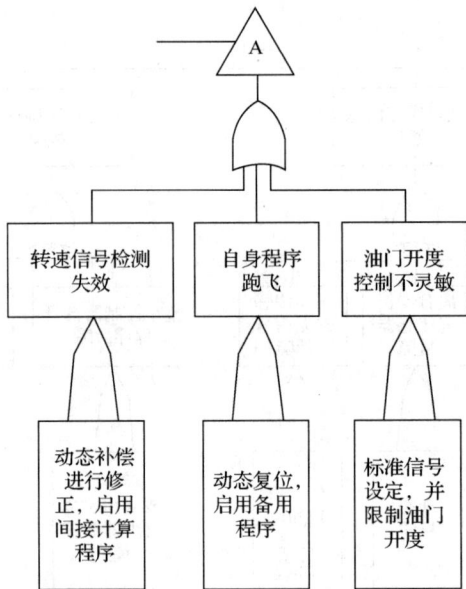

图 9-5　发动机控制单元容错故障树图

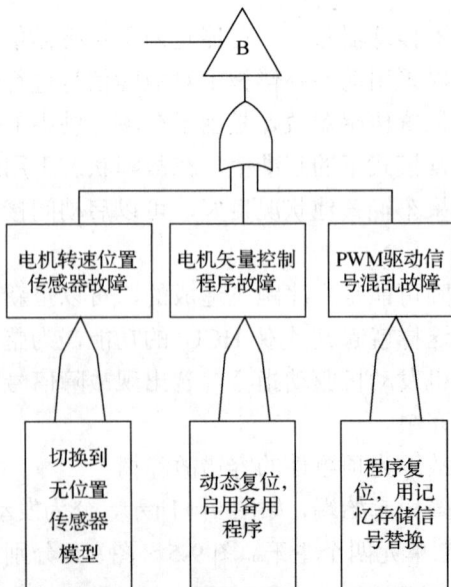

图 9-6　电机控制单元容错故障树

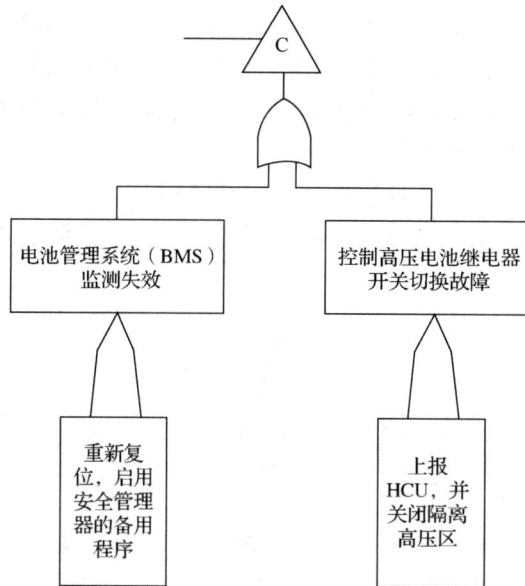

图 9-7　电池管理单元容错故障树

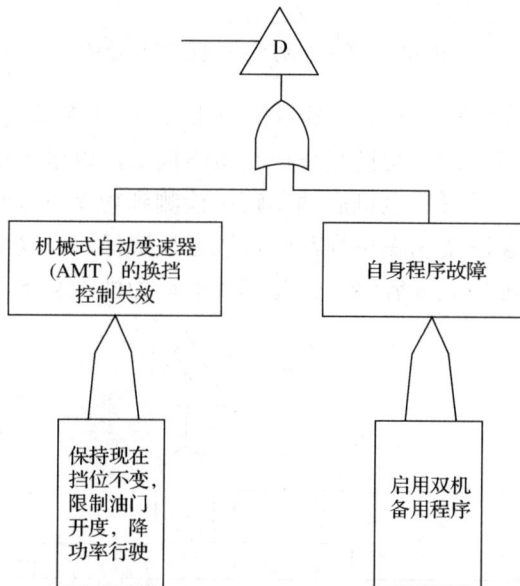

图 9-8　AMT 容错故障树

发动机（ECU）转速信号的故障类似于之前提到的车速传感器故障，可以用动态补偿进行修正或间接计算得到。自身程序跑飞类似于整车控制器的程序故障，可以重新复位或用备用程序冗余。油门开度控制不灵敏是由于 PID 控制出现偏差造成的，可以用标准信号对其重新设定，并限制油门开度范围。

电机（MCU）的电机转速位置传感器容易出现故障，可以在 ECU 中冗余无位置传感器的程序，出现故障时进行切换。电机矢量控制程序出错时可复位重新启动。PWM 驱动信号的混乱可以用程序中的记忆存储信号替换。

电池管理系统（BMS）的监测失效类似于程序跑飞。出现控制高压电池继电器开关切换的故障是十分危险的，此时应上报整车控制器，同时，一定要隔离关闭高压电池。

处理机械式自动变速器（AMT）的换挡失效问题时，要看失效时的挡位，若挡位不高可以保持挡位不变，限制油门开度，降功率行驶。而自身程序出现故障时，AMT 在设计时多数采用双机模式，因此可以很好地容错冗余。

（3）以控制系统执行层故障为顶事件的容错故障树

图 9-9 所示是整车控制系统执行层的故障树，有发动机故障、电机故障、电池故障三个分支。

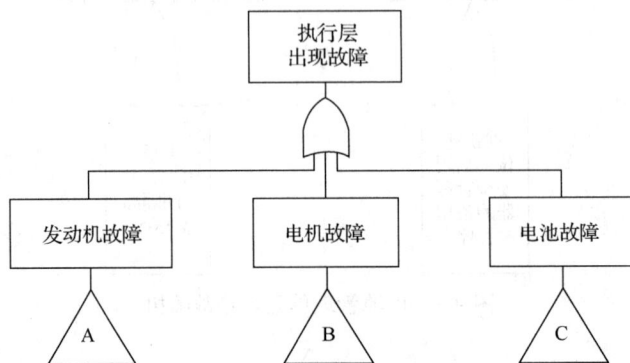

图 9-9　整车控制系统执行层故障树

图 9-10 是发动机容错故障树，发动机的故障有很多种，大多数会影响发动机的输出能力，如功率下降。针对这些故障，常常切换整车控制策略模式，以电机动态补偿的方式降低故障的程度。如发动机启动困难时采用电机启动车辆；检测到功率下降时，用电机动态补偿，保持车辆正常行驶；瞬时转速波动和噪声异常时可以通过降低对发动机的需求，限制发动机的工作区域或切换到电机单独模式来容错，但是车辆的动力性能会下降。

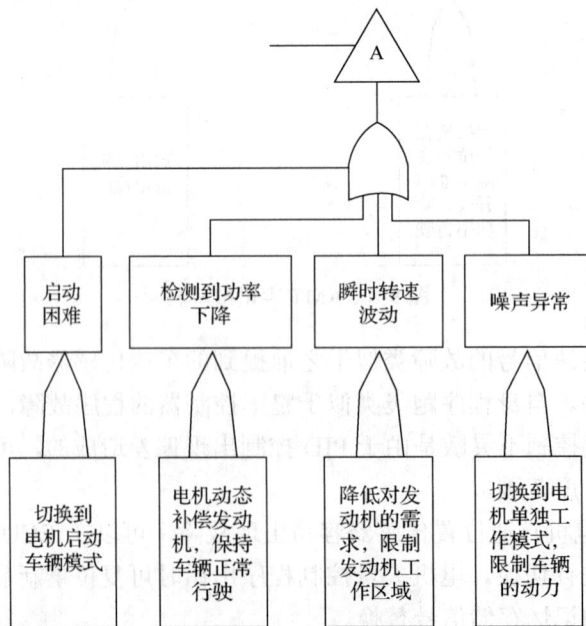

图 9-10　发动机容错故障树

图 9-11 是电机容错故障树，其中主要有和电机性能有关的数据下滑造成的故障，还有反映电机工作状态的信号如电机温升。对于电机转矩波动，可以降低电机转矩输出，发动机动态补偿下降的转矩差值。电机转速突变可能是由电机内部故障造成的，可以切换到发动机单独工作模式，关闭电机逆变器，使电机和高压电隔离。电机振动异常可能是电机使用积累造成的，可以对电机降功率使用或切换一段时间再恢复正常模式。对于电机温升超标故障，可以针对不同的温升区间，做出相应的控制策略上的改变，旨在保护电机的安全运行。对于电机连续功率不能达到正常值，可以将整车工作模式切换到发动机单独工作模式，直到电机稳定回到功率的正常值再启用电机。

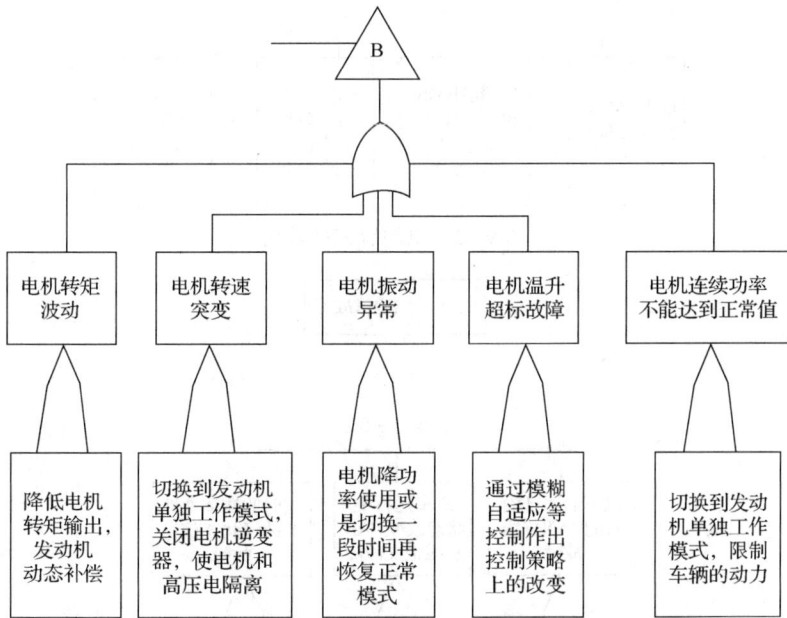

图 9-11　电机容错故障树

图 9-12 是电池故障容错树。当电池温度急剧升高时可能是电池组出现了短路或者断路情况，这是十分危险的，需要及时通报 BMS 警告，并切断高压继电器。当电池电压超出正常范围时，可能是电机对电池的充放电比较频繁，这时可以先报错给 BMS，再通过 HCU 切换整车工作模式，保护电池组。电池电流超出正常值和电池温度升高类似，可切换到发动机单独工作，并报错给 BMS。当电池组绝缘出现故障时，会威胁到人身安全，因此要切断整车控制系统和高压区的联系，将车开到安全维修地点检查。

（4）以通信故障为顶事件的容错故障树

图 9-13 是整车控制系统 CAN 总线通信容错故障树。CAN 总线上的容错主要是通过多条 CAN 总线的冗余来进行的。当汽车启动自检时，若 CAN 总线没有收到各个子模块节点的反馈信息，则可以重新复位，若不成功可以及时停车检查。在汽车运行过程中，若 CAN 总线接收不到来自电机、发动机和电池等节点的信息，可以启用 CAN 总线的备用总线重新检测。实时检测周期性的故障状态信息是 CAN 总线的特点，若出故障时，可以启用安全管理器的故障检测功能进行替代。

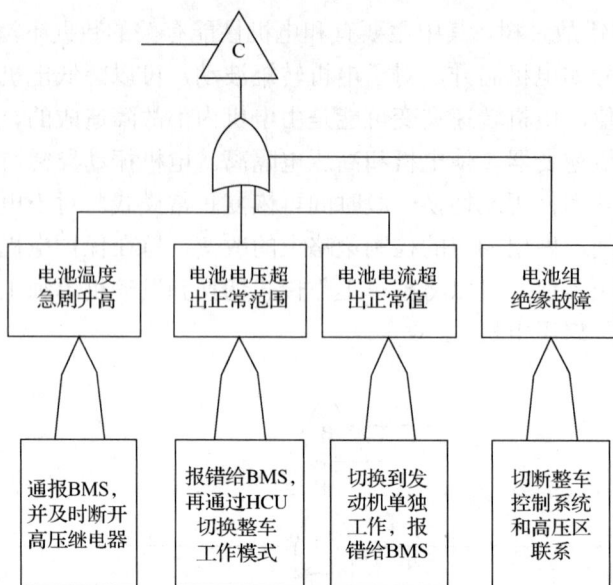

图 9-12　电池容错故障树

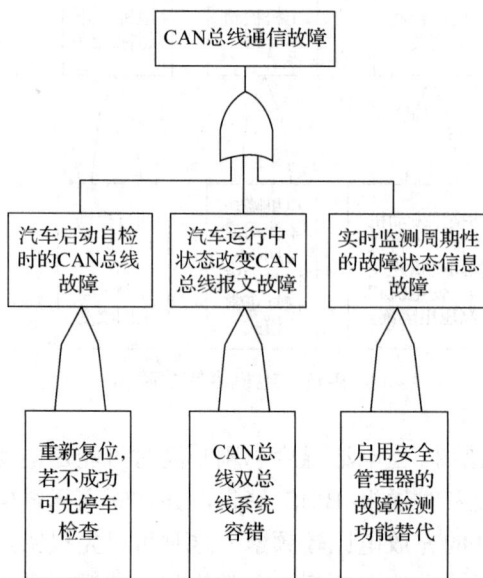

图 9-13　整车控制系统 CAN 总线通信容错故障树

9.3　控制系统故障的容错方法

　　对于整车控制系统的故障，并不是所有的故障都有方法解决，但是可以找到故障的规律，找出可以避免或者可以容错的故障类型，对于危险系数高的的故障要尽量找出解决的办法。对于整车控制系统的容错方法，可以借鉴容错控制的分类方法，针对混合动力汽车整车控制系统，分为主动容错和被动容错 2 种。表 9-1 所示的就是整车控制系统可以容错的故障和相应的处理方法。

表 9-1 整车控制系统可以容错的故障和相应的处理方法

容错类型	故障类别	容错方法
主动容错	电机温升故障	模糊控制
	模块 ECU 程序故障	控制率重构设计
	电机功能信号故障	控制率的重新调度
	发动机功能信号故障	控制率的重新调度
	电池组安全类信号故障	被动切换和重构控制策略
	电机完全失效	被动切换和重构控制策略
	发动机完全失效	被动切换和重构控制策略
	传感器信号故障	动态补偿和替换
被动容错	电池组高电压故障	被动隔离
	双控制器失效	替换冗余
	CAN 总线通信故障	多条 CAN 总线冗余

主动容错主要是对车辆发生故障后，通过改变原来的整车控制策略来重构设计或资源的重新调配，其中可以利用模糊控制等智能控制来实现。

被动容错是不改变整车控制系统的结构，在故障发生时的直接反应；还有一种被动容错方式是系统中存在冗余，在故障时可以进行切换或者替代故障模块。

9.4 混合动力汽车容错控制

逻辑门限值控制策略的核心就是门限值参数的选择，混合动力汽车的电池 SOC 值代表了电机—电池组的可用状态，而整车控制策略的主要目标是将发动机的工作区域集中在高效区，因此，可将电池的 SOC 值和发动机工作区域 MAP 图作为门限值的参数。

（1）电池充放电门限值选择

图 9-14 所示的是电池充放电时的内阻变化，可以看出当 SOC 在 0.28~0.8 的区间内，电池的充放电内阻比较小，因此电池的工作区间应为（0.28，0.8）。对于电池 SOC 的控制目标是电池尽量维持在工作区间，发动机尽可能运行在高转矩区，尽可能少地使用电动驱动系统。车辆在城市工况下频繁地加速将会导致电池快速放电，使电池 SOC 下降很快，对电池的寿命影响很大。

（2）发动机转矩的门限值选择

对发动机的工作区域限制，目的是要让发动机工作在高效区，图 9-15 和图 9-16 是发动机的 MAP 图，其中 T_max 为发动机的最大转矩，T_hi 发动机高效区的上限转矩，T_low 发动机高效区的下限转矩，T_off 发动机的最小转矩，（T_low，T_hi）就是发动机转矩的高效区间，T_chg 发动机充电转矩。

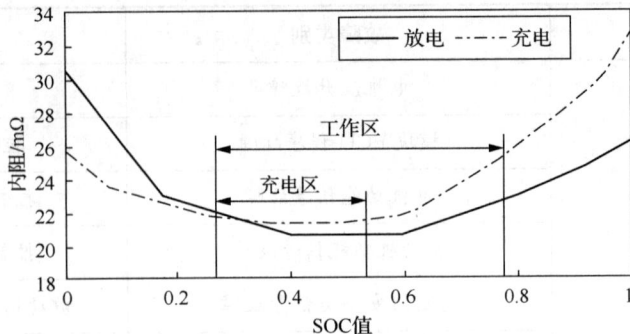

图 9-14 电池充放电时的内阻变化

将混合动力汽车的运行模式按照电池 SOC 充足和不充足两种情况分类，并分析每种情况下的控制策略。

当 SOC>SOC_low 时，如图 9-15 所示，电池可以为电机提供能源。车速较低时汽车的请求转矩比较小，发动机效率很低，此时应当关闭发动机，用电机单独驱动混合动力汽车。当请求转矩小于 T_off 时，发动机效率也很低，此时应当关闭发动机，用电机进行驱动。当请求转矩介于 T_off 和 T_hi 之间时，发动机工作在高效区，因此应用发动机单独驱动混合动力汽车。当请求转矩介于 T_hi 和 T_max 之间时，应进行电机和发动机的联合驱动，发动机工作在效率较高的 T_hi 曲线上，剩下的转矩由电机提供。当请求转矩大于 T_max 时，也选择联合驱动模式，发动机工作在最大转矩曲线 T_max 上，剩下的转矩由电机提供。

当 SOC<SOC_low 时，如图 9-16 所示，电池的 SOC 不足需要充电。当请求转矩小于 T_low 时进行行车充电，发动机工作在高效区的下限 T_low 曲线上，多余的转矩给电池充电。当请求转矩介于 T_low 和 T_hi 之间时，也应进行行车充电，发动机仍工作在高效区，发动机工作转矩为请求转矩加上充电转矩 T_chg。当请求转矩大于 T_hi 时，发动机单独驱动混合动力汽车，发动机工作转矩即为请求转矩。

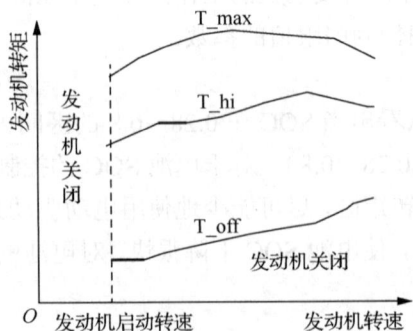

图 9-15 SOC>SOC_low 时发动机 MAP 图的划分

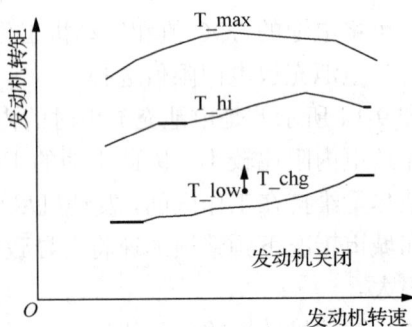

图 9-16 SOC<SOC_low 时发动机 MAP 图的划分

（3）整车控制策略程序流程

图 9-17 为逻辑门限值控制策略控制程序流程图。

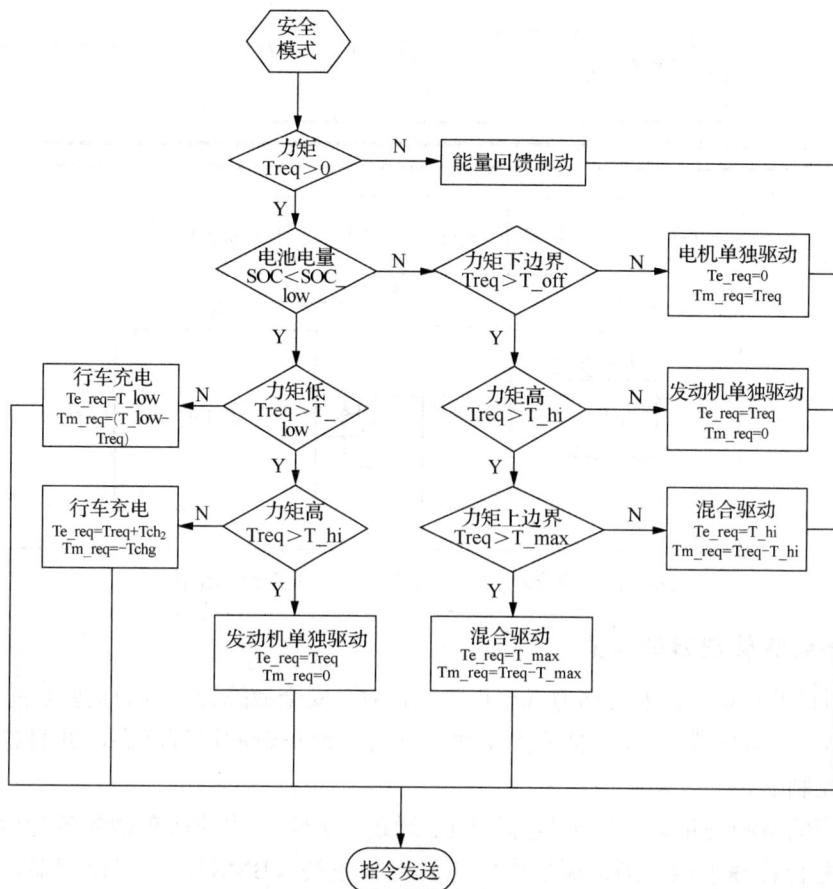

图 9-17　逻辑门限值控制策略控制程序流程图

9.5　混合动力汽车安全故障管理系统的结构

目前的混合动力汽车整车控制系统中，整车控制器是控制策略的核心，同时还要考虑协调层的安全可靠，其中包括电机驱动控制器的安全、高压系统的安全、电池本体的安全以及车辆行驶安全等。整车控制器的容错控制虽然解决了一些问题，但还是有一些故障不能完全通过整车控制器来解决，而且整车控制器的主要功能是协调电机和发动机的输出，对于故障的管理分析记录这方面的功能有所疏忽。

图 9-18 为混合动力汽车安全故障管理系统的结构图。从中可以看到安全故障管理器和整车控制器一样，是通过 CAN 总线和整车控制系统的其他控制单元进行联系的。安全故障管理器和整车控制器之间有特定接口和一条控制线，用来实时检测整车控制器的运行情况，整车控制器也可以通过这条控制线对安全故障管理器进行指令传递。安全故障管理器、电机控制器和电池管理系统都有一条信息采集线，用来对某些重要的状态信息进行实时监测。

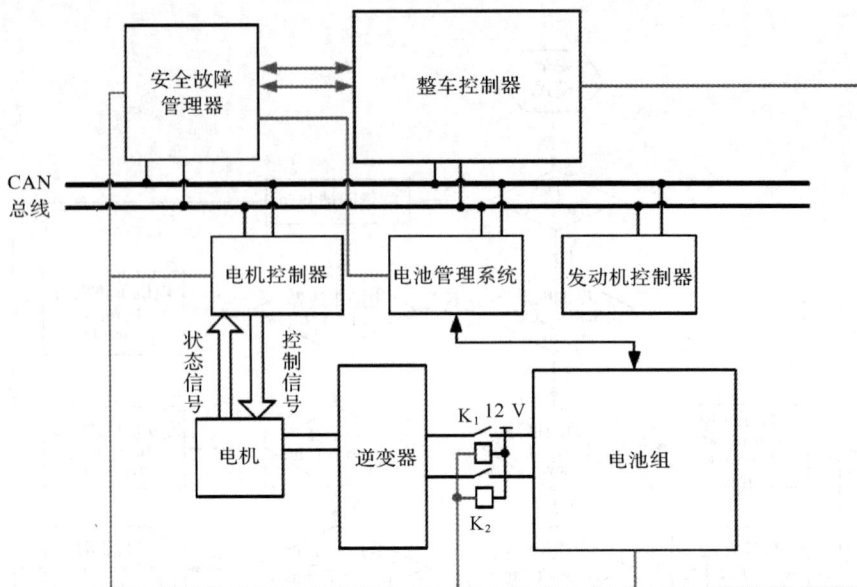

图 9-18　混合动力汽车安全故障管理系统的结构

1. 安全故障管理器的特点

（1）实时监测分析。在混合动力汽车正常工作时，安全故障管理器的主要功能是通过 CAN 总线和与协调层中的控制模块连接的控制线，实时监测车辆的运行状态，并将各种状态信息反馈给整车控制器。

（2）故障的检测与记录。安全故障管理器通过 CAN 总线获取车辆的各种信息状态，同整车控制器配合管理车辆。当协调层中的电池管理系统（BMS）、电机控制器、发动机控制器高压安全状态信息向整车控制器进行故障报错时，安全故障管理器会记录下发生故障的具体位置、时间以及故障的类型。同时，在整车控制器发送容错指令使车辆进入到某一容错模式时，安全故障管理器要实时记录容错模式运行的情况，对容错模式下的安全指数做出评价，将预测结果通过 CAN 总线发送到整车控制器，并向驾驶员提示车辆的运行状态。

（3）整车控制器的软件冗余。安全故障管理器除了在整车控制器运行正常的情况下，对车辆的状态和安全进行预测外，当整车控制器自身程序跑飞不能正常工作或是整车控制器的指令信号输出故障时，还要接替整车控制器的主要功能，接受协调层中车辆各部件。

2. 安全故障管理器的运行模式

（1）屏蔽混合动力模式。安全故障管理器会在规定的时间内通过 CAN 总线采集混合动力汽车的状态信息，当某一周期未收到协调层控制器的反馈信号，且与电机控制器等相连的控制线表示电机驱动为工作时，电驱动系统可能发生故障。安全故障管理器将屏蔽混合动力模式，对电驱动系统进行隔离，并通知整车控制器。

（2）冲突故障模式。混合动力汽车运行当中，可能会出现整车控制系统中的几个控制单元的指令信息相互矛盾的情况，从而产生汽车安全隐患。比如安全故障管理器检测到电池管理系统（BMS）不允许电池的充、放电，而整车控制器却对逆变器发出允许工作的指令信号，此时安全故障管理器就要禁止逆变器的工作，避免电机对电池高压系统的破坏。

（3）CAN 总线通信故障模式。安全故障管理器通过 CAN 总线既可以检测协调层中控制器的 CAN 总线通信状态，又可以对整车控制器和自身的 CAN 总线通信状态实时监测。当 CAN 总线某一节点处出现信号反馈不成功时，安全故障管理器将会执行复位操作，并记录下故障节点的位置以备检查。

（4）兼容整车控制器功能模式。安全故障管理器作为整车控制器的软件冗余，在整车控制器系统瘫痪时，开启备用整车控制策略，接管整车控制器的功能。

练习与实训

一、名词解释

1．容错

2．故障

3．被动容错控制

4．主动容错控制

5．FDD

二、填空题

1．混合动力汽车最大的安全隐患是电池组的_____安全问题。混合动力汽车的高压电最高可以达到_____V 左右。

2．最底层的是控制系统的执行单元，由_____、_____、_____、_____以及_____等部件组成，车辆直接故障都来自于这些装置。

3．混合动力汽车整车控制系统，可以分为三种：_____、_____以及_____。

4．组织层发生的故障作为故障树的起始端，主要由_____和_____作为故障主干。

5．混合动力汽车控制系统的组织层将驾驶员的输入信号，_____、_____、_____、_____以及_____等驾驶信息进行分析，并输出相应动力源的指令信号。

三、选择题

1．不属于电机故障内容的是（　　）。

　　A．电机温度过高　　B．电池温度过高　　C．电机转矩波动　　D．电机振动

2．不属于电池故障内容的是（　　）。

　　A．电机转速波动过大　　　　　　　　B．电池温度过高

　　C．电池漏电　　　　　　　　　　　　D．电池电压不稳定

3．不属于执行层故障的是（　　）。

　　A．发动机故障　　B．电机故障　　C．电池组故障　　D．CAN 总线故障

4．不属于组织层故障的是（　　）。

　　A．ECU 故障　　　　　　　　　　　　B．加速（制动）踏板位置传感器的故障

C．离合器位置传感器故障　　　D．车速传感器无信号故障

5．不属于协调层故障的是（　　）。

A．电机转速位置传感器故障　　B．电机转矩不稳定

C．PWM 驱动信号混乱故障　　　D．电机矢量控制程序故障

四、问答题

1．主动容错控制的特点有哪些？

2．被动容错控制的特点有哪些？

3．何为通信故障为顶事件的容错故障树？

4．何为控制系统组织层故障为顶事件的容错故障树？

5．何为 AMT 容错故障树？

五、实训题

针对一辆具体的电动汽车，完成以下工作。

1．画出该车的传动路线图。

2．写出该车的驱动系统参数。

3．画出该车一个部件的故障树。

实训报告

实训题目	汽车基本参数			
学生姓名		班级		学号	
实训地点		学时		日期	
实训结果				
传动路线图				
驱动系统参数				
一个部件的故障树				
实训心得				
指导教师			成绩	

参考文献

[1] 张敏，宋佳丽. 新能源汽车驱动电机技术[M]. 北京：机械工业出版社，2018.

[2] 宋建桐，么居标. 新能源汽车技术[M]. 北京：机械工业出版社，2019.

[3] 何忆斌，侯志华. 新能源汽车驱动电机技术[M]. 北京：机械工业出版社，2020.

[4] 袁新枚，范涛，王宏宇. 车用电机原理及应用[M]. 北京：机械工业出版社，2016.

[5] 陈增荣. 软件开发方法[M]. 上海：复旦大学出版社，1997.

[6] 王晓明. 电机的 DSP 控制[M]. 北京：北京航空航天大学出版社，2009.

[7] 葛建华，孙优贤. 容错控制系统的分析与综合[M]. 杭州：浙江大学出版社，1994.